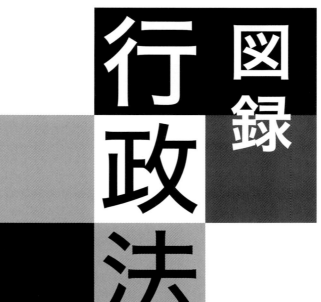

齋藤健一郎・西上 治・堀澤明生 編

図録行政法

川端倖司
近藤卓也
杉井俊介
髙畑柊子
田代滉貴
谷 遼大
津田智成
中尾祐人
福島卓哉
森田崇雄
矢島聖也
山本紗知
著

弘文堂

はしがき

「行政法はむずかしい」という言葉をよく耳にします。なぜでしょうか。いろいろな理由が考えられますが、学生のみなさんからは、しばしば「とにかく行政法は具体的なイメージがわかない」といわれます。しかし、実はこれは不思議なことです。わたしたちの日常生活には、行政法が満ちあふれています。行政法がなければ、私たちの日常生活は成り立ちません。行政法の具体的なイメージがわかないのは、それに気づいていないだけなのです。逆にいえば、日常生活に満ちあふれる行政法の姿を視覚的に訴えかける資料集のような教材があれば、行政法の学習がもっと楽しくなるはずです。

本書は、こうした発想のもとに、『図録 日本国憲法』、『図録 知的財産法』、『図録 政治学』、『図録 法学入門』に続く「図録」シリーズの１冊として企画されました。本書には、次の３点の特徴があります。

第１に、本書の主役は、あくまでも写真や図表などの視覚的コンテンツです。これら視覚的コンテンツを眺めることによって、行政法の具体的なイメージが得られます。行政法において古典的な事柄はもちろんのこと、読者のみなさんに関心をもってもらいやすいように、最近の事柄に

ついても写真や図表をふんだんに用意しました。まずはこうした多種多様な視覚的コンテンツを何気なく眺めてみてください。きっと行政法への興味がわいてくるはずです。

第２に、本書は、単なる資料集としてではなく、入門書としても利用することができます。本書は、行政法の教科書に期待される最低限の内容をほとんど網羅しています。また、全体的に標準的な教科書の体系に従って構成し、各項目の説明についても各執筆者の独自色をできる限り抑えました。視覚的コンテンツを眺めながら読むことによって、文章による説明も頭に入りやすくなることでしょう。

第３に、本書の執筆者は、全員が30代の若手です。教育者としてはまだまだ未熟かもしれませんが、学生のみなさんに少しでも行政法を好きになってもらえるよう、全国各地の大学でそれぞれ奮闘しています。本書には、そのようにして執筆者が日々ひねり出している工夫を盛り込みました。行政法は面白い。その面白さを少しでも伝えたいというのが、執筆者一同の願いです。

最後に、本書が完成したのは、弘文堂の登健太郎さん、デザイナーの宇佐美純子さんのご尽力のおかげです。この場を借りて深く御礼申し上げます。

編者一同

目次

はしがき		1
本書で学ぶことの全体像		3
1	行政法とは	4
2	行政法の基本原理①	8
3	行政法の基本原理②	12
4	行政組織法①	16
5	行政組織法②	20
6	公務員法・公物法	24
7	行政作用法の全体像	28
8	行政行為	32
9	行政裁量	36
10	行政行為手続	40
11	行政基準	44
12	行政指導	50
13	行政契約	54
14	行政計画	58
15	行政による情報の収集・管理	62
16	行政の実効性確保①	66
17	行政の実効性確保②	70
18	行政救済法の全体像	74
19	行政上の不服申立て	78
20	取消訴訟の対象	82
21	原告適格	88
22	その他の訴訟要件	94
23	取消訴訟の審理・判決	98
24	その他の抗告訴訟	102
25	仮の救済	106
26	当事者訴訟	110
27	民衆訴訟・機関訴訟	114
28	国家賠償法①	118
29	国家賠償法②	124
30	損失補償	128
○×問題の解説		132
事項索引		134
法律索引		137
判例索引		138

本書で学ぶことの全体像

　行政法の世界は広大です。以下の図を参考に、自分が今勉強しているのは全体のどこに位置づけられるのか、常に意識するようにしましょう。

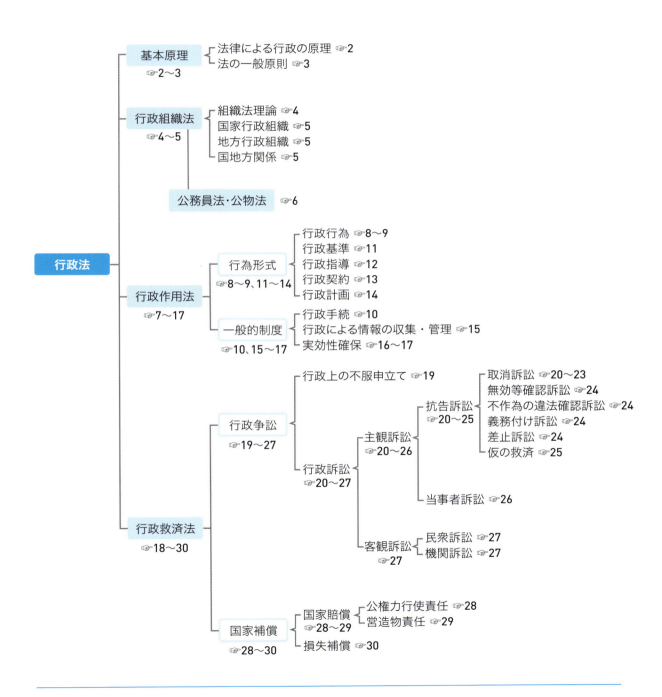

1 行政法とは

I 行政法を学ぶ意味

これから行政法を勉強しようとするのですから、最初に行政法の定義（行政法とは何か）を示す必要がありそうです。ところが、実は、行政法の定義について確立した考え方があるわけではありません。伝統的には、「行政に関する国内公法」などと定義されてきましたが、これだけを見てもよくわからないと思います。そこで、本書では、行政法の定義にはあまりこだわらず、できるだけたくさんの具体例を示して、行政法のイメージを伝えることを優先しています。

みなさんは、行政法には馴染みがないと思われるかもしれません。しかし、日常生活には行政法があふれています。朝起きて洗顔をする際、水道をひねると水が出てくるのは水道法のおかげです。レストランで安心して食事を楽しめるのは、食品衛生法が様々なルールを設けているからです。通学等のために電車を利用する人も多いと思いますが、電車の料金は鉄道事業法によって規制されています。行政法という名前の法律こそ出てきませんが、これらはすべて行政法の一部です。行政法を学ぶと、世の中の色々なしくみがわかるようになるはずです。

IIでみるように、何もかも私人の自由に任せてしまうと、様々な問題が生じます。そうした社会的な問題を予防したり解決したりするために、法律には多種多様なルールが定められています。こうしたルールを知るための最も確実な手段は、法律を実際に読み解くことです。しかし、法律を見てみても、見慣れない言葉ばかりであったり、たくさん条文があったりして、すぐには理解できないと思います。行政法を学べば、自分で法律が読み解けるようになるはずです。

↓日常生活における行政法

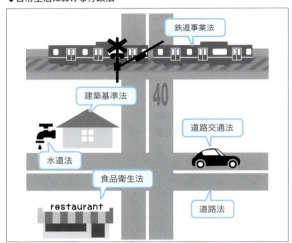

筆者作成

II 行政法の具体例

1 水道法のしくみ

水道法
第15条 水道事業者は、事業計画に定める給水区域内の需要者から給水契約の申込みを受けたときは、正当の理由がなければ、これを拒んではならない。
2 水道事業者は、当該水道により給水を受ける者に対し、常時水を供給しなければならない。ただし、……災害その他正当な理由があつてやむを得ない場合には、給水区域の全部又は一部につきその間給水を停止することができる。……
3 （略）

水道法のしくみをのぞいてみましょう。同法15条1項は、水道事業者（市町村など）は、一定の需要者から給水契約の申込みを受けたときは、正当の理由がなければ、これを拒んではならないとしています。一般の私人であれば、契約をするか否かを自由に判断することができます。たとえば、お気に入りのカバンを売ってほしいと友人が言ってきても、みなさんはそれを断る自由をもっています。しかし、水道のような日常生活に必要不可欠なものについてまで、供給者にそのような自由を認めてしまうと、水道を使えずに最低限の生活すらできない人が続出してしまうかもしれません。そこで、

水道法は、水道事業者は原則として給水契約の申込みを拒んではならないとしているわけです。さらに、給水契約を締結した後は、水道事業者は、「災害その他正当な理由があつてやむを得ない場合」を除き、常

↓老朽化した水道管

アフロ

時水を提供しなければならないとされています（15条2項）。これらに違反した場合、刑罰の対象になりますし（53条3号・4号）、場合によっては損害賠償義務を負うこともあります。

沖縄県の宮古島市で、2018（平成30）年のゴールデンウィーク期間中に水道管の老朽化を理由とする断水が発生し、市と給水契約を締結していたホテルが営業損害を被ったという事件がありました。そこで、市が損害賠償義務を負うか否かをめぐって、水道管の老朽化を理由とする断水が「災害その他正当な理由があつてやむを得ない場合」にあたるか否かが争点となりました（最高裁令和4年7月19日判決）。上の写真は、宮古島のものではありませんが、老朽化した水道管の一例を示すものです。

★〇×問題でチェック★

問1 「行政法」という学問には、確立した明確な定義がある。
問2 水道法、食品衛生法、鉄道事業法は、行政法の一部である。

2 食品衛生法のしくみ

食品衛生法
第54条 都道府県は、公衆衛生に与える影響が著しい営業……であつて、政令で定めるものの施設につき、厚生労働省令で定める基準を参酌して、条例で、公衆衛生の見地から必要な基準を定めなければならない。
第55条 前条に規定する営業を営もうとする者は、厚生労働省令で定めるところにより、都道府県知事の許可を受けなければならない。
2〜3 （略）
第82条 ……第55条第1項……の規定に違反した者は、2年以下の懲役又は200万円以下の罰金に処する。
2 （略）

↓露店営業が遵守しなければならない事項の一部

露店営業を行う皆さんへ

露店（出店の都度組み立てる組立式店舗または屋台）において、食品の調理及び提供等を行う場合は、食品衛生法に基づく飲食店営業の許可が必要となります。
露店での営業は、限られた施設設備での営業となるため、以下の事項を遵守していただく必要があります。

１　必要な設備（イメージ図）

大阪市ウェブサイトより

次に、食品衛生法のしくみはどうでしょうか。レストラン等の飲食店の営業は、誰でも自由に行っていいものではありません。飲食店の営業を営もうとする者は、まず、都道府県知事の許可を得なければなりません（55条1項・54条、同法施行令35条1号）。許可の申請があると、都道府県知事は、その営業の施設が都道府県ごとの条例で定められた基準に合うか否かを審査します（同法55条2項・54条）。条例では、屋外からの汚染を防止し、衛生的な作業を継続的に実施するために必要な構造や設備等が備えられていることなどが、基準として挙げられるのが通例です。このように、飲食店の営業によって公衆衛生に悪影響が及ぶことのないよう、都道府県知事による事前チェックのしくみが導入されているのです。さらに、もし都道府県知事の許可を得ることなく飲食店の営業をしてしまうと、2年以下の懲役または200万円以下の罰金という刑罰（事後的な制裁のしくみ）まで用意されています（82条1項）。

3 鉄道事業法のしくみ

鉄道事業法
第16条 鉄道運送事業者は、旅客の運賃及び国土交通省令で定める旅客の料金（以下「旅客運賃等」という。）の上限を定め、国土交通大臣の認可を受けなければならない。これを変更しようとするときも、同様とする。
2 （略）
3 鉄道運送事業者は、第1項の認可を受けた旅客運賃等の上限の範囲内で旅客運賃等を定め、あらかじめ、その旨を国土交通大臣に届け出なければならない。これを変更しようとするときも、同様とする。
4〜8 （略）
9 国土交通大臣は、第3項……の旅客運賃等……が次の各号のいずれかに該当すると認めるときは、当該鉄道運送事業者に対し、期限を定めてその旅客運賃等又は旅客の料金を変更すべきことを命ずることができる。
　一　特定の旅客に対し不当な差別的取扱いをするものであるとき。
　二　他の鉄道運送事業者との間に不当な競争を引き起こすおそれがあるものであるとき。

↓旅客鉄道運賃の上限価格制のイメージ

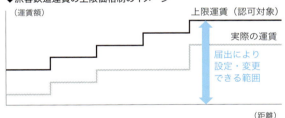

国土交通省ウェブサイトをもとに作成

最後に、鉄道事業法のしくみも確認しておきましょう。鉄道運送事業者は、自由に旅客の運賃を決めてよいわけではありません。みなさんが通学等のために使っている鉄道の運賃が、急に何倍にも引き上げられたと想像してみてください。その鉄道しか通学等の手段がない場合には、泣く泣く高額の運賃を支払うことにもなりかねません。そこで、運賃の上限について、事前に国土交通大臣の認可を受けなければならないことになっています（16条1項）。鉄道運送事業者は、国土交通大臣が認めた上限の範囲内で、具体的な運賃を定めます。しかも、あらかじめその旨を国土交通大臣に届け出なければなりません（同条3項）。もし、鉄道運送事業者が定めた運賃に一定の問題がある場合には、国土交通大臣は、事後的に、鉄道運送事業者に対して運賃の変更命令をすることができます（同条9項）。このように、運賃については事前チェックのしくみと事後的なチェックのしくみが組み合わせられています。

それぞれの個別法は、何らかの社会問題を予防・解決するために制定されています。個別法を理解するためには、どのような社会問題を予防・解決するために、どのようなルールを定めているのか、そのルールを実現するためにどのようなしくみを設けているのか、という観点が重要です。まずは、その法律の目的規定を読んでみましょう。多くの法律では第1条に目的が書かれています。それから、その法律がなかったら、誰がどんなふうに困るのかを具体的に想像してみましょう。

★〇×問題でチェック★
問3　レストランは、誰でも自由に営業をすることができる。
問4　鉄道運送事業者は、自由に旅客の運賃を定めることができる。

1 行政法とは　**5**

III 行政法の特徴

1 基本となる法典がない

第1に、行政法には、基本となる法典がありません。みなさんは、たとえば憲法の授業では、日本国憲法という憲法典の解釈をまずは学ぶと思います。同じように、民法の授業では民法典、刑法の授業では刑法典についてそれぞれ学びます。そうすると、行政法の授業でも、まずは「行政法典」について勉強するのだと思うかもしれません。

しかし、行政法には、行政法典なるものはありません。その代わりに、Ⅰでみたような個別法が大量にあります。もっとも、大量の個別法をひとつひとつ網羅的に学んでいくわけではありません。行政法の授業では、どのような個別法を読み解く際にも共通して使える一般的な理論や解釈の方法論を学びます。みなさんは、英語の授業で、どのような英語文献を読み解く際にも使える英文法を学んだはずです。行政法の授業で学ぶ理論や方法論は、英語の授業でいう英文法に対応します。こうした理論や方法論を駆使して、初めて出会う個別法でも自分で解釈できるようになることが行政法学習の目的のひとつです。

ただし、行政法にも、個別法とは別に、分野横断的に適用される通則的法律がいくつか存在します。行政機関の保有する情

↓英語の授業と行政法の授業

筆者作成

報の公開に関する法律（☞15）、行政手続法（☞10）、行政代執行法（☞16）、行政不服審査法（☞19）、行政事件訴訟法（☞20〜27）、国家賠償法（☞28〜29）などです。これらは、いずれも重要な法律ですが、行政法の全体をカバーするものではありません。

2 法律には出てこない概念がたくさん登場する

第2に、行政法には、講学上の概念がたくさん登場します。講学上の概念とは、ある一定の性質を共有する事象をグルーピングして、学者が名前をつけたものです。教科書には出てきますが、必ずしも法律に出てくるものではありません。基本となる法典をもたない行政法をひとつの学問として体系化するためには、法律にはない新しい言葉をたくさん作る必要がありました。「行政行為」（☞8・9）がその代表例です（なお、行政手続法や行政事件訴訟法等の法律には、これとよく似た「処分」という概念が登場します）。もともと講学上の概念として生まれたものが、その後に制定された法律上の概念になったものもあります。「行政指導」（☞12）がその代表例です。

いずれにしても、新しい概念に出会ったら、それぞれの概念の定義をしっかり押さえるようにしてください。そして、それら

↓行政法上の概念の例

講学上の概念の例	（類似の）法律上の概念の例	参照
行政行為	処分 （行政事件訴訟法3条2項、行政手続法2条2号）	☞8・9 ☞20
行政基準	命令等（行政手続法2条8号）	☞11
行政指導	行政指導（行政手続法2条6号）	☞12
処分の職権取消し、撤回	処分の取消し （水道法25条の11第1項等）	☞8

筆者作成

の概念が講学上のものなのか法律上のものなのかに留意しながら、着実に勉強を進めてください。英語の授業でたくさん英単語を覚えたのと同じように、行政法に関する専門用語もひとつひとつ覚えていきましょう。

3 実体法と訴訟法の両方を学ぶ

第3に、行政法では、実体法と訴訟法の両方を学びます。実体法とは、権利・義務や法的地位の変動について定めた法的なルールのことです。訴訟法とは、そうした実体法を訴訟によって実現するための法的なルールのことです。

みなさんは、民事法については、実体法は民法・商法の授業で、訴訟法は民事訴訟法の授業で学ぶと思います。同様に、刑事法については、実体法は刑法の授業で、訴訟法は刑事訴訟法の授業で学ぶことでしょう。これらに対し、行政法は、実体法と訴訟法の両方を包含する法分野であるという特徴があります。実体法で勉強していることが訴訟法の議論にどうつながっ

↓実体法と訴訟法

	民事法	刑事法	行政法
実体法	民法、商法	刑法	行政法の基本原理、行政作用法
訴訟法	民事訴訟法	刑事訴訟法	行政救済法

中原茂樹『基本行政法〔第4版〕』（日本評論社・2024年）4頁をもとに筆者作成

ているのか、訴訟法の議論がどのような実体法の理解を前提としているのか、常に意識することが重要です。実体法と訴訟法を分けて考えるのではなく、両者を行ったり来たりしながら勉強を進めましょう。

★〇×問題でチェック★

問5 「行政行為」は、行政事件訴訟法という法律上の概念である。
問6 行政法は、実体法と訴訟法の両方を包含する学問領域である。

Ⅳ　行政法のピラミッド構造

日本国憲法
第41条　国会は、国権の最高機関であつて、国の唯一の立法機関である。
第98条　この憲法は、国の最高法規であつて、その条規に反する法律、命令、詔勅及び国務に関するその他の行為の全部又は一部は、その効力を有しない。
2　（略）

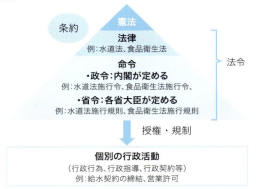

↓規範のピラミッド

もうひとつだけ行政法の特徴を挙げておきます。それは、行政法では、上述の大量の個別法や通則的法律に加え、憲法や政省令など、異なるレベルの法規範を扱うということです。それら様々な法規範の相互関係を理解するために、ピラミッド構造の中に位置づけて把握するようにしましょう。

ピラミッドの一番上には、憲法があります（憲法98条）。憲法の下には、法律があります。法律は、国の唯一の立法機関である国会が定めます（憲法41条）。しかし、法律にすべてのルールが書かれているというわけではありません。法律は、法律のレベルでは定められていない具体的な内容を、より下位の層にある命令（政令・省令等）で定めるよう委任することがあります。政令とは、内閣が定めるものであり、省令とは、各省の大臣が定めるものです。

たとえば、前述（☞Ⅱ）の食品衛生法54条を見てください。同条は、都道府県は、一定の営業の施設について公衆衛生の見地から必要な基準を定めなければならないとするものです。しかし、どのような営業の施設について基準を定めなければならないのかについては、「公衆衛生に与える影響が著しい営業」としか定めていません。それ以上の具体的な内容は、「政令で定める」としています。ここで、食品衛生法54条という法律が政令に委任しているわけです。この委任をうけて、政令である同法施行令35条が具体的な営業を列挙しています。その中の1号にレストラン等の「飲食店営業」があります。政令・省令等は、このように法律の委任をうけて制定されるものですから、委任元である法律が委任していないことや委任の趣旨に反することは定めることができません（☞**11**）。

以上にみた法律と命令をあわせて、法令といいます。そして、この法令に基づいて、具体的な行政活動（行政行為、行政指導等）が展開されます。具体的な行政活動は、憲法はもちろんのこと、それらの根拠となっている法令や、それらを規制している法令に反してはいけません。なお、国の法令と地方公共団体の規則・条例との関係も重要な問題です（☞**5**）。

Ⅴ　行政法の体系

行政法は、大きく3つの分野に分けられるのが通例です。行政組織法、行政作用法、行政救済法です。本書では、これら3つの分野に通底する行政法の基本原理を学んだあと、それぞれの分野について勉強していきます。

まず、行政組織法では、行政活動を実際に行っている組織が、法的にはどのように構成・規律されているのかを学びます（☞**4・5**）。次に、行政作用法では、行政活動にはどのような種類・性質のものがあるのか、それらはどのように行われるべきであるのかを学びます（☞**7〜15**）。行政活動を批判的に考察する観点からは、行政活動はどのような場合に違法・不当になるのかを学ぶ、と言い換えてもいいかもしれません。行政作用法は、行政の行為形式論を用いて体系化することがよくあります。これは、多種多様な行政活動のうち、共通の性質を有するものをグルーピングして名前を付け、それぞれについて考察していくものです（☞**7**）。代表的な行為形式には、行政行為（☞**8・9**）、行政基準（☞**11**）、行政指導（☞**12**）等があります。また、これら行為形式に共通する一般的制度として、行政手続（☞**10**）、行政による情報の収集・管理（☞**15**）、行政の実効性確保（☞**16・17**）を学びます。最後に、行政救済法では、違法・不当な行政活動

↓行政法の全体像

行政法
　行政組織法
　　内閣法、国家行政組織法、地方自治法等
　行政作用法
　　行政機関の保有する情報の公開に関する法律、
　　行政手続法、行政代執行法等の通則的法律
　　水道法、食品衛生法等の個別法
　行政救済法
　　行政不服審査法、行政事件訴訟法、
　　国家賠償法等

筆者作成

があったとして、どうやって違法・不当な行政活動を是正し、被害者を救済するのかを学びます（☞**18〜30**）。行政救済法では、行政不服審査法（☞**19**）、行政事件訴訟法（☞**20〜27**）、国家賠償法（☞**28・29**）など、重要な通則的法律が登場します。本書では、これら通則的法律に即して整理しています。

以上の全体像を、それぞれの分野で扱う法律の例とともに表にまとめたのが上の図です（3頁の図もあわせて参照してください）。行政法の世界は広大です。迷子にならないように、自分の現在地を把握しながら勉強を進めるようにしましょう。

★〇×問題でチェック★
問7　行政法は、行政組織法、行政作用法、行政救済法の3つの分野に分けられる。
問8　行政救済法には、行政不服審査法、行政訴訟法、国家賠償法など、重要な通則的法律が登場する。

2 行政法の基本原理①

I 「法律による行政の原理」とは

1 議会による行政のコントロール

本章と次章では、行政法の基本原理(＝行政が活動するうえで守るべき基本的なルール)について学習します。

本章で扱う法律による行政の原理とは、「行政は法律に従わなければならない」というものです。時の権力者が自らの思うままに統治を行うような世界では、私人の自由や財産は非常に不安定なものになってしまいます。そこで、国民代表である議会が制定した法律によって、権力者の活動を統制し、私人の権利や自由を保護しようというのが、法律による行政の原理の基本的な発想です。

この原理は、絶対王制時代のヨーロッパで生まれたものであり、日本には明治時代にドイツから輸入されました。もっとも、行政の活動を議会が統制する、という発想は、国民主権原理を採用する日本国憲法の統治原理としても、当然に妥当するといえるでしょう。

↓通常国会のようす

ロイター／アフロ

2 「法律による行政の原理」の3つの柱

法律による行政の原理は、法律の法規創造力、法律の優位、そして法律の留保の3つを内容とします。

法律の法規創造力とは、新たに法規を創造できるのは法律に限られる、という原則です。この原則に従えば、戦前の独立命令のように、行政が法律の委任を受けることなく法規を制定することは認められません。なお、ここでいう法規が何を指すかは諸説あるものの、さしあたりは「私人の権利を制限し、また私人に義務を課す規範」と理解しておけば十分です。

法律の優位は、行政活動が法律の内容に抵触した場合に、後者が優位する、という原則です。たとえば、行政と事業者との間で公害物質の排出許容限度に関する協定を締結する場合に、その協定で法律の定める排出基準を勝手に緩和することは、法律の優位原則によって許されません。

法律の留保は、行政の活動は法律の根拠に基づいて行われなければならない、という原則です。たとえば、ある私人が期限までに所得税や相続税を納めず、さらに税務署長からの督促を受けてもなお一定期間内に納付をしなかった場合、その者は所有する財産の差押えを受けることになりますが、この差押えは国税徴収法47条に基づいてなされるものです。仮に、このような法律の規定が存在しない場合には、行政は市民の財産を差し押さえることができません。

こうした3つの原則のうち、特に注意を要するのが、法律の優位と法律の留保の違いです。第1に、法律の優位は、行政と私人が法律の内容に反した契約を締結する場合(上述した協定がその典型例です)や、行政が何らかの規範を制定したものの、その内容が法律の内容と矛盾抵触するような場合において、特に問題となります(行政による規範の制定については☞11)。これに対して、法律の留保は、行政が私人を名宛人として何らかの活動を行う場合を念頭に置いた原則です。第2に、法律の優位は、あらゆる行政活動について妥当するとされています。これに対して、法律の留保は、具体的にどのような行政活動であれば法律の根拠が必要になるのか、学説上争いがあります(この問題を一般に「法律の留保の妥当範囲」をめぐる問題といいます)。II以降では、この問題について、詳しくみていくこととしましょう。

↓法律の優位と法律の留保の違い

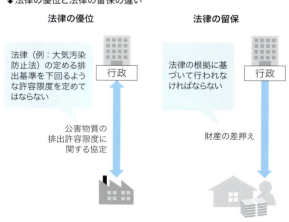

筆者作成

★ ○×問題でチェック ★

問1 法律による行政の原理は、戦後初めて日本に輸入された理論である。
問2 法律による行政の原理は、法律の法規創造力、法律の優位、法律の留保を内容とする。

II 「法律の留保」の妥当範囲

1 組織規範・根拠規範・規制規範

　法律の留保の妥当範囲をめぐる議論を学習する前に、そもそも行政活動の根拠として必要とされる「法律」が何を指すのか、確認しておきましょう。

　行政活動について定める法律上の規定には、**組織規範**、**根拠規範**、**規制規範**という3つのタイプが存在します。まず組織規範とは、行政の組織編成や担当する任務の内容等について定める規定を指します。たとえば、経済財政諮問会議（国の経済財政政策に関する組織）の所掌事務等について規定する内閣府設置法19条が、この組織規範に該当します。

　続いて根拠規範とは、行政が私人に対して行う行政活動の要件や効果について定める規定を意味します。土地の収用（行政が私人の土地を強制的に取り上げること）であれば、土地収用法20条等が、その根拠規範に該当するでしょう。

　規制規範とは、行政がある行政活動を行う権限を有していることを前提に、当該活動が適正になされるよう、その実施方法を細かく規制するための規定を指します。たとえば、補助金等に係る予算の執行の適正化に関する法律8条は、（国が補助金を支給する権限を有していることを前提に）補助金等の交付決定をしたときは、その内容等を当該補助金等の交付の申請をした者に通知しなければならない、と規定しています。

2 一斉検問の根拠？

　以上のような法律の分類が実際に問題となった事例として、**自動車一斉検問事件**（最高裁昭和55年9月22日決定）が挙げられます。本件では、飲酒運転をはじめとする交通違反を取り締まるために通過するすべての車両を停止させて検問を行う「一斉検問」が、いかなる法的根拠に基づいて行われているのかが争点となりました。

　警察法2条1項は、警察の責務について、「警察は……交通の取締……をもってその責務とする」と定めています。最高裁は、こうした警察法の規定に照らすと、交通の安全および交通秩序の維持などに必要な警察の諸活動は、強制力を伴わない任意手段による限り、一般的に許容されるべきである、としました。こうした判示の裏を返せば、強制力を伴う警察活動については、警察法2条1項は根拠とはなりえず、別途法律の根拠が必要となります。以上を踏まえると、同項はあくまで組織規範であり、行政活動の要件や効果を定める根拠規範ではない、ということになるでしょう。

　続いて最高裁は、一斉検問について、次のように判示しています：警察の諸活動が、国民の権利や自由に対する干渉となりうる場合には、いくら任意手段といっても無制限に許容されるわけではない。しかしながら、「自動車の運転者は、公道において自動車を利用することを許されていることに伴う当然の負担として、合理的に必要な限度で行われる交通の取締に協力すべきものであること、その他現時における交通違反、交通事故の状況などをも考慮すると、警察官が、交通取締の一環として交通違反

↓事業者に違反是正措置を行う場合

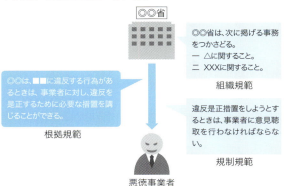

筆者作成

　法律の留保において要求される「法律」とは、これらのうち根拠規範のことを指します。たとえば、○○省の大臣が悪徳事業者に対して違反是正措置を命じる場合、必要となるのは、○○省の大臣が事業者に対して行う違反是正措置の要件と効果、すなわち「○○省の大臣がどのような場合に、いかなる内容の措置を講じることができるのか」を定める規定です。○○省の所掌事務等を定める規定は組織規範ですので、これに基づいて違反是正措置を命じることはできません。

↓一斉検問のようす

毎日新聞社／アフロ

多発する地域等の適当な場所において、交通違反の予防、検挙のための自動車検問を実施し、同所を通過する自動車に対して走行の外観上の不審な点の有無にかかわりなく短時分の停止を求めて、運転者などに対し必要な事項についての質問などをすることは、それが相手方の任意の協力を求める形で行われ、自動車の利用者の自由を不当に制約することにならない方法、態様で行われる限り、適法なものと解すべきである」。

　以上の判示は、一方で一斉検問があくまで任意手段による警察活動である活動を前提としつつ、他方でこれが事実上の強制力を伴う警察活動にならないための条件を明示するものといえるでしょう。

★○×問題でチェック★
問3　法律の留保にいう「法律」とは、根拠規範のことを指す。
問4　警察法2条1項は、判例上、根拠規範と解されている。

3 様々な行政の活動と法律の留保

法律の留保の妥当範囲をめぐって、伝統的に通説とされてきたのが、侵害留保説です。これは、たとえば飲食店等に対する営業停止命令や、違反建築物の持ち主が修繕命令に従わなかった場合の強制執行等、国民の権利や自由を制限する行為については、法律の根拠が必要だとする見解です。裏から言えば、侵害留保説に基づけば、社会保障給付や補助金の交付といった給付行政には、法律の根拠が必要とされないことになります。

特に戦後、侵害留保説に対する批判として提示されたのが、全部留保説です。これは、侵害行政か給付行政かにかかわらず、あらゆる行政活動に法律の根拠が必要だとする見解です。行政活動は議会による民主的コントロールに服するべきだ、という要請を突き詰めるならば、全部留保説が妥当という評価になるでしょう。他方、この見解に対しては、行政任務が高度に専門化・複雑化する中、行政活動の内容を法律であらかじめ規定しておくのは非現実的ではないか、という批判がなされているところです。

さらにその後、権力留保説と重要事項留保説という2つの見解が提唱されました。前者は、権力的な行政活動については法律の根拠が必要であるという見解です。これによると、補助金の交付であっても、契約ではなく行政処分（☞20）として行われる場合には、法律の根拠が必要となります。もっとも、行政活動の形式にのみ着目して法律の留保の妥当範囲を画定することについては、学説上批判も多いところです。これに対して後者は、国民の権利や自由を制限する活動に加え、社会にとって重要な事項について決定する活動についても、法律の根拠が必要だとする考え方です。具体的には、国土計画や財政投融資といった活動が、社会にとって重要な事項の例として挙げられています。もっとも、重要事項留保説に対しては、何をもって社会的な重要性を判断するのかが不明確だ、といった批判がなされています。

法律の留保の妥当範囲をめぐっては、このように様々な見解が示されており、いまだ学説上コンセンサスが得られていないのが現状です。立法実務や行政実務では、従来から一貫して侵害留保説が採用されています。一方、最近では、安倍元首相の「国葬儀」をめぐって、法律の留保の妥当範囲が改めてクローズアップされました。具体的には、国葬儀について規律する法律が存在しない中、閣議決定のみを根拠として、多大な費用のかかる国葬儀を実施することがそもそも許されるのか、ということが問題とされました。

↓安倍元首相の「国葬儀」

代表撮影／ロイター／アフロ

↓法律の留保の妥当範囲をめぐる学説

侵害留保説	国民の権利・自由を制限する行政活動
全部留保説	あらゆる行政活動
権力留保説	権力的な行政活動
重要事項留保説	（国民の権利・自由を制限する行為に加えて）社会にとって重要な決定を行う行政活動

筆者作成

4 「本質性理論」とは

なお、重要事項留保説は、本質性理論という考え方に立脚しています。本質性理論は、もともとドイツから輸入された考え方であり、ざっくりいうと「本質的な決定は議会が自ら行うべきであって、行政に委ねてはならない」というものです。

3で述べた従来の法律の留保論と比較すると、本質性理論には、次のような特徴を見出すことができます。すなわち第1に、従来の議論では、私人を対象とした行政活動がもっぱら検討の対象とされていました。これに対して、本質性理論では、行政組織の基本的な構造は議会が自ら決定すべき、ということがあわせて主張されます。具体的には、新たに府省庁を設立したり、指揮命令系統から独立した組織を設置したりする場合には、法律の根拠が要請されることになります。

第2に、本質性理論では、議会が決定すべき事項の範囲とともに、法律の規律密度も問題とされます。すなわち、議会による決定が必要となるような「本質的」な事項については、その内容を詳細に規律した法律の規定が必要になる、というわけです。したがって、たとえば、ある活動を行う権限のみを行政に付与し、その活動の具体的内容については何ら規定していないような法律を制定することは、こうした規律密度の観点から認められないことになります。

以上のように、議会と行政の関係をめぐる行政法学上の論点を一括りに取り上げ、一定の方向性を示すことを可能とする点に、本質性理論の最大の特徴があるといえるでしょう。

↓本質性理論の概要

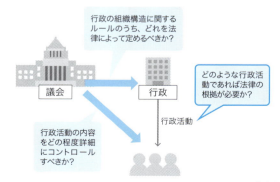

筆者作成

★○×問題でチェック★

問5　行政実務では、従来から全部留保説が一貫して採用されている。
問6　重要事項留保説は、社会にとって重要な事項にも、法律の根拠が必要であるとする。

III　緊急措置と「法律の留保」

　緊急の必要がある場合、行政が法律の根拠なく私人の権利や自由を制限すること（いわゆる行政の「緊急措置」）は許されるでしょうか。浦安鉄杭撤去事件（最高裁平成3年3月8日判決）では、この問題がまさに争点となりました。本件は、河川内にヨット等を係留するために鉄杭が不法に設置され、船舶等の航行の支障になっていたので、町がこれを強制的に撤去したところ、町の住民が町長を被告として、撤去のために要した費用分の支払いを求めて住民訴訟（☞**27-II**）を提起した、というやや複雑な事案です。町は漁港管理者として、漁港区域内を管理する権限を有していたものの、当該管理権限を行使するために漁業法上必要な漁港管理規程を制定していませんでした。

　最高裁は、次のように判示し、最終的に住民訴訟を棄却しました。すなわち、①本件鉄杭は、漁港区域内の水域の利用を著しく阻害するものであるから、漁港管理者の管理権限に基づき漁港管理規程によって撤去することができるものである。しかしながら当時、町は漁港管理規程を制定していなかったため、町長が本件鉄杭撤去を強行したことは、漁港法の規定に違反する。②町長は、船舶航行の安全を図り、住民の危難を防止するため、その存置の許されないことが明白であって、撤去の強行によってもその財産的価値がほとんど損なわれないものと解される本件鉄杭を強行的に撤去したものであり、本件鉄杭撤去が強行されなかった場合の事故や住民の危難の可能性等を考慮すれば、

↓この事件で問題とされた鉄杭の実際のようす

浦安市史編さん委員会編『浦安市史』（浦安市・1999年）158頁

町長の本件鉄杭撤去の強行はやむをえない適切な措置であったと評価すべきである。そうすると、鉄杭の撤去に伴う公金の支出については、その違法性を認めることはできない――。

　注意すべきは、最高裁はあくまで鉄杭の撤去に要した公金支出の違法性を否定しただけであり（②）、鉄杭の撤去そのものの違法性は認めている点です（①）。したがって、緊急措置が果たして、またどの程度認められるかについては、別途慎重な検討が必要となるでしょう。

IV　国民健康保険料の徴収と憲法84条

　憲法84条は、「あらたに租税を課し、又は現行の租税を変更するには、法律又は法律の定める条件によることを必要とする」として、租税法律主義を明示しています。そしてこの租税法律主義には、課税要件法定主義（課税の実体的要件や徴収の手続等は法律で規定されなければならない）と課税要件明確主義（こうした要件の定めは一義的で明確でなければならない）が含まれると解されています。

　租税法律主義との関係で重要なのが、旭川市国民健康保険条例事件（最高裁平成18年3月1日大法廷判決）です。国民健康保険をめぐっては、国民健康保険法において、右図のようなしくみが整備されています。本件において、市は国民健康保険事業に要する費用を保険料という形で徴収していました。他方、国民健康保険法は、保険料の賦課額や保険料率等の定めを条例に委任しているところ（81条）、市は条例で保険料率の算定基準のみを定め、具体的な保険料率の決定を市町の告示に委任していました。そこで、具体的な保険料率を条例で定めていないことが、上述した租税法律主義の趣旨に反していないかが争点となったのでした。

　最高裁は一方で、国民健康保険料は「保険給付を受け得ることに対する反対給付として徴収されるもの」であって、憲法84条における「租税」には該当しないとしました。しかしながら他方で、「租税以外の公課であっても、賦課徴収の強制の度合い等の点において租税に類似する性質を有するものについては、憲法84

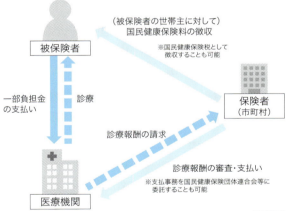

↓国民健康保険（市町村が保険者の場合）のしくみ

筆者作成

条の趣旨が及ぶと解すべき」とし、国民健康保険料はこれに該当すると判示しました。そして結果的に、本件における条例は、憲法84条の趣旨に反するということはできないと結論づけています。

　本判決は、租税以外の公課にも憲法84条の「趣旨」が及ぶことを明示した点に、大きな意義があるといえるでしょう。なお、この場合に、賦課要件がどの程度明確に定められるべきかについては、「当該公課の性質、賦課徴収の目的、その強制の度合い等を総合考慮して判断すべき」とされています。

★○×問題でチェック★
問7　行政は、緊急時であれば、いかなる場合にも法律に基づかず私人の財産を処分できる。
問8　国民健康保険料は憲法84条にいう租税には該当しないため、同条の趣旨は及ばない。

3 行政法の基本原理②

I 法の一般原則とは

法律による行政の原理のもと、行政活動は法律に従って行われます。しかし、法律に明文化されていなくても、行政が従わなければならないルールが存在します。これを**法の一般原則**と呼びます。法の一般原則は、不明確な法律の規定を補完したり、法律の規定を機械的に適用すると妥当でない結論になってしまう場合にその結論を修正する形で機能します。法の一般原則としては、平等原則、比例原則、信頼保護原則、権利濫用禁止の原則が特に重要です。その他、適正手続の原則、透明性の原則、説明責任の原則、補完性の原則、効率性の原則などが挙げられることもあります。

↓その他の法の一般原則

適正手続の原則	行政活動は、適正な手続を経てなされなければならない
透明性の原則	行政運営は、外部からみて透明でなければならない
説明責任の原則	行政には、国民にその活動について説明する責任がある
補完性の原則	行政は、私企業と競争して同一の事業を行うべきではない
効率性の原則	行政活動は、その目的に応じて最少の経費で行わなければならない

筆者作成

II 平等原則

平等原則は、憲法14条にも明記されている法の一般原則です。行政は合理的理由なく国民を差別的に取り扱ってはなりません。言い換えれば、合理的理由があれば異なる取扱いも許容されます。したがって、平等原則の適用にあたっては、異なる取扱いを正当化する合理的理由の有無が問題となります。

高根町水道条例事件（最高裁平成18年7月14日判決）では、一般住民と比べて別荘所有者の水道基本料金を著しく値上げする条例改正（下図のとおり、約3.6倍の格差が生じました）が、公の施設の住民利用について不当な差別的取扱いを禁止する地方自治法244条3項に反するかが争われました。同項は、水道施設などの公の施設の利用関係（☞6-III 1）について平等原則を具体化したものといえます。最高裁は、水源と水道施設を確保する必要性から、夏季等の一時期に水道使用が集中する別荘所有者に年間を通じて相応な水道料金を負担させるために、一般住民よりも基本料金を高くすること自体は許されるとしました。しかし本件では、別荘所有者の水道使用量が全体の5％足らずであったにもかかわらず、一般住民（ホテル等の大規模施設を含む）と別荘所有者の1件当たりの年間水道料金の平均額が同水準になるように基本料金が設定されていました。最高裁は、このような設定方法は本件における格差を正当化するに足りる合理性を有しないとして、条例改正は地方自治法244条3項に違反して無効と判断しました。

ときに、平等原則と法律による行政の原理が対立することがあります。たとえば、行政側のミスで違法（だが国民にとって有利）な取扱いがなされていたとき、平等原則を理由に自分にも同じ取扱いをせよと主張できるでしょうか。法律による行政の原理からして、違法な取扱いを認めることはできません（「不法に平等なし」）。この場合、法律による行政の原理が優先されるのが原則です。しかし、例外的に平等原則が優先されることもあります。**スコッチライト事件**（大阪高裁昭和44年9月30日判決）では、下図のとおり、スコッチライトという反射材について全国の税関で誤った税率が採用されていました。裁判所は、大多数の税務官庁が誤った税率で課税しており、正しい税率による税金との差額を追徴する見込みもないときには、平等原則により、多くの税務官庁が採用した税率の方が正当なものとされると判示しました。法律による行政の原理を優先して誤った税率での課税処分を違法としたところで追徴の見込みがないことから、例外的に平等原則が重視されたと考えられます。

↓高根町水道条例事件

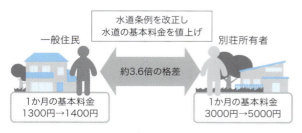

筆者作成

↓スコッチライト事件

筆者作成

★○×問題でチェック★

問1　行政が従わなければならないルールには、法律に明文化されていないものもある。
問2　いかなる理由であろうと、行政が国民を差別的に取り扱うことは許されない。

III 比例原則

比例原則は、行政による権限行使は行政目的を達成するために必要最小限のものでなければならないという原則で、過剰な規制を禁止しています（「雀を撃つのに大砲をもってしてはならない」と比喩表現されます）。たとえば、国家公務員法82条は、職務を怠った職員に対し、懲戒処分として免職、停職、減給または戒告ができると定めています。それでは、遅刻を繰り返す職員を免職にできるでしょうか。条文上は問題なさそうですが、このケースでの免職処分の選択は服務規律の維持という目的を達成する手段としては重すぎるため、比例原則に反して許されません。比例原則の根拠として、国民の権利には最大の尊重を必要とすると定めた憲法13条を挙げる見解もあります。

比例原則は、適合性の原則、必要性の原則、均衡性の原則に細分化されます。適合性の原則とは、行政上の手段は目的に適合したものでなければならないという原則、必要性の原則とは、行政上の手段は目的達成に必要最小限のものでなければならないという原則、均衡性の原則とは、行政上の手段によって得られる利益と失われる利益が均衡していなければならないという原則です。高さ制限に反する違法建築物への対応を例に挙げましょう。この場合、外壁の色の変更を命じることは適合性の原則に反します。色を変えたところで、高さ制限に違反した状態は解消されないからです。また、高さ制限を超える部分さえ除去されれば目的は達成されるため、建築物全体の取壊しを命じることは必要性の原則に反します。さらに、高さ制限違反が数cmのみで実害がない一方で、この数cmを取り壊すことで建築物の外観が著しく損なわれるような場合は、取壊しによって得られる利益に比して失われる利益が大きすぎるため、均衡性の原則に反すると考えられます。

↓雀を撃つのに大砲をもってしてはならない

筆者作成

比例原則は、行政裁量の司法審査（☞9-III）の基準としても機能します。比例原則の適用例に、公立学校の式典で国歌斉唱の際に起立・斉唱することを命じた職務命令に従わなかった教職員に懲戒処分がなされた事件（最高裁平成24年1月16日判決）があります。最高裁は、学校の規律・秩序の保持等の必要性と処分による不利益の内容との権衡（釣り合い）の観点から、停職処分を選択することの相当性を基礎づける具体的な事情があったとはいえず、停職処分の選択は重きに失するもので裁量権の範囲を超えて違法であると判示しました。

比例原則に関して、過剰規制（やり過ぎ）の禁止のほか過小規制（やらなさ過ぎ）の禁止が説かれることもあります。必要な権限行使がまったくなされない、あるいは不十分である場合、積極的な行政介入が求められます（☞28-III 2）。

↓高さ制限に反する違法建築物への対応と比例原則

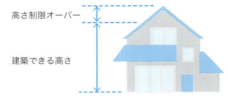

○高さ制限を越える部分の取壊しを命じる
×外壁の色の変更を命じる（適合性の原則に反する）
×建築物全体の取壊しを命じる（必要性の原則に反する）
×高さ制限違反が数cmのみで実害がなく、またこの数cmを取り壊すことで建築物の外観が著しく損なわれるにもかかわらず、取壊しを命じる（均衡性の原則に反する）

村上裕章『スタンダード行政法』（有斐閣・2021年）23-24頁をもとに筆者作成

IV 信頼保護原則

1 序論

民法第1条2項
権利の行使及び義務の履行は、信義に従い誠実に行わなければならない。

信義誠実の原則、略して信義則は民法1条2項に定められた民法上の基本原則ですが、法の一般原則として、行政上の法律関係にも妥当します。行政活動は、信義に従い誠実に行われなければなりません。信義則には、禁反言の法理、クリーン・ハンズの原則、安全配慮義務など、様々な派生原則があります。その中でも行政法学で重視されるのが、行政活動に対する私人の信頼は保護されなければならないという信頼保護原則です。私人の信頼を不当に害する行政活動は、信頼保護原則に反して違法とされます。その結果、①私人の信頼を害する違法な行政活動は許されない、あるいは、②信頼を害されたこ

↓信義誠実の原則からの派生原則

信義誠実の原則（信義則）				
禁反言の法理	クリーン・ハンズの原則	信頼保護原則	安全配慮義務	……
過去の言動と矛盾する行動をしてはならない	自ら違法行為に関与した者には救済を認めない	行政活動に対する私人の信頼は保護されなければならない	相手方の安全を確保するように配慮しなければならない	

筆者作成

とで私人に生じた損害を賠償しなければならないといった形で、私人の信頼が保護されます。前者の重要判例として青色申告事件（☞2）、後者の重要判例として宜野座村工場誘致事件（☞3）をみていきましょう。

2 青色申告事件

青色申告事件（最高裁昭和62年10月30日判決）を理解するには、所得税法のしくみを知る必要があります。同法は、納税者が自ら税額を計算して確定申告をする方式を採用しています。確定申告には、通常の白色申告とは別に青色申告があり、事前に税務署長の承認を受けたうえで、所定の帳簿書類を備え付けて記帳・保存することで、白色申告より税金が安くなるなどの特典が得られます。

本件の原告Xは、兄Aと酒屋を営んでいました。もともとはA名義で青色申告をしていましたが、ある時期からX名義で行うようになりました。Xは青色申告の承認を受けていませんでしたが、税務署長はこれを見落として申告書を受理し、さらに毎年Xに青色申告書を送付していました。数年後、Xが承認を受けていないことに気付いた税務署長は、過年度に遡って白色申告の税額に修正する更正処分を行いました。これに対してXは、更正処分の取消訴訟を提起しました。

憲法84条の租税法律主義（租税の賦課・徴収は法律によらなければならないという原則〔☞2-Ⅳ〕）が妥当する租税分野では、法律による行政の原理が一層強く要請されます。税務署長の承認を受けていない以上、Xの青色申告を認めることはできません。Xに対する更正処分は所得税法に適合したもので、法律による行政の原理からして当然の帰結です。他方、Xからすれば、自己名義の青色申告が有効であるかのように取り扱っておきながら後になって更正処分をすることは信頼保護原則に反して許されないとも考えられます。このように、青色申告事件では法律による行政の原理と信頼保護原則が対立しました。

最高裁は、租税分野への信義則の適用には慎重でなければならず、納税者間の平等・公平という要請を犠牲にしてもなお課税を免れしめて納税者の信頼を保護しなければ正義に反するような「特別の事情」がある場合に、初めてその適用を考えるべきであると判示しました。そして最高裁は、「特別の事情」が認められるには、①税務官庁が納税者に信頼の対象となる公的見解を表示し、②納税者がその表示を信頼して行動したが、③その表示に反する課税処分が行われ納税者が経済的不利益を受け、④納税者に帰責事由がないことが不可欠であるとして、厳格な要件を設定しました。本件では、X名義の青色申告を受理し青色申告書を送付していたとしても①の公的見解の表示があったとはいえないとして、信義則の適用は否定されました。

↓青色申告制度

概要	・所定の帳簿書類に基づいて確定申告をした納税者に、課税上の特典を与える制度
要件	・所定の帳簿書類を備え付けて記帳・保存している ・事前に税務署長の承認を受けている
特典	・所得金額から最高65万円を差し引ける ・配偶者等に支払う給与を必要経費に算入できる ・赤字を前年や翌年の所得金額から差し引ける　など

筆者作成

↓青色申告事件

筆者作成

3 宜野座村工場誘致事件

宜野座村工場誘致事件（最高裁昭和56年1月27日判決）では、地方公共団体による政策変更が信頼保護原則に反するかが争われました。X会社は沖縄県宜野座村に製紙工場の建設を計画し、当時のA村長に誘致を陳情したところ、A村長は全面協力を表明しました。ところが、Xが工場操業に向けて機械発注や建設予定地の整地などの準備を進めていた矢先、村長選挙で工場建設に反対するB村長が当選し、村は誘致反対へと政策を変更しました。村の協力が得られなくなった結果、やむなくXは工場建設を断念しました。そこでXは、このような村の行動はXとの信頼関係を不当に破壊するものであるとして損害賠償を請求しました。

最高裁は、まず、住民自治の原則（地方公共団体の政策は住民の意思に基づいて行われるべきという原則）から政策変更自体は当然ありうると述べます。しかし、次に最高裁は、①政策決定が特定の者に特定内容の活動を促す個別具体的な勧告・勧誘を伴うもので、②その活動が相当長期にわたる政策継続を前提として初めて投入された資金・労力に見合う効果を生じさせるものである場合、その者の政策継続に対する信頼は保護されなければならないとします。そして、③政策変更によって社会観念上看過できない積極的損害を被るにもかかわらず、④その損害を補償するなどの代償的措置を講じずに政策を変更することは、⑤やむをえない客観的事情によるのでない限り、信頼関係を不当に破壊するものとして違法性を帯び、不法行為責任を生ぜしめると判示しました。本件では、誘致政策がXに工場建設を促すものであり、また工場建設が相当長期にわたる操業を予定して資金投入されるものであることから、①②が認められます。最高裁は、③〜⑤について審理させるため事件を差し戻しました。

↓宜野座村工場誘致事件

筆者作成

Ⅴ 権利濫用禁止の原則

民法第1条3項
権利の濫用は、これを許さない。

権利濫用禁止の原則は民法1条3項に定められた民法上の基本原則ですが、行政上の法律関係にも妥当します。したがって、私怨を動機とする懲戒処分のように、根拠となる法律の趣旨・目的とは異なる目的で行政権限を行使することは、形式的には法律の定める要件を満たしていても、行政権限を濫りに用いるものとして許されません。

権利濫用禁止の原則を語るうえで欠かせないのが、**余目町個室付浴場事件**（最高裁昭和53年5月26日判決）です。Ｘ会社の代表者Ａが山形県余目町（当時）で個室付浴場（いわゆるソープランド）を開業しようとしたところ、住民から反対運動が起きたため、町と県が結託して開業阻止に動きました。当時の風俗営業法では、児童福祉法に定める児童福祉施設（保育所や児童遊園など）の周囲200mの区域内では個室付浴場業が禁止されていた一方、すでに公衆浴場の営業許可を受けて個室付浴場業を営んでいる場合にはこの規制は適用されないと定められていました。そこで町と県は、Ｘに公衆浴場の営業許可がなされる前に、開業予定地から約134.5m離れた場所にあった廃校跡地を児童遊園にしようと考え、その設置に必要な認可の手続を1週間という異例の早さで処理して、法的に個室付浴場業ができない状況を作出しました。その後、Ｘは個室付浴場業を営まない旨の念書を提出することで、公衆浴場の営業許可を受けました。しかし、Ｘが個室付浴場業を始めたため、県公安委員会は60日間の営業停止処分を行いました。これに対して、Ｘは損害賠償を請求しました。

児童遊園の認可処分は、形式的には児童福祉法の要件を満たす適法なものでした。しかし、児童福祉法上、児童福祉施設は児童の健康を増進し情操を豊かにすることを目的とする施設とされており、認可処分もその趣旨に沿ってなされるべきものです。ところが本件では、Ｘの開業阻止を目的に認可処分がなされています。最高裁は、児童遊園の認可処分は行政権の著しい濫用によるものとして違法であると判示しました。なお、Ｘは風俗営業法違反で起訴されていましたが、その刑事事件でも最高裁は同様の判断をしています（最高裁昭和53年6月16日判決）。

よく似た事例として、国分寺市都市再開発事件（東京地裁平成25年7月19日判決）があります。本件では、パチンコ店の出店を阻止するために、図書館の敷地から50m未満の区域では風俗営業（パチンコ店の営業も含まれます）はできないと定めた風俗営業法等の規定が利用されました。市は異例の速さで図書館条例を改正し、出店予定地の近隣に図書館を設置しました。これにより出店を断念せざるをえなくなったパチンコ業者らは、損害賠償を請求しました。裁判所は、市は風俗営業法等の趣旨を逸脱してパチンコ店の出店を阻止しており、条例改正は社会的相当性を逸脱する行為として違法であると判示して、約3億3400万円の損害賠償を命じました。

権利濫用禁止の原則をめぐっては、私人の行政に対する権利濫用も問題になります。たとえば、行政事務を停滞させる目的で膨大な量の行政文書の開示を請求することは、情報公開請求権（☞15-Ⅱ❶）の濫用にあたり許されないと考えられます。

↓余目町個室付浴場事件

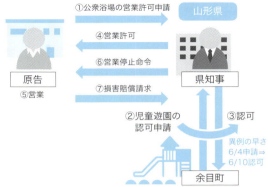

筆者作成

↓問題となった個室付浴場の跡地と若竹児童遊園

Google マップ

↓国分寺市都市再開発事件の第1審判決について報じる新聞記事。その後、控訴審で市が4億5100万円を支払う旨の和解が成立した

読売新聞2013年7月20日朝刊33面

★○×問題でチェック★
問7　法律上の要件を満たしていれば、権限行使が権利濫用禁止の原則に反することはない。
問8　特定人の営業妨害を目的とする行政権限の行使は、行政権の濫用にあたる。

4 行政組織法①

I 行政主体の種類

1 行政主体と行政機関

　行政法は、行政活動により形成される国家と私人の法律関係を主な考察対象としてきました。国の行政権は内閣に属し（憲法65条）、その下にある諸単位（各大臣等）によって行使されます。しかし、これら諸単位は国の一部に過ぎず、行政権を行使した結果として生ずる権利義務は、**法人**（法律上の「人」とみなされる主体）である国に帰属します（地方公共団体につき、地方自治法2条1項も参照）。このように、法人として行政上の権利義務を負う法主体を**行政主体**といい（☞**2**）、行政主体の内部組織を構成し、その手足となって行政権を行使する諸単位を**行政機関**といいます（☞**3**）。

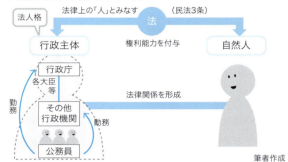

▼行政主体と行政機関イメージ図

2 行政主体の種類

　行政主体には、憲法上の統治団体である国や地方公共団体（☞**5**）のほか、これとは独立の法人も挙げられます。伝統的に、特別の法律に基づき政府が設立する**特殊法人**が用いられてきました。特殊法人は、高度経済成長期以降に急増したため、新設が抑制されました。その後、民間主導で設立され、特別の法律により主務大臣の認可を要する**認可法人**（一般的には行政主体とは扱われません）が、実際には官主導で設立され、増加しました。そこで、これらの法人は「特殊法人等」として整理合理化が図られました。2001（平成13）年の特殊法人等改革では、一部の法人を除き、まず廃止統合や民営化（☞III**2**）が行われ、民間では適切に実施されないおそれがあるか、特定の主体に独占的に行わせる必要があるものは、**独立行政法人**へと移行されました。

　独立行政法人は、**独立行政法人通則法**と個別の設置法に基づいて設立されます。主務大臣は、設立や人事等のほか、法人が一定の期間に達成すべき目標の設定、法人の作成した計画の認可、一定期間ごとの業績評価、組織や業務の見直しというPDCAサイクルにおいて主に独立行政法人の業務遂行に関与します。独立行政法人通則法は、各法人の業務の特色を踏まえて、法人を**中期目標管理法人**、**国立研究開発法人**および**行政執行法人**の3つに区分し、それぞれ異なる規律を設けています。特に国の任務と密接に関連する事務を担う行政執行法人の役職員は、公務員の身分を有する点で特徴的です。なお、かつて文部科学省の施設等機関であった国立大学についても独立行政法人化が検討されました。しかし、学問の自由に配慮した結果、これと類似のしくみを採りつつも、**国立大学法人法**により設立される**国立大学法人**という別個の法人類型として設けられ、その自主性がより強く認められました。以上に対応する法人として、地方でも、**地方三公社**や**地方独立行政法人**が用いられます。

▼特殊法人・認可法人・独立行政法人の例（令和6年1月31日現在）

	特殊法人	認可法人	独立行政法人※
設立方法	法律により直接に設立、または特別の法律に基づいて政府が設立委員を任命して設立させる。	民間の発意により設立されるが、特別の法律に基づいて設立され、かつ、その設立に主務大臣の認可を要する。	独立行政法人通則法15条により、主務大臣が設立委員を任命して設立し、登記により成立する。
法人の例	日本放送協会（NHK） 日本年金機構 日本中央競馬会（JRA） 【株式会社形式のもの】 日本電信電話㈱（NTT） 日本郵政㈱（JP）	日本銀行 日本赤十字社 使用済燃料再処理機構 【株式会社形式のもの】 ㈱東日本大震災事業者再生支援機構	（独）大学入試センター （独）日本学生支援機構 （独）日本芸術文化振興会 （研）宇宙航空研究開発機構（JAXA） （研）理化学研究所 （執）造幣局 （執）国立公文書館

※（独）は中期目標管理法人、（研）は国立研究開発法人、（執）は行政執行法人である。

筆者作成

▼独立行政法人における目標管理のしくみ

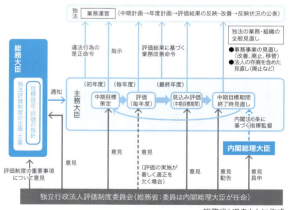

総務省HPをもとに作成

★○×問題でチェック★

問1　内閣総理大臣が行政権を行使した結果として生ずる権利義務は、内閣に帰属する。
問2　国立大学法人は、独立行政法人通則法に基づいて設立される。

このほか、行政主体の一種として、一定の行政目的の実現のために、個別法に基づいて、その利害関係者を構成員として設立される公共組合があります。一定の区域の宅地所有者等が土地区画整理事業（☞14-Ⅲ❷）を行うために、土地区画整理法に基づいて設立する土地区画整理組合が典型例です。土地区画整理組合は、7人以上の者が共同して定款などを作成し、施行地区内の宅地所有者と借地権者の3分の2以上の同意を得て、都道府県知事の認可を受けることで成立します（14条・18条）。組合が成立すると、施行地区内の宅地所有者等は組合員として強制加入させられ（25条）、賦課金等の費用負担義務が課せられます（40条。滞納者には41条に基づく滞納処分が予定されます）。組合は、組合員の民主的決定により運営されます。組合は、組合員に対する換地処分（組合員の有する宅地所有権等を工事後の土地（換地）に変換する処分）等、業務遂行に必要な公権力を付与されています（103条）。また、組合の解散にも、都道府県知事の認可が要求され（45条）、その他都道府県知事による監督を受ける点も特徴的です（125条）。以上の特徴は、他の公共組合にも共通しています。

なお、行政主体以外の個人や法人が、権限の委任を受けて、これを行使する場合があります（委任行政）。典型例として、日本弁護士連合会による弁護士の登録（弁護士法8条・15条1項）や各弁護士会が行う弁護士の懲戒（同法56条1項・2項）が挙げられます。憲法上は、委任行政を禁ずる明文の規定はありませんが、少なくとも法律の根拠が必要であるほか、これを必要とする合理的な根拠が求められます。

↓土地区画整理事業と土地区画整理組合

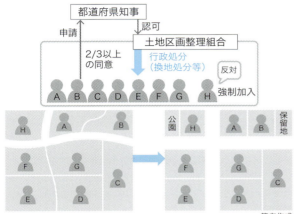

筆者作成

3 行政機関の概念

国家行政組織法
第2条1項
　国家行政組織は、内閣の統轄の下に……任務及びこれを達成するため必要となる明確な範囲の所掌事務を有する行政機関の全体によつて、系統的に構成されなければならない。
第5条1項
　各省の長は、それぞれ各省大臣とし、内閣法（……）にいう主任の大臣として、それぞれ行政事務を分担管理する。

「行政機関」と聞くと、中央省庁（例：財務省・国税庁）やその内部部局（例：財務省主税局総務課）、地方支分部局（例：国税局・税務署）等を想像するかもしれません。これは、行政主体内部において事務を配分するための単位を指す概念であり、①事務配分的行政機関概念といいます。法律上も、この意味での「行政機関」がよく用いられます（国家行政組織法2条1項参照）。他方で、講学上は、行政主体のために、私人に対して自己の名で法律行為を行う権限を与えられた行政庁（例：財務大臣・税務署長）を中心として、そこに関与する個々の単位を「行政機関」と呼ぶことがあり、このような行政機関の概念を②作用法的行政機関概念といいます。この意味での「行政機関」には、行政庁のほか、行政庁の意思決定を補助する補助機関（例：税務署長を補助する税務職員）、行政庁からの諮問に対して答申を行う諮問機関（例：行政不服審査会〔☞19-Ⅴ❷〕）、特にその答申に法的拘束力がある参与機関（例：電波監理審議会）、私人に対して実力を行使する権限を有する執行機関（例：警察官・国税徴収職員）等があります。②の行政機関には、財務大臣のように1人で意思決定を行う独任制の機関と、公正取引委員会のように複数人で意思決定を行う合議制の機関があります。

①の概念は行政主体内部での事務配分の単位に着目するのに対し、②の概念は対外的な（私人に対する）権限の所在に着目する点で異なります。たとえば、法務大臣は、①の意味では、法務省設置法により所掌事務を配分された法務省という行政機関の「長」という位置づけですが（国家行政組織法5条1項）、外国人の帰化の許可（国籍法4条2項）等の権限を行使する場面では、②の意味での行政機関の1つである「行政庁」として扱われます。両概念は、互いに補い合って用いられます。たとえば、私人に対する行政作用であっても、必ずしも法律上の「権限」を観念することのできない行政指導を定義するにあたっては、①の行政機関概念が用いられています（行政手続法2条5号・6号〔☞12-Ⅰ〕）。

↓作用法的行政機関概念と事務配分的行政機関概念のイメージ

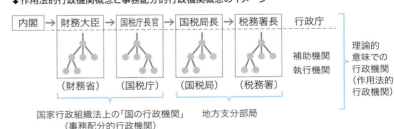

藤田宙靖『行政組織法〔第2版〕』（有斐閣・2022年）36頁をもとに作成

II 行政組織の一般理論

1 権限の代行

行政庁が、その権限を他の機関に行使させる場合があります。第1に、行政庁(委任機関)が他の行政機関(受任機関)に権限を**委任**し、受任機関の名において権限を行使させる場合です。たとえば、路線バス事業等の認可に関する権限は、国土交通大臣に与えられていますが(道路運送法4条1項)、この権限は、道路運送法88条2項に基づく政令(同法施行令1条1項1号)により、部分的に地方運輸局長に委任され、地方運輸局長の名で行使されています。権限が委任されると、その権限は受任機関に移転し、委任機関はその権限を完全に失います。つまり、権限の委任は、法律上配分された権限の所在をさらに変動させるものであるため、**法律の根拠**を要します。第2に、行政庁(被代理機関)が、他の行政機関(代理機関)にその権限行使を**代理**させる場合です。民法上の代理と同様に、**代理権**を有する代理機関が、被代理機関に代わって権限を行使することを**顕名**して**代理行為**を行うことで、被代理機関が権限を行使したのと同一の効果が帰属します。代理には、法定代理と授権代理があります。**法定代理**には、法律の要件を満たす場合に、当然に代理関係が生ずる**狭義の法定代理**(例：市長が不在の場合に地方自治法152条1項に基づいて副市長が事務を代理する場合)と、法律に基づき、あらかじめ指定した者との間で代理関係が生ずる**指定代理**(例：内閣法9条。写真参照)があります。**授権代理**とは、被代理機関が代理機関に任意に代理権を授与するものです。伝統的に、授権代理に法律の根拠は不要と解されてきました。しかし、実務上は、授権代理よりも**専決・代決**が用いられます。**専決**とは、行政主体内部において決裁権を与えられた補助機関が、行政庁の名でその権限を行使するものであり、**代決**とは、決裁権者が不在の場合等に、至急処理すべき事務を直近下位の補助機関が処理するものです。

↓内閣総理大臣の指定代理の辞令

衆議院議員河野太郎公式サイトより

↓委任、代理、専決・代決のイメージ

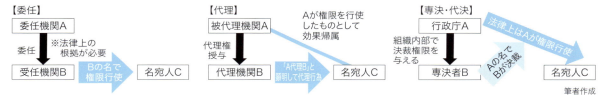

筆者作成

2 上級行政機関の指揮監督権

国家行政組織法第14条2項
　各省大臣、各委員会及び各庁の長官は、その機関の所掌事務について、命令又は示達をするため、所管の諸機関及び職員に対し、訓令又は通達を発することができる。

上級機関は下級機関に対して**指揮監督権**を有します。具体的には、上級機関が下級機関の事務処理を調査する**監視権**(例：報告の聴取)、下級機関の事務処理に上級機関の承認を求める**許認可権**、上級機関が下級機関に対して訓令や通達を発する**訓令権**(国家行政組織法14条2項)が挙げられます(この訓令・通達には、私人に対する拘束力はありませんが、下級機関の公務員に対する**職務命令**として、行政組織内部での拘束力があります〔☞ 11-IV〕)。このほか、外部的な影響を有する作用として、下級行政庁が行った権限行使が違法または不当であるとして上級行政庁がこれを取り消したり、停止したりする**取消権・停止権**(例：内閣法8条、地方自治法154条の2)や、下級行政庁が権限行使を行わない場合に、上級行政庁がこれを代わって行う**代執行権**(例：労働基準法99条4項)があります。代執行権については、法律上配分された権限を変動させるものに等しいため、**法律の根拠**を必要としますが、取消権・停止権については、法律の根拠の要否につき、学説上争いがあります。最後に、下級機関相互間で権限について争いが生じた場合に、上級機関がその裁定を行う**裁定権**(例：内閣法7条)も指揮監督権に数えられます。

↓取消・停止権、代執行権、裁定権のイメージ

【取消権・停止権】　【代執行権】　【裁定権】

筆者作成

★○×問題でチェック★

問5　権限の委任には、法律の根拠を要する。
問6　上級行政庁は、法律の根拠がなくとも、下級行政庁の権限を代執行することができる。

III 主体の多様化・公私協働

1 指定法人への権限の委任

行政活動に私人が関与する場合があります。わかりやすい例として、行政主体と私人との契約に基づく民間委託（☞13-V）がありますが、ここでは指定法人のしくみを紹介します。

たとえば、一定の建築物を建てようとする建築主は、建築基準法上、工事を行う前に、地方公共団体に置かれる建築主事から、その計画が建築基準関係規定に適合するとの建築確認（処分）を受け、確認済証の交付を受けなければなりません（6条）。ただし、同法は、国土交通大臣や都道府県知事から指定を受けた民間事業者（指定確認検査機関）がこのような行政処分（☞8）を行うことも認めています（6条の2、77条の18以下。なお、工事完了後の完了検査についても7条の2に同様の規定があります）。この場合、指定確認検査機関の交付した確認済証は、法律上、建築主事が交付したものとみなされます（6条の2第1項）。

もっとも、このような確認検査業務は公的なものなので、民間事業者による業務遂行の適正さを確保するために、種々の工夫が施されています。たとえば、民間事業者が上記の指定を受けるには、所定の基準を満たす必要があり（77条の20）、指定確認検査機関やその役職員には、秘密保持義務（77条の25）等の義務が課せられます。また、国土交通大臣や都道府県知事は、必要な監督命令（77条の30）等の措置をとることができ、場合によっては、指定の取消し・停止を行うことがで

↓指定確認検査機関制度のイメージ

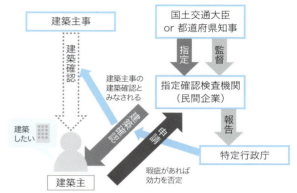

筆者作成

きます（77条の35）。さらに、指定確認検査機関は、確認済証を交付したときは、特定行政庁（建築主事を置く地方公共団体であれば、その長）に報告をしなければなりません（6条の2第5項）。特定行政庁は、報告を受けた当該建築物の計画が建築基準関係規定に適合しないと認めるときは、建築主と指定確認検査機関に通知することで、確認済証の効力を失わせることができます（6条の2第6項）。このように、指定確認検査機関の確認検査業務は、行政機関の監督下で行われます。

2 公企業の民営化と組織を通じた公私協働

行政主体が、私法上の法人を用いて事業を営むことがあります。郵便事業は、もともと特殊法人である日本郵政公社が担ってきましたが、2007（平成19）年に郵政民営化関連6法に基づき、郵政公社は解散し、郵便事業を担う5つの株式会社が設立されました（現在は4社。図を参照）。これらの法人は、個別法に基づいて設立される株式会社なので、特殊会社と呼ばれます。このうち持株会社である日本郵政株式会社の株式

↓日本郵政グループの組織

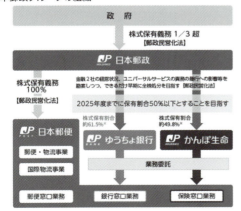

ゆうちょ銀行HP
(https://www.jp-bank.japanpost.jp/ir/investor/ir_inv_index.html) より

は、設立当初は政府がすべて保有していましたが、これを段階的に売却することで公企業の民営化が進められます。株式がすべて売却されると、国はその事務に直接関与できなくなりますが、民営化の関係法令により、任務の公共性を維持するための規律がされます（例：郵便サービスが将来的に全国遍く公平に確保されるように、郵政民営化法7条の2により特殊会社に課されるユニバーサルサービス責任）。また、地方公共団体が私法上の法人を設立して、地域生活に密着する事業を行うこともあります。その中でも官民共同出資で設立される法人を第三セクターと呼びます。たとえば、旧日本国有鉄道（現JR各社）によって廃止が検討された赤字ローカル路線につき、地域交通基盤を確保するために、沿線の地方公共団体と民間企業の共同出資により株式会社を設立し、その運営を行う例が挙げられます。地方公共団体は、第三セクターの業務につき、主にその保有株式を通じた影響力の行使により関与します。

↓第三セクターによって管理運営されている岐阜県の樽見鉄道

アフロ

★○×問題でチェック★
問7　公権力は公務員によって行使されるべきであるため、行政主体以外の主体が行使することはない。
問8　公企業の民営化は、公企業の組織を株式会社の形式に転換し、その株式を民間に売却することで行われる。

5 行政組織法②

I 国家行政組織

国家行政組織法
第3条　国の行政機関の組織は、この法律でこれを定めるものとする。
2　行政組織のため置かれる国の行政機関は、省、委員会及び庁とし、その設置及び廃止は、別に法律の定めるところによる。
3　省は、内閣の統轄の下に第5条第1項の規定により各省大臣の分担管理する行政事務及び同条第2項の規定により当該大臣が掌理する行政事務をつかさどる機関として置かれるものとし、委員会及び庁は、省に、その外局として置かれるものとする。
4　（略）
第8条　第3条の国の行政機関には、法律の定める所掌事務の範囲内で、法律又は政令の定めるところにより、重要事項に関する調査審議、不服審査その他学識経験を有する者等の合議により処理することが適当な事務をつかさどらせるための合議制の機関を置くことができる。

1 総論

　国の行政組織の基本的な構造は、国家行政組織法という法律によって定められています。とりわけ、国における行政組織の設置や廃止、各省庁間の事務の割り当てのような基本的な事項は、法律によって定めることが必要とされます（国家行政組織法3条1項・2項、4条）。また、行政組織において設置される機関として、省、庁、委員会が挙げられます。さらに省の内部でも、大臣をトップとして、局、部、課、室と細かく分かれていき、まるでピラミッドのように上下で指揮監督が行われることで、行政組織の一体性が保たれることになります。庁や委員会は外局、つまり、省から独立した機関であり、一定の中立性が確保されています。

　現在のような省庁の編成になったのは、1990年代末に行われた中央省庁改革によるものです。その際、事務遂行の効率化とともに、内閣や内閣総理大臣の権限も強化されました（中央省庁等改革基本法）。内閣官房は内閣や内閣総理大臣を補佐し（8条）、内閣府は「国政上重要な具体的事項」や省庁間にまたがる事項につき、企画を立案し、総合的に調整する役割を担うことになりました（10条）。

↓省庁の地図

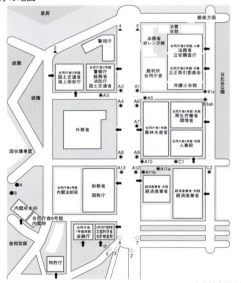

人事院資料より抜粋

↓国家行政組織のピラミッド構造

内閣官房資料を参考に筆者作成

2 委員会

　同じ「委員会」の名前が付く組織でも、その根拠が国家行政組織法3条か同法8条かで位置づけが異なります。3条の「委員会」は外局であり、独立性が確保されますが、民主主義の観点に基づき国会や内閣の統制から完全に独立することはできません。また、8条の「合議制の機関」は、原則としてあくまで勧告や答申などの意見を述べることができるにすぎません。

↓国の委員会の具体例

3条委員会	8条委員会
公安審査委員会、運輸安全委員会、中央労働委員会、公害等調整委員会、原子力規制委員会	運輸審議会、社会保険審査会、社会保障審議会、情報公開・個人情報保護審査会、法制審議会、国立大学法人評価委員会、司法試験委員会、税制調査会、国地方係争処理委員会など

国家行政組織法別表第1および宇賀克也『行政法概説Ⅲ〔第6版〕』（有斐閣・2024年）228-232頁をもとに筆者作成

★○×問題でチェック★

問1　中央省庁改革では、内閣や内閣総理大臣の権限が弱められた。
問2　「委員会」という名前がつくものはすべて国家行政組織法3条の「委員会」である。

Ⅱ　地方行政組織

日本国憲法
第92条　地方公共団体の組織及び運営に関する事項は、地方自治の本旨に基いて、法律でこれを定める。

第93条　地方公共団体には、法律の定めるところにより、その議事機関として議会を設置する。
2　地方公共団体の長、その議会の議員及び法律の定めるその他の吏員は、その地方公共団体の住民が、直接これを選挙する。

地方自治法
第89条　普通地方公共団体に、その議事機関として、当該普通地方公共団体の住民が選挙した議員をもつて組織される議会を置く。
2　普通地方公共団体の議会は、この法律の定めるところにより当該普通地方公共団体の重要な意思決定に関する事件を議決し、並びにこの法律に定める検査及び調査その他の権限を行使する。
3　前項に規定する議会の権限の適切な行使に資するため、普通地方公共団体の議会の議員は、住民の負託を受け、誠実にその職務を行わなければならない。

1　総　論

　地方の行政組織につき、「地方自治の本旨」として団体自治と住民自治が憲法上保障されます。また、「議事機関」である地方議会の設置が義務づけられ、長や地方議員を住民の直接選挙によって選ぶことが定められています（93条）。内閣は国会の信任を受けて選出されるのに対し、地方では長と地方議会の両方を住民の代表とするしくみとなっています。さらに、地方の行政内部では、長以外にも、委員会など多元的な執行機関が存在するほか、附属機関、補助機関も存在します。

　長と地方議会は対等・緊張関係にありますが、地方自治法は合議制の地方議会を重視し、地方議会が地方公共団体にとって「重要な意思決定」を行う機関だとしています（89条2項）。

　こうした行政を行ううえでの財源は、地方税や地方債などの自主財源だけでなく、地方交付税交付金や国庫支出金などの国からの財源によっても支えられています。

↓二元代表制と議院内閣制の比較

三重県議会ウェブサイトを参考に作成

↓京都市組織図の一部

＊は市町村のみ
公安委員会・収用委員会・労働委員会などは都道府県のみ
京都市資料および総務省資料をもとに筆者作成

2　自主立法権

日本国憲法
第94条　地方公共団体は、その財産を管理し、事務を処理し、及び行政を執行する権能を有し、法律の範囲内で条例を制定することができる。

地方自治法
第14条　普通地方公共団体は、法令に違反しない限りにおいて第2条第2項の事務に関し、条例を制定することができる。
2　（略）

　憲法94条は、「法律の範囲内で」地方公共団体の自主立法権を認めています。条例は、自主条例と委任条例に分かれます。自主条例は、法律から独立して定める条例です。自主条例が法律に反するかは、①明文規定があるか、②規定がなければ法律が放置する意図をもつか、③規定があれば、ⓐ規定の目的が別の場合、条例が法律を阻害するか、ⓑ規定の目的が同じ場合、法律が全国一律で定める意図かで判断されます（最高裁昭和50年9月10日大法廷判決）。委任条例は、法律の委任を受けて定める条例で、法律に反するかの判断方法を委任命令（☞11-Ⅱ・Ⅲ）と同じとみるか、見解が分かれます。

↓徳島市公安条例事件（最高裁昭和50年9月10日大法廷判決）の判断枠組み

筆者作成

↓徳島市公安条例事件（最高裁昭和50年9月10日大法廷判決）のときに禁止されていたフランスデモ（左）とうずまき行進（右）のようす

毎日新聞社提供

毎日新聞社提供

★〇×問題でチェック★
問3　地方公共団体において、地方議会が「重要な意思決定」を行う役割を担っている。
問4　自主条例とは、法律の委任を受けて定められる条例である。

水質汚濁防止法
第3条　排水基準は、排出水の汚染状態（熱によるものを含む。以下同じ。）について、環境省令で定める。
2　（略）
3　都道府県は、当該都道府県の区域に属する公共用水域のうちに、その自然的、社会的条件から判断して、第1項の排水基準によつては人の健康を保護し、又は生活環境を保全することが十分でないと認められる区域があるときは、その区域に排出される排出水の汚染状態について、政令で定める基準に従い、条例で、同項の排水基準にかえて適用すべき同項の排水基準で定める許容限度よりきびしい許容限度を定める排水基準を定めることができる。
4　（略）
第29条　この法律の規定は、地方公共団体が、次に掲げる事項に関し条例で必要な規制を定めることを妨げるものではない。
一　排出水について、第2条第2項第2号に規定する項目によつて示される水の汚染状態以外の水の汚染状態（有害物質によるものを除く。）に関する事項
二　（略）

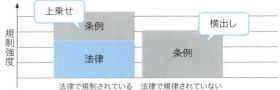
↓上乗せ・横出し条例
北村喜宣『環境法（第3版）』（有斐閣・2024年）148-152頁を参考に筆者作成

↓イタイイタイ病が発生した神通川のようす
毎日新聞社提供

↓四日市ぜんそくが発生した四日市コンビナートのようす
毎日新聞社提供

　地方公共団体が住民の権利を侵害し、義務を課す場合には条例の根拠が必要とされます（地方自治法14条2項）。条例は特に環境汚染対策でよく用いられており、上乗せ条例と横出し条例という区別がなされる場合もあります。上乗せ条例は、法律で定められた基準よりも厳格な基準を定めるのに対し、横出し条例は、法律の定めとは異なる事項について規制を行うものです。たとえば、水質汚濁防止法3条3項は法律が定める排水基準の上乗せを行う条例を認めており、29条では、法律で定める項目以外の事項についても条例によって規制することが認められています。こうした地方公共団体独自の規制が必要とされるのは、法律があくまで全国で一律に適用され、規制基準が最小限度のものにとどまるとされるものが多いのに対し、高度経済成長期に発生した公害被害のように、特に環境汚染が著しい地域では、その対応を地方公共団体に委ね、地域ごとに厳しい基準を定めるのが望ましいと考えられているためです。

3　地方公共団体間の連携

　地方公共団体には都道府県、市町村、特別区（東京23区のこと。市と比べ権能が少ない）などがありますが、事務を効率的に行うため、複数の地方公共団体が連携することもあります。たとえば、大阪都構想では、二重行政の解消や行政の効率化のため、大阪府内の市町村を特別区に変更することが議論されました。その際、大都市地域における特別区の設置に関する法律7条1項による住民投票が二度行われたものの、いずれも否決しました。その後、「大阪府及び大阪市における一体的な行政運営の推進に関する条例」により、市の都市計画決定などの事務を府に委託する方法がとられています。このように、別の地方公共団体に事務を委託することを事務の委託といいます（地方自治法252条の14）。似たしくみに事務の代替執行（252条の16の2）がありますが、事務の委託では委託先の地方公共団体に事務が移ってしまうのに対し、事務の代替執行では委託元の地方公共団体の名義のまま事務が行われる点が異なります。そのほかにも、連携を行うために広域連合や一部事務組合などを設立したり、連携協約を締結することもあります。

↓都構想について記者会見する大阪維新の会
日刊現代／アフロ

↓大阪ワールドトレードセンタービル（左）とりんくうゲートタワービル（右）
ともに毎日新聞社／アフロ

↓大阪都構想区割り案
大阪府資料より（一部改変）

★〇×問題でチェック★
問5　上乗せ条例は、法律の定めと異なる項目に関して規制を行う。
問6　効率的に事務を行うために、複数の地方公共団体が連携して行政を行う場合もある。

III 国地方関係

地方自治法
第2条 1～7 （略）
8 この法律において「自治事務」とは、地方公共団体が処理する事務のうち、法定受託事務以外のものをいう。
9 この法律において「法定受託事務」とは、次に掲げる事務をいう。
一 法律又はこれに基づく政令により都道府県、市町村又は特別区が処理することとされる事務のうち、国が本来果たすべき役割に係るものであつて、国においてその適正な処理を特に確保する必要があるものとして法律又はこれに基づく政令に特に定めるもの（以下「第1号法定受託事務」という。）
二 法律又はこれに基づく政令により市町村又は特別区が処理することとされる事務のうち、都道府県が本来果たすべき役割に係るものであつて、都道府県においてその適正な処理を特に確保する必要があるものとして法律又はこれに基づく政令に特に定めるもの（以下「第2号法定受託事務」という。）

↓事務の種類とそれぞれの特徴

種類	機関委任事務（改正前）	法定受託事務（改正後）	自治事務（改正後）
誰の事務か	国	地方公共団体	地方公共団体
条例制定	×	○	○
国と地方公共団体の関係	職務執行命令 指揮監督	是正の指示 代執行 処理基準	是正の要求 是正の勧告

宇賀克也『地方自治法概説〔第10版〕』（有斐閣・2023年）133-158頁、438-499頁をもとに筆者作成

2 関　与

　国や都道府県は、地方公共団体に関与を行うことがあります。関与には法律の根拠が必要で（地方自治法245条の2）、かつ「その目的を達成するために必要な最小限度」であることも必要とされます（245条の3第1項）。関与の種類には勧告や助言、許認可、代執行、是正の指示、是正の要求、是正の勧告などがあります（245条）。是正の指示は、国や都道府県が、法定受託事務において、法令違反や「著しく適正を欠き、かつ、明らかに公益を害している」ことが各大臣などにより認められる場合に「講ずべき措置」を指示することです（245条の7）。法定受託事務では、国や都道府県が統一的に定める処理基準も認められます（245条の9）。一方で、自治事務では、同じ場面でも国が地方公共団体に是正の要求を行うか（245条の5）、都道府県が市町村に是正の勧告を行います（245条

1 事務配分

　市町村や都道府県は「地域における事務」を行います（地方自治法2条2項）。市町村は「基礎的な地方公共団体」であり（同条3項）、都道府県は市町村では対応できない広域的な事務を行います（同条5項）。地方公共団体の事務には、自治事務と法定受託事務があります。自治事務は、地方公共団体の事務から法定受託事務を除いたもので（同条8項）、したがって法定受託事務からみる必要があります。法定受託事務は、地方公共団体が行う事務のうち、国や都道府県レベルで統一的に実施する必要があるもので、本来は国が行うべきものは「第1号法定受託事務」、本来は都道府県が行うべきものは「第2号法定受託事務」に分かれます（同条9項）。現在の事務の区別は、1999（平成11）年の地方分権改革で採用されました。それ以前は、国の事務を地方公共団体の機関が国の一部として行う機関委任事務のしくみが採られていました。その事務に関し地方公共団体は条例を定めることができず、国の指揮監督に従う必要があったため、地方公共団体の自律性を損なうことが指摘されていました。分権改革では、機関委任事務を廃止し、地方公共団体の事務を自治事務と法定受託事務に整理しました。そして、法定受託事務を国の事務ではなく、地方公共団体の事務と位置づけ、条例を定めることを認めました。それによって地方公共団体の自主性が広がりました。

の6）。要求や勧告では「必要な措置を講ずべきこと」が求められますが、措置の内容までは示されず、法定受託事務よりも関与を受ける地方公共団体の自律性が尊重されます。
　また、普天間飛行場の辺野古基地移転問題のように、国による関与に関する紛争では、特別な訴訟制度が設けられ、その訴訟の前に国地方係争処理委員会による審査・勧告が行われます（250条の13以下〔☞27-III **1**〕）。

↓現在の国地方係争処理委員会の構成（2024年7月25日時点）

委員長	委員長代理	委員	委員	委員
菊池洋一	辻琢也	小高咲	勢一智子	山田俊雄
弁護士	大学教員	地方独立法人理事長	大学教員	弁護士

総務省資料を参考に筆者作成

↓市街と隣接する普天間飛行場　↓建設中の辺野古基地　↓国地方係争処理委員会（構成員は現在と異なる）

AP／アフロ　　毎日新聞社／アフロ　　毎日新聞社／アフロ

★○×問題でチェック★
問7　法定受託事務は国の事務として位置づけられる。
問8　国が地方公共団体に対して関与を行う場合には、法律の根拠を必要とする。

6 公務員法・公物法

I 公務員法──国家公務員法を中心として

日本国憲法
第15条 公務員を選定し、及びこれを罷免することは、国民固有の権利である。
第73条 内閣は、他の一般行政事務の外、左の事務を行ふ。
（1～3号、5～7号略）
四 法律の定める基準に従ひ、官吏に関する事務を掌理すること。

1 公務員法と公務員の類型

国や地方公共団体の機関の（官）職に就くのが公務員です。公務員の選定・罷免は国民固有の権利であり、公務員に関する事項は法律で定められます（憲法15条1項・73条4号）。国の職員については国家公務員法、自治体の職員については地方公務員法で規定されます。これらの法律は、特別職として列挙する職（公選の職や内閣の下にない職など）以外の一般職を適用対象とし（国家公務員法2条1項～5項、地方公務員法3条・4条）、特別職については個別法（例：国会職員法、裁判所法）で規定されます。また、公務員は、勤務形態に応じて、常勤職員とこれより勤務時間の短い非常勤職員に区分できますが、前者は、法律や条例で定員の上限が規定されています。近年、一連の行政改革も相俟って、常勤職員の定数は削減され、これを補う形で非常勤職員が増加しています。

↓国家公務員の数と内訳（左：令和5年度、右：平成12年度）

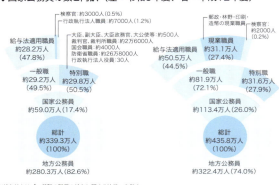

※給与法とは「一般職の職員の給与に関する法律」を指す。
人事院HPをもとに作成

↓「雇用者全体に占める公的部門雇用者数の割合」OECD国際比較

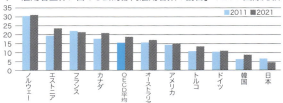

OECD Government at a Glance 2023をもとに筆者作成

2 人事行政機関

人事行政にも様々な事務があり、たとえば、個々の公務員の任免や服務監督は、任命権者（例：各大臣）が行います。これに対し、中央人事行政機関としての人事院は、政治的に中立の立場から、給与勧告などの行政的機能のほか、人事院規則の制定のような準立法的機能や不服申立ての審理のような準司法的機能も担っています。人事院は、形式的には内閣のもとにありますが、政治的中立性の確保の観点から、3名の人事官で構成される行政委員会の形式を採っており、内閣から一定の独立性を有しています。人事官についても、所属政党や出身学部が偏らないように要請されます（地方公共団体の人事委員会・公平委員会も概ね同様です）。また、内閣総理大臣も中央人事行政機関として位置づけられます（国家公務員法第2章参照）。内閣総理大臣は、標準的な官職に求められる能力の基準を定めたり、幹部職員の任用に関与したりします（下図参照）。

↓人事院会議と人事官（令和6年11月現在）

合議体の行政庁としての人事院（人事院会議）
伊藤かつら 人事官（財界出身。早大教育学部卒）
川本裕子 総裁（学者出身。東大文学部卒）
土生栄二 人事官（官僚出身。東大法学部卒）

↓人事院総裁から内閣総理大臣への人事院勧告の手交

上は人事院HPより筆者作成。下の写真は首相官邸HPより

↓幹部職員の任用プロセス

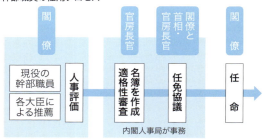

日本経済新聞Web2013年10月16日「きょうのことば 内閣人事局 省益優先の動き抑える」内の図を参考に作成

★〇×問題でチェック★
問1 国会の職員には、国家公務員法が適用される。
問2 国の人事行政は、政治的中立性の観点から、人事院が行い、内閣総理大臣はこれに関与しない。

3 公務員の勤務関係と権利義務

　任命権者が、特定の職に人員を就けることを任用といいます。公務員の身分にない者を任用することを採用といいます。公務員の勤務関係は、一般的に辞令書交付の時点で成立します（採用内定通知にはそのような効力はありません。最高裁昭和57年5月27日判決）。採用は条件付であり、一定期間その職務を良好な成績で遂行したときに正式採用となります。現職の公務員をより上位の職に就けることを昇任、より下位の職に就けることを降任、それ以外の他の職に就けることを転任といいます。任用は、平等に、競争試験の受験成績や実績評価等の公務員の能力の実証に基づいて行われます。反対に、公務員がその身分を喪失することを離職といいます。離職には、公務員が欠格事由に該当する場合（例：禁錮〔2025年6月からは「拘禁刑」〕以上の刑に処せられた場合）に法律上当然に公務員の身分を失う失職や、定年退職や公職選挙への立候補等の事由による当然退職、自らの意思により辞職する場合のほか、懲戒・分限による免職があります。公務員は、公務員法上一定の義務を負います（例：国家公務員法100条の秘密保持義務）。他方で、公務員は、法定の給与等を求める

↓法律上の公勤務関係の成立時点

柏木ハルコ『健康で文化的な最低限度の生活』第1巻（小学館・2014年）

財産的権利や、人事院に一定の措置を求める行政措置要求権等の権利を有しています。また、任命権者による恣意的な人事を防止するために、公務員には身分保障が与えられます（☞ 4 ）。

4 分限と懲戒

国家公務員法
第75条 職員は、法律又は人事院規則で定める事由による場合でなければ、その意に反して、降任され、休職され、又は免職されることはない。
2　職員は、この法律又は人事院規則で定める事由に該当するときは、降給されるものとする。
第78条 職員が、次の各号に掲げる場合のいずれかに該当するときは、人事院規則の定めるところにより、その意に反して、これを降任し、又は免職することができる。
一　人事評価又は勤務の状況を示す事実に照らして、勤務実績がよくない場合
二　心身の故障のため、職務の遂行に支障があり、又はこれに堪えない場合
三　その他その官職に必要な適格性を欠く場合
四　官制若しくは定員の改廃又は予算の減少により廃職又は過員を生じた場合
第79条 職員が、左の各号の一に該当する場合又は人事院規則で定めるその他の場合においては、その意に反して、これを休職することができる。
一　心身の故障のため、長期の休養を要する場合
二　刑事事件に関し起訴された場合

↓国家公務員法上の懲戒処分と分限処分の種類

懲戒処分（国公法82条以下、地公法29条参照）		分限処分（国公法75条以下、地公法27条以下参照）	
公務員の非行に対する制裁として行われ、公務員の身分の不利益的な変動を生じさせる処分		懲戒以外で、公務員の身分の不利益的な変動を生じさせる処分	
免職	職員の意に反して、公務員の身分を剥奪し、退職させる最も重い処分（分限免職について、国公法78条、地公法28条1項、懲戒免職について国公法82条1項、地公法29条）	降任	職員を、現在の官職より下位の職制上の段階に属する官職に任命する処分（国公法78条、地公法28条1項）
停職	1年以下の期間、職員を公務員の職務に従事させず、給与も支払わない処分（国公法83条）	休職	職員としての身分を保有させたまま、職務に従事させない処分（国公法79条、地公法28条2項）≠職員が自発的に職を離れる「休業」
減給	1年以下の期間で、給与の一部（国家公務員の場合は俸給月額の5分の1以下に相当する額）を職員の給与から減ずる処分			
戒告	職員の義務違反に対する責任を確認し、将来を戒める処分	降給	俸給表の職務の級や号俸を下げることで、基本給の額を減ずる処分（国公法75条2項、地公法27条2項）

筆者作成

　公務員の身分保障とは、法定の事由（国家公務員法78条・79条）によらなければ、その意に反して降任、休職、免職されないことを意味します。また、このような官職の変動以外にも、法律や人事院規則で定める場合には降給されることがあります。これらの不利益処分は分限と呼ばれ、同じ不利益処分でも、公務員の非行に対する制裁として行われる懲戒とは異なります（処分の種類については右上の表を参照）。懲戒処分や分限処分には、任命権者に一定の裁量が認められます（☞ 9 ）。これらの不利益処分には、行政手続法の適用は除外されますが（行政手続法3条1項9号）、特別の手続として処分説明書の交付が要求されます（国家公務員法89条1項）。公務員が懲戒処分や分限処分に不服がある場合には、人事院（地方公共団体では人事委員会・公平委員会）に審査請求することができます（同90条）。なお、これらの処分の取消訴訟は、裁決を経た後でなければ提起できません（審査請求前置〔☞ 19-Ⅱ〕。同92条の2）。

↓社会保険庁の廃止に伴う分限免職処分の事例

社保庁 分限免職 525人

読売新聞2009年12月29日朝刊1面

★○×問題でチェック★
問3　公務員試験に合格し、採用内定通知を受けた者は、その時点で公務員たる身分を取得する。
問4　飲酒運転をした公務員に対しては、分限処分が行われる可能性がある。

II 公物・公物関係法制の具体例

1 公物の類型・公物管理法・利用関係

行政主体が直接公の目的に供する有体物を公物といいます。公物は講学上の概念であり、いくつかの区分があります。主な区分として、第1に、利用者の観点から、行政主体自身が事務を遂行するために利用する公物は公用物（例：庁舎・庁舎内の備品）、公衆の利用に供される公物は公共用物（例：公園・道路・市民会館）と区分されます（☞2）。第2に、その物の所有権の観点から、国有公物・公有公物・私有公物という区分があります。行政主体は、その物の所有権を有していなくとも、利用権原さえあれば公物として供用できるため、私有公物も観念されます。第3に、自然発生的に形成された自然公物（例：河川・海岸）と人工的に設けられた人工公物（例：道路・公共施設）という区分もあります（☞29-IIも参照）。

公物に関することは必ず法律で定めるべきという法的要請はないですが、公衆の利用が想定される公共用物については、個別の公物管理法が制定されることが通常です。たとえば、道路管理については道路法が規律しています。ただし、公物管理法の規律が及ばない法定外公共用物も存在します（例：里道）。

公共用物は公用（供用）開始という手続／処分により、利用可能になります（例：道路法18条2項）。公物の利用関係は3つに分類できます。第1に、公衆が、公物管理者の許可を要せず、他人の利用を妨げない範囲で自由使用する場合です（例：道路の通行）。第2に、本来は自由な公物の使用をあらかじめ禁止しておき、申請に基づいて個別に禁止を解除する許可使用です（例：デモ行進〔☞5-II2〕や駅伝での道路の使用）。このような許可には、公物の機能の維持管理（公物管理）の見地から行われるものと（例：道路法47条の2に基づく特殊車両の通行許可）、公物利用の安全・秩序の維持（公物警察）の見地から行われるもの（例：道路交通法77条に基づく駅伝での道路使用許可）があります。道路については、前者は道路法で、後者は道路交通法で規律しています。第3に、公物管理者による特許により、公共用物を排他的・継続的に使用する特許使用です。左下の写真のように、屋台を公道にはみ出して出店する場合には、特許にあたる道路占用許可を得なければなりません（道路法32条）。最後に、公物としての機能を失わせ、公衆による利用を終了させる行政主体の意思表示を公用（供用）廃止といいます（例：道路法18条2項）。

↓福岡市博多区中洲の屋台街と道路占用許可

アフロ

↓所轄警察署長の道路使用許可を得て開催される箱根駅伝

アフロ

2 公用物の利用

行政主体自身によって用いられる公用物の利用については、行政主体内部の問題として、行政規則（訓令・要綱）や知事や市町村長の規則で規律されることも多いです。しかし、都庁の展望室が一般開放されているように、公用物であっても公衆によって利用されることはよくあります。金沢市でも、市長の規則に基づき市庁舎前広場を催事等に開放していますが、護憲集会の開催を目的として広場の利用を申請した者が、その利用を拒否された事例がありました。最高裁令和5年2月21日判決は、市庁舎前広場が公用物であることを前提に、利用拒否を適法としました。しかし、学説上は、公用物と公共用物は明確に区別できるものではないと説明されており、市庁舎前広場を公共用物（またはIII1の公の施設）として扱う考え方も有力です。

↓金沢市庁舎前広場

★ ○×問題でチェック ★

問5　河川や道路は、公衆の利用に供されているため、講学上の公共用物にあたる。
問6　公用物は行政内部での利用が想定されており、しばしば訓令や要綱に基づいて管理されている。

III 公共施設の目的内・目的外使用

1 公の施設の利用関係

> **地方自治法第244条**
> 1 普通地方公共団体は、住民の福祉を増進する目的をもってその利用に供するための施設(これを公の施設という。)を設けるものとする。
> 2 普通地方公共団体(次条第3項に規定する指定管理者を含む。次項において同じ。)は、正当な理由がない限り、住民が公の施設を利用することを拒んではならない。
> 3 普通地方公共団体は、住民が公の施設を利用することについて、不当な差別的取扱いをしてはならない。

地方公共団体は、住民の生活に密接にかかわる様々な公の施設を設置しています(例:図書館や体育館)。公の施設の設置管理については、個々の条例で定められます(地方自治法244条の2第1項)。地方公共団体は、正当な理由がなければ住民の利用を拒むことはできず、不当な差別的取扱いも禁止されます(244条2項・3項)。「正当な理由」の有無は個別具体的に判断されますが、たとえば、利用者が利用料を払わない場合や、利用者が予定人員を超える場合が挙げられます。

↓名古屋市における公の施設の例(市民ホール、公園、市営鉄道施設)

左から、名古屋国際会議場HP、アフロ、アフロ

2 行政財産の目的外使用

> **国有財産法第18条6項**
> 行政財産は、その用途又は目的を妨げない限度において、その使用又は収益を許可することができる。
>
> ※地方自治法238条の4第7項も同様

国有財産法や地方自治法は、行政主体の所有する国公有財産に関する規定を置いています。両法律は、主に公物に対応する国公有財産を行政財産、それ以外を普通財産(例:公の目的に供されていない国有地)と区分しており、行政財産については、その用途・目的を妨げない限度において、管理者が目的外使用許可をすることができます(例:市役所内の売店)。ただし、目的外使用許可は、原則として管理者の裁量に委ねられており(☞9)、また、当該行政財産を本来の用途・目的で使用する必要が生じた時点で撤回されうるという制約も内在しています(最高裁昭和49年2月5日判決)。

↓目的外使用許可の例(豊田市役所内のコンビニ)

筆者撮影

IV 私人による公共施設の管理

1 指定管理者制度

> **地方自治法第244条の2第3項**
> 普通地方公共団体は、公の施設の設置の目的を効果的に達成するため必要があると認めるときは、条例の定めるところにより、法人その他の団体であつて当該普通地方公共団体が指定するもの(……「指定管理者」という。)に、当該公の施設の管理を行わせることができる。

公の施設の管理を指定法人(☞4-III 1)に委ねる制度として指定管理者制度があります。指定管理者の指定手続、管理の基準、業務の範囲等の事項は条例で定められ(地方自治法244条の2第4項)、指定は、議会の議決を経て、期限を定めて行われます(同条5項・6項)。指定管理者は、公の施設の利用料金を自ら定め、収受することができ(同条8項・9項)、公の施設の使用許可処分にかかる権限も委任されうる点で特徴的です(244条の4第1項参照)。

↓TSUTAYA等を経営するカルチュア・コンビニエンス・クラブ株式会社が指定管理者として運営している佐賀県武雄市の「武雄市図書館」

武雄市図書館HP

2 PFI制度

民間の資金やノウハウを活用して、公共施設等の建設から運営管理までを契約により民間委託する制度としてPFI制度(☞13-V 2)があります。山口県の美祢社会復帰促進センターは、セコム等からなる特別目的会社(SPC)により運営される初の官民協働の刑務所として注目されました。また、神戸空港では、神戸市が、契約により、オリックス等で構成されるSPC(関西エアポート株式会社)の子会社に空港施設の公共施設等運営権を設定し、その管理運営を委ねるコンセッション方式が用いられています。

↓民間による管理が行われている刑務所

美祢社会復帰促進センターHP

↓関西エアポート神戸(株)への神戸空港の運営権売却

毎日新聞社提供

★ ○×問題でチェック ★

問7 公の施設も行政財産であるため、目的外使用を許可することができる。
問8 指定管理者は、条例の定めるところにより、公の施設の使用許可処分を行うことができる。

7　行政作用法の全体像

I　行政作用法とは

1　行為形式論による体系化

　行政作用法とは、行政と私人との間の実体的な法関係を規律する法分野のことです。「行政作用法」という名前の法典があるわけではなく、たくさんの個別法（☞1-Ⅱ）の集まりをそのように呼んでいます。

　行政作用法には、実に多種多様な行政活動が登場します。行政法学では、そうした行政活動をいくつかの行為形式に分解しています。行為形式とは、行政活動の基本的単位といえるようなもののうち、一定の性質を共有するものをグルーピングして名前を付けたものです。代表的なものとしては、行政行為（☞8・9）、行政基準（☞11）、行政指導（☞12）、行政契約（☞13）、行政計画（☞14）があります。

　また、これら行為形式に必ずしも還元できるものではないものの、各行政領域で共通して見られるものとして、行政手続（☞10）、行政による情報の収集・管理（☞15）、行政の実効性確保（☞16・17）等の一般的制度があります。

▼行政活動の全体像（代表的な行為形式とその組合せ）

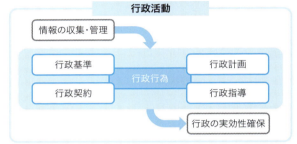

筆者作成

2　中核としての行政行為

　行為形式のうち、伝統的に中核的地位を占めてきたのが行政行為です。行政行為とは、「国民に対して直接具体的な法効果をもたらす権力的行為」のことです（☞8）。これは講学上の概念です。

　行政行為と似ている法律上の概念として、処分があります（行政手続法2条2号、行政不服審査法1条2項、行政事件訴訟法3条2項）。行政処分といわれることもあります。行政行為と処分の範囲は、厳密には重なり合わない部分もありますが（右図）、最初のうちは気にしなくて構いません。本章でも、以下ではまとめて行政行為と呼ぶことにします。

　ある行政活動が行政行為にあたると、行政手続法によって一定の手続が求められます（☞10）。また、行政行為に不服のある者は、行政不服審査制度（☞19）や取消訴訟制度（☞20～23）等を利用することができます。このように、行政行為は、行政活動を統制するための結節点として位置づけられます。

▼行政行為と行政処分

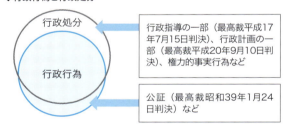

筆者作成

3　行政裁量とは

　行政裁量とは、法律が行政機関に認めた一定の判断余地のことです（☞9）。法律には、どのような場合にどのような行政行為をしてよいか（しなければならないか）が書かれています。法律の段階で、誰が判断しても同じ結論になるほど詳細に書かれていれば、行政裁量は認められません。しかし、具体的な判断を現場の行政庁に任せた方が、合理的な行政活動が期待できるものもあります。そうした行政活動については、法律の定めがあえて抽象的にしか書かれていなかったりします。このような場合には、法律が行政庁に行政裁量を認めていると解釈できます。

　行政裁量の付与や規制は、伝統的には行政行為についてよく議論されてきました。しかし、行政裁量は、行政行為だけではなく、他の行為形式についても認められることがあります。

▼様々な場面における行政裁量

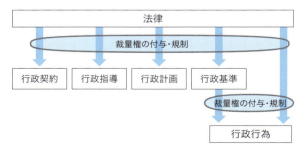

筆者作成

★○×問題でチェック★

問1　行政の行為形式には、行政行為、行政基準、行政指導、行政契約、行政計画がある。
問2　行政裁量は、行政行為についてのみ認められる。

II 複数の行為形式の組合せ

1 行政基準と行政行為の組合せ

各行為形式は、単独で用いられることもありますが、複数のものを組み合わせて用いられることもあります。いくつかの例をみてみましょう。

児童扶養手当は、ひとり親家庭等の生活の安定と自立を促進するため、一定の児童について手当を支給し、児童の福祉の増進を図るための制度です。児童扶養手当法4条1項1号は、児童扶養手当の支給対象となる児童の類型を定めています。イ～ニは法律の段階で具体的な類型を定めていますが、これ以外にも支給対象とするべき児童はいるかもしれません。そこで、同号は、ホに「その他イからニまでに準ずる状態にある児童で政令で定めるもの」と定めて、イ～ニ以外で支給対象とするべき児童を定めることを行政基準の一種である政令に委任しています。この委任をうけた政令である同法施行令1条の2は、児童扶養手当の支給対象となる児童を具体化しています。

ここでは、児童扶養手当法という法律の委任をうけて、同法施行令という行政基準が要件を補充または具体化しています。そして、同法施行令の定めを前提として、児童扶養手当の支給決定という行政行為がなされます（☞11）。

↓児童扶養手当の支給対象

児童扶養手当法	児童扶養手当法施行令
第4条　都道府県知事、市長……及び福祉事務所……を管理する町村長……は、次の各号に掲げる場合の区分に応じ、それぞれ当該各号に定める者に対し、児童扶養手当……を支給する。 一　次のイからホまでのいずれかに該当する児童の母が当該児童を監護する場合　当該母 　イ　父母が婚姻を解消した児童 　ロ　父が死亡した児童 　ハ　父が政令で定める程度の障害の状態にある児童 　ニ　父の生死が明らかでない児童 　ホ　その他イからニまでに準ずる状態にある児童で政令で定めるもの 二・三　略 2・3　略	第1条の2　法第4条第1項第1号ホに規定する政令で定める児童は、次の各号のいずれかに該当する児童とする。 一　父（母が児童を懐胎した当時婚姻の届出をしていないが、その母と事実上婚姻関係と同様の事情にあつた者を含む。以下同じ。）が引き続き1年以上遺棄している児童 二　父が配偶者からの暴力の防止及び被害者の保護等に関する法律……を受けた児童 三　父が法令により引き続き1年以上拘禁されている児童 四　母が婚姻（婚姻の届出をしていないが事実上婚姻関係と同様の事情にある場合を含む。以下同じ。）によらないで懐胎した児童 五　前号に該当するかどうかが明らかでない児童

筆者作成

↓児童扶養手当額（2024年11月）

		全部支給	一部支給
手当額	月額	45,500円	10,740～45,490円
	加算額（児童2人目以降1人につき）	10,750円	5,380～10,740円
所得制限限度額（2人世帯）		190万円	385万円

こども家庭庁ウェブサイトより

↓児童扶養手当法のしくみ

筆者作成

2 行政契約と行政行為の組合せ

↓土地収用制度の概要

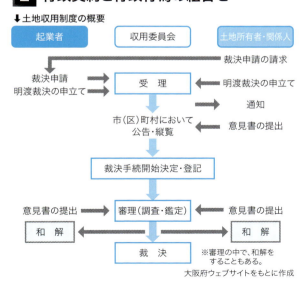

大阪府ウェブサイトをもとに作成

公益上の必要性のために道路の建設が計画されたけれども、道路予定地に私有地があったという場合を考えてみましょう。起業者（多くの場合、国や地方公共団体です）は、当該土地の所有権を取得しなければ、道路を完成させることはできません。そこで、起業者は、まず当該土地の売却を求めて所有権者と交渉することになります。これがうまくいけば、行政契約の一種として、売買契約を締結することになります。しかし、所有権者が任意の売却に応じてくれない場合もあります。この場合、起業者は、土地収用法に基づく行政行為として、補償金の支払いと引換えに、強制的に土地を収用することができます（☞30）。

↓土地収用のイメージ

東京都ウェブサイトより

★○×問題でチェック★
問3　行政の行為形式は、常に単独で用いられる。
問4　法律の施行令は、政令の一種である。

3 行政指導と行政行為の組合せ

札幌市客引き行為等の防止に関する条例
第6条　何人も、禁止区域……において、客引き行為等を行い、又は行わせてはならない。……
2　（略）
第8条　市長は、第6条……の規定に違反する行為をした者に対し、当該行為をしてはならない旨を指導することができる。
第9条　市長は、前条の規定による指導を受けた者が当該指導に従わないときは、その者に対し、当該指導に係る行為をしてはならない旨を勧告することができる。
第10条　市長は、前条の規定による勧告を受けた者が当該勧告に従わないときは、その者に対し、当該勧告に係る行為をしてはならない旨を命ずることができる。
2　（略）
第12条　市長は、第10条第1項……の規定による命令を受けた者が当該命令に従わないときは、次に掲げる事項を公表することができる。
（1）　当該命令を受けた者の氏名及び住所（法人にあっては、その名称、代表者の氏名及び主たる事務所の所在地）
（2）　公表の原因となる事実
（3）　前号の事実に係る店舗等の名称及び所在地
第18条　次の各号のいずれかに該当する者は、5万円以下の過料に処する。
（1）　第10条第1項……の規定による命令に違反した者
（2）　（略）

札幌市客引き等の防止に関する条例は、6条で、禁止区域における客引き行為を禁止しています。しかし、条例で禁止しても、これに従わない者は出てくるものです。そこで、同条例は、市長は、違反行為をした者に対して当該行為をしてはならない旨の**指導**をすることができるとしています（8条）。この指導にも従わない者には、**勧告**をすることもできます（9条）。これら指導や勧告は、法的な拘束力をもたない**行政指導**です。

勧告にも従わない場合には、市長は、当該行為の**禁止命令**をすることができます（10条）。これは、名宛人に不作為の義務を課す**行政行為**です。このように、行政指導という軽いステップを踏んでから、行政行為という奥の手を使うというしくみになっているのです。この命令にも従わない者に対しては、公表や過料の定めが適用されます。

下の図は、客引き行為等が禁止されていることをわかりやすく伝えるポスターです。札幌市の工夫がうかがわれます。

↓札幌市客引き行為等の防止に関する条例について

札幌市ウェブサイトより

4 行政計画と行政行為の組合せ

都市計画法
第18条　都道府県は、関係市町村の意見を聴き、かつ、都道府県都市計画審議会の議を経て、都市計画を決定するものとする。
2～4　（略）
第59条　都市計画事業は、市町村が、都道府県知事……の認可を受けて施行する。
2～7　（略）
第61条　国土交通大臣又は都道府県知事は、申請手続が法令に違反せず、かつ、申請に係る事業が次の各号に該当するときは、第59条の認可又は承認をすることができる。
一　事業の内容が都市計画に適合し、かつ、事業施行期間が適切であること。
二　（略）

市町村が、都市計画事業として街路を建設するためには、都道府県知事の認可を受けなければなりません（都市計画法59条）。この認可は、市町村に対して、適法に都市計画事業を施行する地位を発生させるものであり、**行政行為**にあたります。ところで、この認可の要件として、「事業の内容が都市計画に適合し」ていることが定められています（61条1号）。都市計画とは、都道府県が関係市町村の意見を聴くなどして定めるものであり（18条1項）、**行政計画**にあたります。このように、行政行為の要件のひとつとして、行政計画に適合していることが定められていることがあります。

↓街路事業の流れと都市計画法

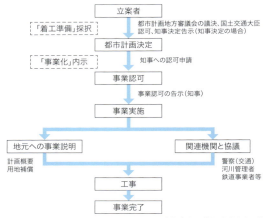

大阪市ウェブサイトをもとに作成

↓神戸市星陵台舞子坂線整備事業

整備前の歩道が狭くて危険なようす　　歩道が広くなった整備後のようす

神戸市ウェブサイトより

★ ○×問題でチェック ★
問5　行政行為に先立ち、行政指導がなされることがある。
問6　行政行為の要件として、行政計画への適合性が定められていることがある。

III 行政活動の現代化

1 規制行政と給付行政

IIでみた行為形式論とは別に、行政活動は規制行政と給付行政に分類されることもあります。行政法全体の見通しをよくする重要な区別なので、しっかり押さえておきましょう。

規制行政とは、私人の権利や自由を制限することを通じて、その目的（秩序の維持、危険の予防など）を達成する行政活動のことです。II 3 でみた禁止命令が規制行政の例です。これに対し、給付行政とは、個人や公衆に便益を給付することを通じて、その目的（健康で文化的な生活の確保など）を達成する行政活動のことです。たとえば、II 1 でみた児童扶養手当の支給がこれにあたります。

伝統的な行政法学は、このうち、規制行政を特に検討の対象としてきました。私人の権利や自由を制限するものですから、特に統制の必要があると考えられたのです。しかし、現代において給付行政の比重が増すに伴い、給付行政も重要なテーマであると認識されるようになりました。まず、給付行政の財源は、国民や住民の納付した税金によって賄われていますので、不要または不相当な給付を見過ごすわけにはいきません。また、たとえば、2つの事業者が競争関係に立っている場合に、一方の事業者のみに補助金を給付すると、他方の事業者は競争上不利な立場に置かれることになります。さらに、憲法25条1項の保障する「健康で文化的な最低限度の生活」を実現するためにも、給付行政が適切に実施されることが求められます。こうした観点から、給付行政についても統制が必要であると考えられるようになったのです。

↓規制行政と給付行政

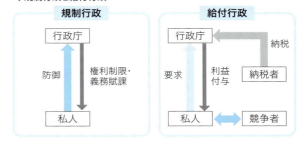

筆者作成

↓社会保障給付費の推移

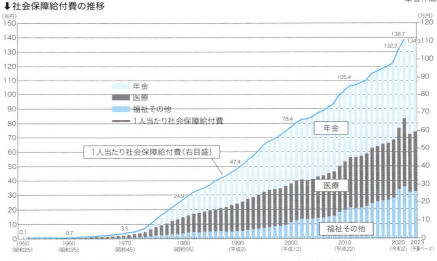

資料：国立社会保障・人口問題研究所「令和3年度社会保障費用統計」、2022〜2023年度（予算ベース）は厚生労働省推計、2023年度の国内総生産は「令和5年度の経済見通しと経済財政運営の基本的態度（令和5年1月23日閣議決定）」
（注）図中の数値は、1950,1960,1970,1980,1990,2000,2010,2020および2021ならびに2023年度（予算ベース）の社会保障給付費（兆円）である。

厚生労働省ウェブサイトをもとに作成

2 二面関係と三面関係

1 でみた競争関係に立つ事業者への補助金のように、直接の名宛人に利益を与える行政活動が、直接の名宛人ではない第三者に不利益をもたらすことがあります。それとは逆に、直接の名宛人に不利益を与える行政活動が、第三者に利益をもたらすこともあります（たとえば、II 3 の禁止命令がなされれば、住民はより快適に生活できるようになります）。こうした行政活動を適切に統制するためには、行政主体と名宛人との間の二面関係のみならず、利害関係を有する第三者も加えた三面関係を視野に入れなければなりません。行政活動の複雑化に伴い、こうした三面関係が増加しています。

行政事件訴訟法は、三面関係においても機能する訴訟類型を設けています。たとえば、差止訴訟（3条7項）は、名宛人に利益を与える処分をしないよう、利害関係を有する第三者が求める場合にも用いられます。これとは逆に、非申請型義務付け訴訟（3条6項1号）は、名宛人に不利益を与える処分をするよう、第三者が求める場合に用いられます（☞24-III・IV）。このように、三面関係を視野に入れることは、行政作用法のみならず、行政救済法でも重要です。

↓三面関係の紛争状況

筆者作成

★○×問題でチェック★
問7 規制行政と異なり、給付行政を統制する必要は特にない。
問8 行政行為では、行政主体・名宛人・第三者の三面関係を視野に入れる必要がある。

8 行政行為

I 行政行為とは何か

行政行為とは、様々な行政の行為形式（☞ 7）のうち、「国民に対して直接具体的な法効果をもたらす権力的行為」を、他の行為形式と区別して類型化した講学上の概念を指します。法律上、「許可」や「命令」、「確認」等といった文言によるものの多くが、行政行為にあたります。その具体例としては、営業を始めようとする飲食店に対してそれを適法に行いうる法的地位を付与する営業許可（食品衛生法55条）や、食中毒等を発生させた飲食店に対して一定期間営業をしてはならないという法的義務を課す営業停止命令（60条）等が挙げられます。なお、営業許可のように、その対象となる名宛人（や第三者）に利益を与えるものを授益的行政行為（授益的処分）、また、営業停止命令のように、それらに不利益を与えるものを侵害的行政行為（侵害的処分）と呼ぶことがあります。

行政行為と聞くと、行政の行為一般を指すものと思われるかもしれませんが、行政法学では、それらのうち、一定の特徴を備えたものだけが行政行為と呼ばれています。第1に、行政行為は、相手方の同意がなくても（相手方の意思に反しても）一方的に法効果を発生させるという意味において権力性を有しています。この点で、当事者間の合意により締結される行政契約（☞ 13）と区別されます。第2に、行政行為は、国民に対して法的地位や権利を付与したり、法的義務を課するという意味において法効果性を有しています。この点で、基本的に法効果をもたない行政指導（☞ 12）や即時強制（☞ 16-Ⅴ）のような事実行為と区別されます。第3に、行政行為は、法効果を国民に対し直接的に発生させるという意味において外部性を有しています。この点で、その効果が行政内部に及ぶにとどまる、訓令や通達等の行政規則（☞ 11-Ⅳ）のような内部行為と区別されます。第4に、行政行為は、法効果を特定の国民に対して具体的な形で発生させるという意味において具体性を有しています。この点で、基本的に不特定多数の国民を対象とした一般的抽象的な法効果しかもたない法規命令（☞ 11-Ⅱ）や条例と区別されることとなります。ここ数年来のコロナ禍において、一部の都道府県知事は、営業時間短縮要請（行政指導）に応じなかった特定の飲食店に対し、夜間の営業をしないことを一方的に義務づける営業時間短縮命令を発出していましたが、当該命令は、まさに以上のような特徴を備える行政行為にあたります。

ところで、この行政行為と類似する法律上の概念として、処分（行政不服審査法1条2項、行政事件訴訟法3条2項等）という概念があります（☞ 20）。この概念は、様々な行政の行為のうち、審査請求等の行政上の不服申立てや取消訴訟等の抗告訴訟（☞ 19～24）の対象となる行為として定められたものです。行政行為と処分は、おおむね重複する（ほぼすべての行政行為は処分にあたる）のですが、一定のずれがあることに注意が必要です。

↓飲食店の営業許可済証

神戸市HPより

↓飲食店に対する営業停止命令書

横須賀市HPより

↓行政行為の特徴

権力性（⇔行政契約）
法効果性（⇔行政指導）
外部性（⇔内部行為）
具体性（⇔法規命令・条例）

筆者作成

↓営業時間短縮命令を発出した小池百合子東京都知事による定例会見のようす

つのだよしお／アフロ

★〇×問題でチェック★

問1　行政行為には、権力性、法効果性、外部性、具体性という特徴がある。
問2　行政行為と処分は、完全に同一の内容をもつ概念である。

II　行政行為の瑕疵

1　実体的違法と手続的違法

　行政行為が、その根拠法令の定める法的要件を充足しない（違法）形で、あるいは行政目的に適合しない（不当）形でなされた場合、当該行政行為は瑕疵（違法または不当という欠陥）があるものとして扱われることとなります。ここでは、訴訟において主として問題となる違法の瑕疵について、**実体的違法**と**手続的違法**に分けて説明を行うこととします。

　まず、実体的違法とは、行政行為（処分）の「内容」に法的な誤りがある場合を指します。具体的には、行政行為の基礎となる事実認定に誤りがあることや、行政行為の法的要件の解釈に誤りがあることなどが、これに含まれます。前者の例としては、実際に飲酒運転をしたのはＡであったのに、飲酒運転をしたのはＢだと認定して運転免許停止処分（行政行為）がなされたというような場合が挙げられます。また、後者の例としては、毒物及び劇物取締法所定の毒物または劇物を輸入・販売するために必要とされる登録（3条2項・4条1項）につき、同法それ自体は、もっぱら「設備」（5条）の面から上記登録を制限することを趣旨としており、当該毒物または劇物がどのような目的でどのような用途の製品に使われるかを規制の対象としていないものと解されるにもかかわらず、その「用途」の危険性を考慮して上記登録の申請を拒否する処分（行政行為）がなされたというような場合が挙げられます（ストロングライフ事件〔最高裁昭和56年2月26日判決〕）。なお、裁量処分について行政事件訴訟法30条が定める裁量権の逸脱・濫用がある場合（☞9-Ⅲ）や、法の一般原則に対する違反がある場合（☞3）も、この実体的違法に含まれます。

　次に、手続的違法とは、行政行為（処分）を行う際に法的にとられるべき「手続」（たとえば、不利益を与える処分を受けることとなる者の言い分を聴く聴聞等）がとられていない場合、あるいはとられてはいるもののそれが不十分な場合を指します。この手続については、今日、**行政手続法**に明文の規定が置かれています（☞10）。ただし、同法制定以前にも、タクシー事業の免許申請に対する処分につき、その根拠法令（道路運送法）の趣旨解釈により、その審査のための基準を設定し、申請人にその主張と証拠の提出の機会を与えなければならないという判断を示した判例がありました（個人タクシー事件〔最高裁昭和46年10月28日判決〕）。ここで注意を要するのは、法的にとられるべき手続が十分にとられていない場合であっても、裁判所は、その手続的違法が結論（処分の内容）に与えた影響等を考慮し、当該処分を取り消さないことがあるという点です。たとえば、群馬中央バス事件（最高裁昭和50年5月29日判決）で最高裁は、バス事業の免許申請に対する拒否処分（行政行為）について、諮問機関である運輸審議会（上記免許の諾否につき専門的な立場から意見を述べる機関）が開いた公聴会（利害関係者の意見を聴く会議）において申請人に与えられるべき主張立証の機会が十分に与えられていなかったことは認めたものの、当該審議会の認定判断を左右するに足る意見および資料を追加提出しうる可能性があったとは認めがたいなどとして、それが当該処分を違法として取り消す理由とはならないと判断しています。

↓ストロングライフ事件当時の規定

毒物及び劇物取締法
第3条　（1項略）
2　毒物又は劇物の輸入業の登録を受けた者でなければ、毒物又は劇物を販売又は授与の目的で輸入してはならない。
3　（略）
第4条　毒物又は劇物の……輸入業……の登録は、……営業所……ごとに、その……営業所……の所在地の都道府県知事……が行う。（2項以下略）
第5条　都道府県知事は、毒物又は劇物の……輸入業……の登録を受けようとする者の設備が、厚生労働省令で定める基準に適合しないと認めるとき、又はその者が第19条第2項若しくは第4項の規定により登録を取り消され、取消しの日から起算して2年を経過していないものであるときは、第4条第1項の登録をしてはならない。

筆者作成

↓実体的違法と手続的違法のイメージ

処分の原因となる事実の発生
（申請や事件・事故等）
　↓
審査基準（対申請処分）や処分基準（不利益処分）の設定・公表、被処分者への聴聞、第三者機関への諮問、公聴会の開催等の処分手続　← 処分手続における瑕疵＝手続的違法
　↓
処分　← 処分内容に関する瑕疵＝実体的違法

筆者作成

↓鉄道運賃の値上げの認可申請に際して開催された公聴会のようす

毎日新聞社提供

★○×問題でチェック★
問3　実体的違法に含まれるのは、事実認定の誤りと法的要件の解釈の誤りのみである。
問4　法的にとられるべき手続が十分にとられなかったことは常に当該処分の取消理由となる。

2 取消違法と無効

　行政行為は、仮にそれに瑕疵がある場合であっても、原則として、職権取消し（☞ Ⅲ）、行政上の不服申立て（☞ 19）、取消訴訟（☞ 20〜23）によって行政庁または裁判所が取り消さない限り、有効なものとして取り扱われます（最高裁昭和30年12月26日判決）。このような行政行為の効力を 公定力（あるいは「取消訴訟（制度）の排他的管轄」）といいます。また、行政行為には、一定の出訴期間（☞ 22-Ⅳ）を過ぎると、取消訴訟によっては争えなくなるという 不可争力 と呼ばれる効力もあります。これは、期限の定めなく行政行為が取り消される可能性がある状態が続くと、利害関係者が不安定な地位に置かれ続けることとなるため、その法的安定性を確保するために認められる効力です。もっとも、行政行為の瑕疵の程度が非常に大きい場合にまで、公定力や不可争力を認め、それを有効と取り扱うことには問題があります。そこで、その瑕疵の程度が、取り消しうべき瑕疵 の程度を超え、無効の瑕疵 とみなしうる程度に至るものである場合には、公定力や不可争力はもはや認められず、当該行政行為は当初から無効なものとして取り扱われます。この場合には、出訴期間が過ぎた後であっても、当該行為を取消訴訟以外の訴訟（無効等確認訴訟〔☞ 24-Ⅰ〕、公法上の当事者訴訟〔☞ 26〕または民事訴訟）で争うことができることとなります。

　それでは、取り消しうべき瑕疵（取消違法）と無効の瑕疵（無効）はどのように区別されるのでしょうか。一般的に、行政行為が無効とされるためには、その瑕疵が重大であり、かつ明白であること（重大明白の基準）が必要であると解されています（☞ 24-Ⅰ ■）。たとえば、農地買収処分にあたり、農地でないものを含む土地が買収された事案につき、最高裁は、農地でないものを農地として買収することは違法であり取消事由となるものの、それだけで当然に無効原因となるわけではなく、無効原因があるというためには「農地と認定したことに重大・明白な誤認がある場合（たとえば、すでにその地上に堅固な建物の建っているような純然たる宅地を農地と誤認して買収し、その誤認が何人の目にも明白であるというような場合）でなければならない」と判断しています（最高裁昭和34年9月22日判決）。このように明白性を要件とすると行政行為が無効とされる範囲は非常に限定されることとなりますが、こうした厳格な要件は、当該行政行為が有効なものであると信頼する第三者（上記の事案では買収された農地の売渡しを受けた第三者）を保護する必要性によって正当化されえます。つまり、瑕疵に明白性がある場合には、第三者もそれを認識できるはずなので保護をする必要がなく、逆に、明白性がない場合には、第三者を保護する必要があるということです。

　他方、上記のような保護すべき第三者がいない場合には、明白性を要件とする必要はないようにも思われます。実際、判例の中には、そうした場合に、明白性を要件としない別の基準（例外的事情の基準）を適用しているものもあります（最高裁昭和48年4月26日判決）。たとえば、東京高裁平成24年9月12日判決は、難民である原告（ロヒンギャ）に対して日本に在留する特別な許可を認めない処分および日本から退去するよう命令する処分がなされた事案につき、その違法は出入国管理及び難民認定法の根幹に係る重大な瑕疵にあたり、出入国管理行政の安定とその円滑な運営の要請を考慮してもなお、出訴期間の経過による不可争的効果の発生を理由として、難民である原告に対して迫害のおそれのあるミャンマーに送還されるという不利益を甘受させることが、著しく不当と認められるような例外的事情があるとして、上記処分を無効と判断しています。

↓保護すべき第三者がいる場合
（参考：最高裁昭和34年9月22日判決）

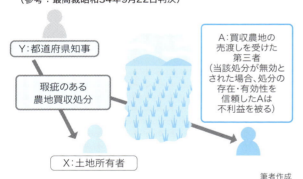

筆者作成

↓保護すべき第三者がいない場合
（参考：東京高裁平成24年9月12日判決）

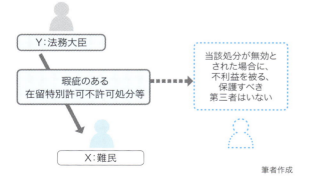

筆者作成

↓難民申請の書類を持つロヒンギャ難民

朝日新聞社提供

★ ○×問題でチェック ★
問5　行政行為には常に公定力と不可争力が認められるわけではない。
問6　判例上、行政行為は重大かつ明白な瑕疵がある場合にのみ無効とみなされる。

III　職権取消しと撤回

行政行為に、その当初から瑕疵（不当の瑕疵も含む）がある場合（原始的瑕疵）、行政庁は、自主的に（職権により）当該行政行為を取り消すことができます。この取消しは、私人による行政上の不服申立てや取消訴訟の提起を通じた争訟取消しと区別して、職権取消しと呼ばれます。その権限を有するのは基本的に処分庁だけですが、上級行政庁もそれを有するとの見解も有力です。職権取消しが認められる実質的な根拠は、その違法・不当の瑕疵を是正すること、つまり適法性や合目的性を回復することにあり、判例上、それを認める法律上の明文の根拠は不要とされています。ただし、特に授益的行政行為については職権取消しにより私人の利益が害されるおそれもあります。そこで、職権取消しが許容されるのは、取消しによる不利益（特に私人の不利益）と、取消しをしないことによる不利益（公益上の不利益）とを比較衡量して前者を後者が上回る場合であるとされています。たとえば、東日本大震災により被害を受けたあるマンションにつき、客観的には「一部半壊」と認定すべきところ「大規模半壊」という過大な認定がなされていたとして、それを前提として行われた被災者への支援金の支給決定が職権で取り消された事案について、当該被災者が受ける不利益を考慮しても、被災世帯間の公平性や財源への影響、迅速な支給の必要性等の観点から当該職権取消しは許容されるとした判例があります（最高裁令和3年6月4日判決）。職権取消しには、当該行政行為を当初からなかったものとする効果（遡及効）があるため、上記の事案の場合、当該被災者には受領した支援金を返還する義務が生じることとなります。

これに対して、行政庁が、行政行為を後発的事情を理由として取り消すことは撤回と呼ばれます。たとえば、その当初は適法であった（原始的瑕疵はない）運転免許を保有する者が、交通違反を繰り返したこと（後発的事情）によりその免許を取り消されるような場合が、これにあたります。この例のように、撤回にあたるものであっても、法律上は「取消し」という文言が用いられていることが一般的なので、注意が必要です。撤回の実質的な根拠は、後発的事情により公益に適合しなくなった行政行為の効果をそのまま存続させるべきではないという考え方にあり、判例上、それを認める法律上の明文の根拠は不要とされています。ただし、職権取消しと同じように、撤回が許容されるのは、撤回の必要性を基礎づける公益上の事情と、撤回を制限すべき事情とを比較衡量して前者が後者を上回る場合であるとされています。たとえば、クロロキン網膜症という病気の原因となった医薬品（クロロキン製剤）の製造を承認した処分等につき、当該医薬品の効能、効果を著しく上回る有害な副作用を有することが後に判明し、医薬品としての有用性がないと認められるに至った場合（後発的事情）には、承認等の取消しが許容されるとした判例があります（最高裁平成7年6月23日判決）。撤回の対象となる行政行為は当初は適法であったわけなので、その効果は、法律により遡及効が定められている場合（所得税法150条1項等）を除き、将来に向かってのみ生じます（将来効）。

▼職権取消しと撤回の比較

	職権取消し	撤回
原因	原始的瑕疵（不当の瑕疵も含まれる）	後発的事情
主体	処分庁（＋上級行政庁？）	処分庁のみ
根拠	実質的根拠：適法性・合目的性の回復 形式的根拠：法律上の明文の根拠は不要	実質的根拠：行政行為の公益適合性 形式的根拠：法律上の明文の根拠は不要
要件・制限	取消しによる不利益と、取消しをしないことによる不利益の比較衡量	撤回の必要性を基礎づける公益上の事情と、撤回を制限すべき事情の比較衡量
効果	遡及効	将来効（例外あり）
手続	授益的処分の取消しは、行政手続法2条4号の不利益処分にあたるため、同法12条以下の手続が適用される	

筆者作成

▼最高裁令和3年6月4日判決において問題となったマンションの損壊の一部（階段と梁の接合部が剥離し、一部鉄筋が露出している）

草場裕之弁護士提供

▼当時のクロロキン製剤の広告（「非常に毒性が弱いので大量・長期投与に適す」などの記述が見られる）

クロロキン全国統一訴訟原告団、クロロキン全国統一訴訟弁護団編『クロロキン薬害事件資料集 第2巻 証言・書証編』（ラ・モデンナ・1981年）593頁

★○×問題でチェック★
問7　判例によると、職権取消しについては、それを認める法律上の明文の根拠が必要となる。
問8　撤回とは、行政庁が、後発的事情を理由として、行政行為を取り消すことを指す。

9 行政裁量

I 行政行為と行政裁量

1 行政裁量の問題

　行政庁が法律に従いながら行政行為（☞8）を行うにあたっては、図のように様々な判断のタイミングがあります。しかし、これらすべての判断に関して、議会が法律で詳細に定める（☞2-II 4）ことは、現実的ではありません。そこで、議会が法律において行政機関に一定の判断余地を残して行政機関がそのもとで適切な判断をすることを期待し、裁判所も行政の行った判断を尊重することがあります。こうした行政機関の判断余地のことを行政裁量といいます。行政裁量が認められる行為は、裁量がない行為と比べて、表のように、様々な点で取り扱いが異なります。

　行政裁量は、行政行為以外においても認められることがあります（例：行政基準策定の裁量〔☞11-III〕、計画裁量〔☞14-IV〕）が、行政行為における行政裁量が最も議論されてきました。

↓行政庁による行政行為の流れ

塩野宏『行政法I〔第6版補訂版〕』（有斐閣・2024年）をもとに筆者作成

↓裁量のある行為と裁量のない行為の概観

	行政裁量がない行為	行政裁量が認められる行為	
根拠規定の文言	（多くは）一義的な文言	行政に判断・選択の余地	
司法審査のあり方	判断代置	判断過程の審査	
当該行為への評価	違法・適法	違法	適法
			不当	適当

筆者作成

2 不確定概念と行政裁量

　行政裁量はどのような場合に認められるのでしょうか。国会が法律の文言を抽象的なものにすれば、行政には判断余地が生まれそうです。しかし、抽象的な文言があれば常に行政裁量が認められるわけではないことに注意してください。

　一義的な文言はもちろん、抽象的な文言（不確定概念ということがあります）であっても、裁判所が解釈を加えることで明確化し、自らそれに事実をあてはめて結論を導き出すことが可能なことがあります。この場合に、裁判所は、行政行為の違法性を審査する際に、行政の判断結果を自らの結論に置き換えることとなります。たとえば、地方自治法244条2項の「正当な理由」の判断については裁量が認められていません（☞6-III 1）。これに対して、情報公開法の不開示情報（☞15-II 2）に関する条文のうち、5条4号は、公共の安全・秩序への支障のおそれの有無についての行政庁の判断について、行政裁量を認めています。なぜなら、この条文では、公共の安全等やその支障のおそれという抽象的な文言に加えて、「行政機関の長が認めることにつき相当の理由がある」という文言があり、これは「行政の判断を尊重せよ」という趣旨であると解釈できるからです。このような文言に限られるわけではありませんが、法律の規定や趣旨目的などから、「行政の判断を尊重せよ」という含意を読み取れる場合にはじめて、行政裁量は認められます。

> **情報公開法第5条**
> 　行政機関の長は、開示請求があったときは、開示請求に係る行政文書に次の各号に掲げる情報（以下「不開示情報」という。）のいずれかが記録されている場合を除き、開示請求者に対し、当該行政文書を開示しなければならない。
> 　一～三　（略）
> 　四　公にすることにより、犯罪の予防、鎮圧又は捜査、公訴の維持、刑の執行その他の公共の安全と秩序の維持に支障を及ぼすおそれがあると行政機関の長が認めることにつき相当の理由がある情報
> 　五　国の機関、独立行政法人等、地方公共団体及び地方独立行政法人の内部又は相互間における審議、検討又は協議に関する情報であって、公にすることにより、率直な意見の交換若しくは意思決定の中立性が不当に損なわれるおそれ、不当に国民の間に混乱を生じさせるおそれ又は特定の者に不当に利益を与え若しくは不利益を及ぼすおそれがあるもの
> 　六　（略）

↓行政裁量と各国家機関の関係

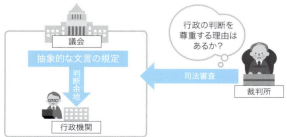

筆者作成

★○×問題でチェック★

問1　行政裁量は、行政行為においてのみ認められる。
問2　法律が一義的な文言で要件を定めていないということは、行政裁量を議会が認めたことを直ちに意味する。

II　行政裁量の存否と要件裁量・効果裁量

1　裁量の存否の解釈

　行政裁量を認める議会の意図が条文の文言上示されていることはあまり多くありません。そのため、通常は、個人の権利の制約の程度（☞Ⅳ）や制度の趣旨を考慮して、裁量の存否を解釈しなければなりません。これまでの判例では、次のような場合に、行政裁量が認められてきました。①公務員に対する懲戒処分のように、現場をよく知る者の判断に任せるべき場合、②在留外国人の在留資格に関する処分のように、外交的・政治的判断が必要な場合、③土地収用が認められる事業の認定のように、多種多様な利益の衡量が必要な場合、④原子炉の設置許可のように専門機関の判断に任せるべき場合（伊方原発訴訟〔☞23-I **2**〕）などです。

　以上のように、議会が前もって作った基準に従って行政庁に機械的に判断させることが妥当ではなく、行政庁に個別の事情の考慮や評価をさせる必要がある場合に裁量が認められやすいといえるでしょう。また、制約される私人の権利の保護が弱いとされる制度（例：在留資格制度〔☞図〕、マクリーン事件〔☞Ⅲ **1**〕）においても、裁量が認められる傾向にあります。

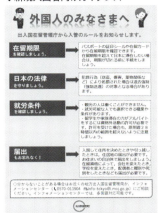

↓新規入国者向けガイダンス

出入国管理庁HPより

2　要件裁量と効果裁量

　法律の条文をきわめて簡略化すると、AならばBする、という図式にできます。Aを<u>要件</u>といい、BはAが満たされた場合にその条文から生じる帰結という意味で<u>効果</u>といいます。

　たとえば、土地収用法20条は、事業（例：道路建設）が同条1号から4号すべてに該当することが要件であり、事業の認定が効果です（事業の認定がされると、事業認定の申請をした者が、事業に必要な土地の収用が可能になります）。しばしば争われるのが3号の要件です。判例によると、大臣や知事がこれに該当するかを判断するにあたっては、事業により達成される公益と収用により失われる利益（この利益は土地の所有者等の私的な利益だけでなく、時にはその現在の利用形態によって達成されている公益をも含みます）とを比較衡量しなければなりません。ここで、現在の利用形態により達成されている公益として何を考慮するかや、公益や私的な利益をそれぞれどのくらい重視するかについては、行政に判断余地があります。つまり、要件該当性の判断に関して裁量が認められており、これを<u>要件裁量</u>といいます。<u>日光太郎杉事件</u>（東京高裁昭和48年7月13日判決）では、要件裁量をめぐって、道路建設にあたって収用されることになる土地にある太郎杉という巨木について、その歴史的・文化的な価値をどれくらい考慮すべきであったのかが問題となりました（結論としては、事業認定は違法と判断されました）。

　これに対して、国家公務員法に基づく職員に対する懲戒処分では、1号から3号のいずれかに該当することが要件であり、懲戒処分が効果です。懲戒処分の内容には4種類の選択肢があり、しかも、「することができる」というように定められています。ここでは、要件を満たすとしても効果を生じさせるか否か（懲戒処分をするか否か）、また、どのような内容の効果を引き出すか（どのような内容の懲戒処分をするか）について、対象者をよく知る人事権者に選択の幅が与えられています。つまり、効果に関して裁量が認められており、これを<u>効果裁量</u>といいます。<u>神戸税関事件</u>（最高裁昭和52年12月20日判決）では、効果裁量をめぐって、税関職員に対する免職処分が重すぎないかどうかが問題となりました（結論としては、懲戒処分は適法と判断されました）。

土地収用法第20条
　国土交通大臣又は都道府県知事は、申請に係る事業が左の各号のすべてに該当するときは、事業の認定をすることができる。
　　一・二　（略）
　　三　<u>事業計画が土地の適正且つ合理的な利用に寄与するものであること。</u>
　　四　（略）

国家公務員法第82条1項
　職員が次の各号のいずれかに該当する場合には、当該職員に対し、懲戒処分として、<u>免職、停職、減給又は戒告の処分をすることができる。</u>
　　一　（略）
　　二　職務上の義務に違反し、又は職務を怠つた場合
　　三　国民全体の奉仕者たるにふさわしくない非行のあつた場合

↓日光太郎杉

齋藤健一郎撮影

↓神戸税関

アフロ

★○×問題でチェック★
問3　現場に通じた者に任せるべき判断については、行政裁量が認められることがある。
問4　ある行政行為の要件判断以外に行政裁量が認められることはない。

III 行政裁量の司法審査

1 裁判所による行政裁量の統制

行政行為に裁量が認められる場合でも、その範囲には限界があります。裁判所は、行政庁による行政行為について、法律によって与えられた裁量権を逸脱・濫用するものとして違法であるか否かを審査することができます。裁判所は外国人の在留資格の更新をめぐるマクリーン事件（最高裁昭和53年10月4日大法廷判決）などにおいても、裁量権の行使に基づく処分が違法となる場合があることを認めています。重要な事実の誤認や事実に対する評価が明白に合理性を欠くために要件該当性の判断が「社会観念上著しく妥当性を欠く」場合には、当該行政行為は違法であると述べました。在留資格の更新は、政治的・外交的な判断に基づく、いわば「広い」裁量権が認められる行政行為であり、裁判所の審査も緩やかなものでした（このような審査手法を社会観念審査と呼ぶことがあります）。

その後、裁判所は、徐々に行政裁量に対する審査手法を発達させました。近年は、行政庁の実際の判断過程（どのような要素を考慮したか否か、考慮した要素をどの程度重視または軽視したか）について、あたかも後を追うかのようにその合理性を検討するという審査がなされることが多くなっています（判断過程審査と呼びます）。そして、考慮してはならない事情を考慮したり（他事考慮）、重視すべき要素を重視しなかったり重視すべきでない要素を重視したりすることがあったと認められれば、行政庁の判断は社会通念上著しく妥当性を欠き、違法で

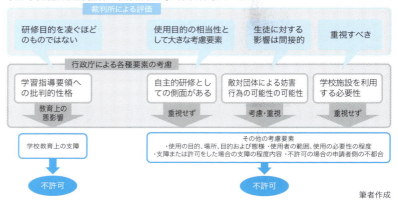

↓呉市学校施設使用不許可事件の構造

地方自治法238条の4第7項：「行政財産は、その用途又は目的を妨げない限度においてその使用を許可することができる。」
事案：学校施設を教職員組合の「教育研究集会」に利用を許可するべきか

あると評価されます。代表的な事件に、呉市学校施設使用不許可事件（最高裁平成18年2月7日判決）があります。学校の校舎は、教育上の支障がない限り、学校教育という目的以外での使用を許可することができますが、使用を許可するかどうかの判断には効果裁量が認められます（目的外使用許可〔☞ 6-III 2〕）。この事案では、教育上の支障だけでなく、効果裁量の判断の基礎として考慮した諸要素についての行政の評価が合理的ではないとされました（上図）。

このほか、行政庁が判断をするにあたって、専門的行政機関の意見を諮るタイプの処分については、その専門的行政機関の判断過程に合理性があるか、そして行政庁がこれに依拠して判断したかという観点から審査されます（伊方原発訴訟〔☞23-I 2〕）。

2 行政基準と行政裁量

行政は、裁量権行使のマニュアルとして、裁量基準を作成することがあります。この場合、行政庁は、原則として裁量基準に依拠して裁量権を行使することが求められます。もっとも、裁量基準が想定していないような特殊な事案では、行政庁は、裁量基準から離れて、個別事情を考慮して適切な判断をしなければなりません（☞11-V）。

具体的な事案として、三菱タクシー事件（最高裁平成11年7月19日判決）を紹介しましょう。当時の道路運送法のもとでのいわゆるタクシー事業については、運賃について認可制が採られていました。認可の申請に関しては、平均原価方式といわれる、同じ地域内での標準的な事業者の運賃を基準にするという裁量基準が作成され、用いられていました。しかし、原告は、この平均原価方式で想定されるよりも低い運賃とするための認可申請をしました。裁判所は、この裁量基準の合理性を認めつつも、個別の審査の必要性を述べました（ただし、原告からの必要な資料の提出がなく、請求棄却となりました）。現行法では、一定の幅において自動認可するとともに、その幅の下限を下回る場合でも個別審査がされます（右下の図参照。ただし、特別法が定められており、指定された地域では過剰供給対策のため、下限を下回ることは許されません〔☞25-III〕）。

↓平均原価方式

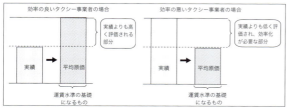

国土交通省ウェブサイトより

↓現行法のもとでの運賃の個別審査の可能性

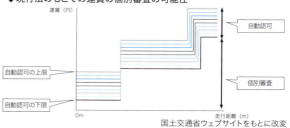

国土交通省ウェブサイトをもとに改変

★○×問題でチェック★

問5　行政裁量を裁判所は尊重しなければならないが、審査することは可能である。
問6　裁量基準が定められている場合には、行政庁は必ずそれに従って判断する義務を負う。

Ⅳ 行政裁量の射程

1 憲法上の権利と行政裁量

マクリーン事件（☞Ⅲ1）では法務大臣の政治的・外交的判断の必要性を要因として広い裁量が認められ、裁判所の審査は緩やかでした。これに対して、裁判所がもっと厳しい審査をする要因もあります。そうした要因の1つに、行政処分によって重大な権利が侵害される場合、特に憲法上の権利が侵害される場合を挙げることができます。

神戸高専事件（最高裁平成8年3月8日判決）をみてみましょう。原告は、信仰上の理由により、必修科目である保健体育科目の授業のうち、剣道実技に参加しませんでした。このため、保健体育の単位認定を受けられず、原級留置処分を2年続けて受け、その結果、退学処分となりました。判旨には、これら

↓神戸高専の武道場

神戸高専HPより

↓神戸高専事件

筆者作成

の処分が原告の教育を受ける権利に重大な影響を与えることを理由に、慎重な検討を行政庁に求めている部分もみられます。他方で、直接的には信教の自由の侵害を目的とするものでなかったとしても、剣道実技の受講を余儀なくさせることは、原告の信教の自由と緊張関係に立つため、原告に対して剣道実技に代わるレポート提出を課す等の代替措置を検討すべきだったとしています。この点に着目して、本事件は、信教の自由への間接的制約が問題となった事件と整理されてきました。

2 給付行政における行政行為の裁量統制

また、行政裁量に対する審査が大変難しい領域が、法律による規律の乏しい給付行政分野です（侵害留保説〔☞2-Ⅱ3〕）。たとえば、補助金の交付については、多くの場合、法律では給付の要件が詳しく規定されておらず、詳細は補助金交付要綱〔☞11-Ⅳ2〕と呼ばれる内部基準で定められています。

このような補助金行政の裁量審査に関して注目される判決が「宮本から君へ」事件（最高裁令和5年11月17日判決）です。この事案では、要綱により、独立行政法人日本芸術文化振興会が、外部の有識者委員会による芸術性に関する議論を経て、助成金を交付することとなっていました。原告は映画製作のための助成金の交付内定を得ていましたが、出演者の一人の薬物使用事犯の疑いが生じたことを受けて、「公益性の観点から」という理由で不交付決定がなされました。交付の判断については振興会理事長に裁量が認められるところ、最高裁はこの事案でも不交付決定に対して裁量審査を行っています。まず、芸術的な観点からは助成の対象とすることが相当といえる活動

についても、助成金を交付すると一般的な公益が害されると認められるときは、そのことを交付に係る判断において消極的な事情として考慮することができるとしました。しかし、表現の自由に対する萎縮効果（いしゅくこうか）を防ぐため、消極的な事情として考慮されるべき公益を重視することができるのは、当該公益が重要なものであり、かつ、当該公益が害される具体的な危険がある場合に限られる、としました。本件では上記の出演者に直接助成金が交付されるわけではないので、国民に「国は薬物犯罪に寛容である」という誤ったメッセージを発したと受け取られるおそれはなく、薬物乱用の防止という公益に対する具体的な危険は認められないとしました。

↓「宮本から君へ」

スターサンズ

↓勝訴判決を知らせる弁護団のようす

AP／アフロ

★〇×問題でチェック★
問7　憲法上の権利が行政裁量に対する審査密度を高めることがある。
問8　給付行政については法律の留保に服しないので、行政裁量の司法審査をすることはできない。

10 行政行為手続

I 行政手続とは

1 行政の事前手続

　違法な行政行為（処分）によって私人の権利利益が侵害された場合、行政訴訟や行政上の不服申立てによって後から救済することが可能です。しかし、これだけで十分でしょうか。そもそも、違法行政は行われないに越したことはありませんし、訴訟や不服申立てを常に利用できるとも限りません。私人の権利利益の保護のためには、処分に先立って相手方の言い分を聴くなど、処分の前段階に適正な手続を設けておくことも重要です。事前の手続を設け、そこに私人を関与させることで、行政の透明化や民主化を実現することも期待できます。

　行政手続は、処分の前と後で、事前手続と事後手続に分かれます。このうち、**事前手続**を規律するのが**行政手続法**であり、**事後手続**を中心的な対象とするのが**行政不服審査法**および**行政事件訴訟法**です。2つの手続は、分断しているわけではなく、一体となって1つのプロセスを構成しています。

　伝統的に、英米系の国々では、早くから行政の事前手続に関する規範が形づくられてきた一方、大陸法系の諸国（フランス、ドイツなど）では、行政に関する実体法や事後的救済が重視されてきました。明治以来、大陸法系諸国の影響を受けてきた日本では、長らく行政の事前手続について統一的な法典がなく、一部の法令で個別的に定められている程度でした。しかし、このような状況は戦後には徐々に変化していきました。

↓事前手続と事後手続

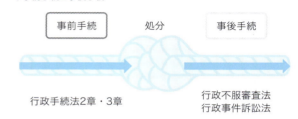

2 行政手続法ができるまで

　日本の行政手続法は難産だったといわれています。行政法学では、1960年代から70年代にかけて、行政手続法を立法すべきとの立場が通説となり、80年代に入ると具体的な要綱案が提示されることもありました。もっとも、行政手続法の公布は、国際的圧力を受けた規制改革の末の1993（平成5）年のことでした。

　成田新法事件（最高裁平成4年7月1日大法廷判決）は、行政手続法の制定に向けて大詰めを迎えていたころの判決です。成田空港の建設に際しては、空港反対派との暴力を伴う激しい闘争が繰り広げられました。成田新法は、空港に隣接する反対派の団結小屋（アジト）の使用禁止処分をすることを念頭につくられました。しかし、この法律は、処分に際して相手方にその内容と理由を知らせ、その言い分を聴くという手続を設けていませんでした。最高裁は、憲法31条の**適正手続**の保障が刑事手続だけでなく行政手続にも及ぶ余地を認めたうえで、行政手続には多種多様なものがあるので、言い分を聴く機会を設けることが常に必要なわけではないと述べて、成田新法を合憲としました。

　団結小屋は、反対派農家の耕作地とともに誘導路を「へ」の字に曲げる原因にもなっていたところ、2011（平成23）年、千葉地裁は、仮執行を認めた東京高裁判決に基づき、団結小屋の1つである天神峰現地闘争本部について、強制執行を行いました。

↓各国における統一的な行政手続法典

国	制定年	法典名
オーストリア	1925	一般行政手続法
アメリカ	1946	連邦行政手続法
イギリス	1958	審判所及び公聴会法
スペイン	1958	行政手続法
ドイツ	1976	行政手続法
日本	1993	行政手続法
韓国	1996	行政節次法
中華民国（台湾）	1999	行政程序法

雄川一郎＝塩野宏＝園部逸夫編『現代行政法大系　第3巻』（有斐閣・1984年）などをもとに筆者作成

↓空港反対派の私有地と曲がりくねった誘導路（2011年）

共同通信社

★○×問題でチェック★

問1　行政手続法は、行政の事前手続を規律する法律である。
問2　成田新法事件によると、憲法31条の適正手続の要請は行政手続には及ばない。

II 行政手続法の概観

1 全体の構造

行政手続法は、全8章、本文48か条と附則からなります。行政運営における公正の確保と透明性の向上を図り、それによって国民の権利利益の保護に資することを目的とし、①処分、②行政指導、③届出、④命令等の手続を設けています（1条1項）。行政手続法は、行政全般にかかわる通則法ですが、あらゆる行政手続を定めているわけではありません。たとえば、行政契約や行政計画の手続に関する規定はなく、現状ではこれらは個別法（会計法、都市計画法など）の定める手続によることになります。行政調査や即時強制も同様です。

行政手続法の中心は処分に関する手続です。処分は、申請に対する処分（第2章）と不利益処分（第3章）とに区分され、それぞれの手続が設けられています。また、2014（平成26）年に処分等の求め（第4章の2）の手続が追加されました（行政指導〔第4章〕、命令等の手続〔第6章〕については☞ 12・11）。

行政手続法は一般法であり、個別法に特別の定めがあるときはそちらを優先します（1条2項）。また、国会・裁判所の行う処分、法律の施行期日を定める政令など、処分、行政指導、命令等のうち特定のものは適用が除外されます（3条1項・2項）。

行政手続法は、行為の主体に着目して、地方公共団体の機関がする行為のうち条例または規則を根拠とする処分、条例または規則を根拠とする地方公共団体の機関への届出、地方公共団体の機関によるすべての行政指導および命令等には適用を認めていません（3条3項）。地方公共団体の自主性を尊重するためです。もっとも、地方公共団体は、行政手続法の趣旨に則った措置をとるよう努めなければならないため（46条）、地方公共団体には、行政手続法に相当する内容の行政手続条例が存在します。

その他、行為の客体に着目して、国の機関、地方公共団体、地方公共団体の機関に対する一定の処分等についても、適用が除外されています（4条1項）。

↓行政手続法の規律対象

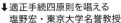

処分		行政指導	処分・行政指導の求め	届出	行政基準（命令等）	行政契約	行政計画
申請に対する処分	不利益処分						
2章	3章	4章	4章の2	5章	6章	行政手続法には定めがない	

筆者作成

↓3条による適用除外

主体	国・地方公共団体	地方公共団体	
適用除外の対象	処分・行政指導・命令等のうち特定のもの	処分・届出のうち条例・規則に根拠のあるもの	行政指導・命令等
条文	3条1項・2項	3項	

筆者作成

2 適正手続四原則

行政手続の内容は、その目的に応じて実に様々です。もっとも、行政手続の中でも特に重要である適正手続については、かなりの程度共通したものが各国の判例や制定法にあらわれているともいわれています。わが国の代表的な行政法学者である塩野宏名誉教授は、①告知・聴聞、②文書閲覧、③理由付記、④基準の設定・公表の4つの原則は、それぞれの国ごとの歴史的事情はあるものの、普遍化している原則であるとして、これらを適正手続四原則と名付けています。

↓適正手続四原則を唱える
塩野宏・東京大学名誉教授

日本学士院

告知・聴聞は、処分をする前に、処分の相手方に処分の内容と理由を知らせ（告知）、相手方の言い分を聴く（聴聞）という手続です。事前に相手方の意見を聴くことで、誤りのある処分を未然に防ぐことが期待できる、行政手続上の最も重要な原則です。

文書閲覧は、聴聞の際に処分の相手方が行政側の記録・証拠を閲覧するという手続です。処分を裏づける記録・証拠をみることで、より的確な意見を述べることができ、聴聞が意味をもつことになります。

理由付記は、処分をする際に、その理由を書面に付記して相手方に知らせるという手続です（口頭で理由を述べる場合を含めると理由の提示といいます）。理由を明らかにさせることで行政庁の判断を慎重で合理的なものにし、処分の相手方には行政上の不服申立てや訴訟で争う際の便宜を与えることをねらいとしています。そのほかにも、理由を示すことで処分の相手方を説得することや、行政庁の判断を透明なものにすることも期待できます。

基準の設定・公表は、処分のよりどころとなる基準を設定し、これを事前に公表しておくという手続です。あらかじめ具体的な基準を設定、公表することにより、国民は、いかなる場合にどのような処分が行われるかを事前に予測することが可能になります。また、行政庁を公正で客観的な基準に従わせることで、その恣意的、独断的な判断を防ぐことができます。

適正手続四原則は、どれも国民の権利利益を手続面から保障するという点では、共通しています。そして、国民の権利利益の保護を目的とする日本の行政手続法にも、適正手続四原則はあらわれています。以下では、行政手続法の定める申請に対する処分（第2章）と不利益処分（第3章）をみていきましょう。

★○×問題でチェック★
問3　地方公共団体の機関の行う処分には、行政手続法は一切適用されない。
問4　適正手続四原則とは、①告知、②聴聞、③理由付記、④基準の設定・公表のことである。

III 申請に対する処分と不利益処分

1 申請に対する処分手続

行政手続法は、処分を「行政庁の処分その他公権力の行使に当たる行為」と定義しています（2条2号）。同じ表現は、処分の取消しの訴え（行政事件訴訟法3条2項）、処分についての不服申立て（行政不服審査法1条2項）でも用いられています。行政手続法では、この処分は、申請に対する処分と不利益処分とに区別されます。

申請とは、法令に基づき、許認可等を求める行為であって、それに対して行政庁が諾否の応答をすべきこととされているものをいいます（2条3号）。申請に対して、行政庁には諾否の応答義務があります。私人の側からすれば、申請に対する審査と諾否の応答を求める申請権があるといいかえることができます。

↓申請に対する処分

筆者作成

申請が到達したときは、行政庁は遅滞なく審査を開始しなければなりません（7条）。申請を受け取るかどうかを決める段階はなく、申請の到達した時点でこれを審査する義務が生まれます。申請に不備があれば、申請を拒否するか補正を求めるかの対応を速やかにとらなければなりません（同条）。申請を拒否するときは、原則として申請者に理由の提示をしなければなりません（8条1項本文）。さらに、審査を公正に行うため、特別の支障がない限り行政庁は許認可等をするかどうかを判断するための具体的な審査基準を定め、これを公表しておかなければなりません（5条）。

↓生活保護の申請権

厚生労働省HP

2 不利益処分手続

不利益処分とは、行政庁が、法令に基づき、特定の者を名宛人として、直接、義務を課したり、権利を制限したりする処分のことです（行政手続法2条4号）。たとえば、許可や免許をはく奪する処分などがこれにあたります。なお、申請を拒否する処分は、申請に対する処分手続の問題であるため、不利益処分にはあたりません（同号ロ）。また、行政調査、行政上の強制執行、即時強制などの事実行為も不利益処分ではありません（同号イ）。

↓不利益処分

筆者作成

↓2つの手続の比較

		基準の設定・公表	理由の提示	意見陳述手続	文書閲覧
申請に対する処分		あり（審査基準）（5条1項および3項）	あり（拒否処分について）（8条1項本文）	なし（ただし公聴会）（10条）	なし
不利益処分	特定の不利益処分	あり（処分基準）（12条1項)	あり（14条1項本文)	あり（聴聞）（13条1項1号）	あり（18条1項）
	その他			あり（弁明）（13条1項2号）	なし

芝池義一『行政法読本〔第4版〕』（有斐閣・2016年）222頁をもとに筆者作成

不利益処分は、一方的に不利益を及ぼす行為であるため、申請に対する処分とは異なり、行政手続法上、処分に先立ち相手方の意見を聴く手続（意見陳述手続）を経なければならないのが原則です。意見陳述手続には聴聞と弁明の機会の付与の2種類があります。許認可等の取消し・撤回のように不利益の度合いが強い場合や行政庁が相当と認める場合は、聴聞が実施されます（13条1項1号）。聴聞は、行政庁の指名する主宰者を間に立てて口頭で行われる手続であり、文書閲覧も認められます（18条1項）。聴聞する場合にあたらなければ、書面審理を原則とする弁明が予定されます（13条1項2号）。

↓生活保護廃止前の聴聞会の様子

柏木ハルコ『健康で文化的な最低限度の生活』第2巻（小学館・2015年）55頁

不利益処分の際は、理由の提示をしなければならないのが原則です（14条1項本文）。その他、不利益処分をするかどうかを判断するための処分基準を設定し、公表しておくことは、努力義務として求められています（12条1項）。

★〇×問題でチェック★

問5 申請に対する処分について、行政手続法は、申請者の意見陳述手続を要求している。
問6 不利益処分の意見陳述手続として、行政手続法は、聴聞と弁明の機会の付与を設けている。

IV 手続的瑕疵

1 旅券発給拒否事件

手続的には瑕疵（☞8-Ⅱ）があるものの内容的には正しい処分の場合、処分は取り消されるべきかという問題があります。手続に違法があるわけですから、処分は取り消されるべきであり、当該手続を最初からやり直すべきともいえそうです。もっとも、内容が正しい以上、手続をやり直しても、再び同じ内容の処分が出るおそれがあるため、やり直しを求めるのは非効率ともいえそうです。

旅券発給拒否事件（最高裁昭和60年1月22日判決）では、一般旅券の発給申請の拒否処分が争われました。原告は、サウジアラビアを渡航先とする一般旅券の発給申請をしたところ「旅券法13条1項5号に該当する」との理由で拒否されました。最高裁は、単に根拠規定を示すだけでは、申請者の側で拒否の原因となる事実関係を知ることができないため、理由付記として不十分であり、いかなる事実関係を認定して申請者が同号に該当すると判断したかを具体的に記載しなければならないと述べ、拒否処分の取消判決を下しました。

↓理由提示の瑕疵（旅券発給拒否事件）

朝日新聞1985年1月22日東京夕刊11面

2 一級建築士免許取消事件

不利益処分の理由の提示にかかわるのが、一級建築士免許取消事件（最高裁平成23年6月7日判決）です。建築士の懲戒処分については、意見公募手続（☞11-Ⅵ）を経て、処分基準が設定、公表されていました。この事件では、国土交通大臣は、建築士の免許取消しの際に、その理由として処分の根拠規定と事実関係（耐震強度不足の建築物の設計）を示したものの、処分基準には触れていませんでした。最高裁は、処分要件の抽象性、処分の選択に裁量があることなどに加え、処分基準の内容がかなり複雑になっていることを指摘しました。そして、処分基準をどのように適用したかまで示さなければ、なぜ免許取消処分が選択されたのかを知ることができないため理由の提示として十分ではないと述べ、処分の取消判決を下しました。このように判例は、理由の提示に瑕疵がある場合、処分を取り消すという立場に立っています。

↓耐震強度不足が確認された小樽市の建築物

毎日新聞社／アフロ

↓建築士の処分基準
○建築士の処分等について（平成11年12月28日建設省住指発第784号都道府県知事宛て建設省住宅局長通知）

別表第1　処分等の基準〔表1を除く。〕

(1)	禁錮以上の刑に処せられたとき（建築士法第10条第1項第1号）	（略）
(2)	建築関係法令に違反したとき又は業務に関して不誠実な行為をしたとき（建築士法第10条第1項第2号又は第3号）	表2の懲戒事由に記載した行為に対応する処分ランクを基本に、表3に規定する情状に応じた加減を行ってランクを決定し、表4に従い処分内容を決定する。ただし、当該行為が故意によるものであり、それにより、建築物の倒壊・破損等が生じたとき又は人の死傷が生じたとき（以下「結果が重大なとき」という。）は、業務停止6月以上又は免許取消の処分とし、当該行為が過失によるものであり、結果が重大なときは、業務停止3月以上又は免許取消の処分とする。

表2　ランク表〔抄〕

懲戒根拠	懲戒事由	懲戒事由	関係条文	処分ランク
建築関係法令違反（建築士法10条1項2号）	○建築士法違反	（略）重・違反設計（略）	18	6〔業務停止〕3月
	○建築基準法違反	重・設計、工事監理規定違反（略）	5の2	6〔業務停止〕3月
	○上記以外の建築関係法令違反	確認対象法令違反（略）		3〜6
不誠実行為（建築士法10条1項3号）	○不適当設計（略）			2〜4
	○その他の不誠実行為			1〜4

（注）1「重」とは「重大な違反」であり、建築関係法令違反の中でもより重い処分が行われるべきものである。（略）
2（略）

表3〔抄〕

	情状等による加減表	
行為者の意識	○重大な悪意あるいは害意に基づく行為（略）	+3ランク
行為の態様	（略）○法違反の状態が長期にわたる場合	+3ランク
	○常習的に行っている場合	+3ランク

（注）1〜5（略）

表4　処分区分表〔抄〕

ランク	処分等
1	文書注意
2	戒告
3	業務停止1月未満
4〜15	（ランク4で業務停止1月、以後ランクが1上がるごとに業務停止が1月長くなり、ランク15で1年）
16	免許取消

1　複数の処分事由に該当する場合
(1)　一つの行為が二つ以上の処分事由に該当する場合、又は手段若しくは結果である行為が他の処分事由に該当する場合は、最も処分の重い行為のランクによる。
(2)　二以上の処分等すべき行為について併せて処分等を行うときは、最も処分の重い行為のランクに適宜加重したランクとする。ただし、同一の処分事由に該当する複数の行為については、時間的、場所的接着性や行為態様の類似性等から、全体として一の行為と見うる場合は、単一の行為と見なしてランキングすることができる。
2〜3（略）

海道俊明＝須田守＝巽智彦＝土井翼＝西上治＝堀澤明生『精読行政法判例』（弘文堂・2023年）217-218頁をもとに作成

★○×問題でチェック★
問7　旅券発給拒否事件によると、理由の提示に際して、根拠規定を挙げるだけでは不十分である。
問8　一級建築士免許取消事件によると、理由の提示に際して、処分基準に触れる必要はない。

10 行政行為手続　43

11 行政基準

I 行政基準とは

日本国憲法
第73条 内閣は、他の一般行政事務の外、左の事務を行ふ。
（1～5号、7号略）
六 この憲法及び法律の規定を実施するために、政令を制定すること。但し、政令には、特にその法律の委任がある場合を除いては、罰則を設けることができない。

行政機関が制定する一般的抽象的なルールを総称して、行政基準といいます。行政立法ともいわれます。そのうち、私人に対して法的効果があるものを法規命令（法規については☞2-1❷）、そうした法的効果がなく行政内部の基準にとどまるものを行政規則といいます。憲法によると国会は唯一の立法機関ですが（41条）、内閣が政令（法規命令の一種）を制定できると定められているので（73条6号）、憲法は法規命令を許容していると考えられます。実際にも、行政活動が複雑化、専門化するに伴い、国会は、行政活動に関する事項を法律で詳細には定めず、詳細を法規命令で定めるように委ねる場合が多くあります。さらに、実際の行政活動については、行政規則が具体的な事項を定め、これに従って行われることが多くあります。たとえば、信号機について法律が定めているのは、「信号

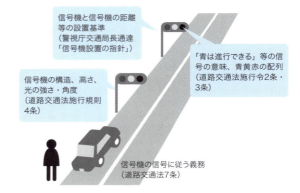

↓信号機について定める法律と行政基準

信号機と信号機の距離等の設置基準（警視庁交通局長通達「信号機設置の指針」）

信号機の構造、高さ、光の強さ・角度（道路交通法施行規則4条）

「青は進行できる」等の信号の意味、青黄赤の配列（道路交通法施行令2条・3条）

信号機の信号に従う義務（道路交通法7条）

筆者作成

機の信号」に従う義務だけです。「信号」の意味、「信号機」の構造や設置基準は、行政基準である施行令・施行規則・通達が定めています。法規命令が定めている「信号」の意味については、私人に対して法的効果があり、これに反して赤信号なのに進行をすれば罰則が科されます。

II 法規命令

1 法規命令の種類①

法規命令は、制定する行政機関ごとに名称が異なります。内閣が定める政令、内閣府の長としての内閣総理大臣が定める内閣府令、各省の大臣が定める省令、外局の長（例：農林水産省の外局である水産庁の長官）または外局である委員会（例：内閣府の外局である公正取引委員会）が定める規則、独立機関（例：人事院）が定める規則があります。同じ規則という名称ではありますが、地方公共団体の長が定める規則（地方自治法15条）は法的性質が異なりますので注意してください。実際の名称は、政令では、「○○に関する政令」や、「○○法施行令」（例：道路交通法施行令）という名称がつけられています。内閣府令・省令では、「○○に関する内閣府令・省令」や、「○○法施行規則」（例：道路交通法施行規則）という名称がつけられています。なお、告示は、行政機関が意思決定や事実を公に示すものであり、通常、法的効果はありませんが（例：環境基準）、告示の中には、法的効果があり法規命令であると解される場合があります（例：学習指導要領、生活保護基準）。

↓法規命令の種類と例

種類	制定機関	例
政令	内閣	道路交通法施行令
内閣府令（かつての総理府令）	内閣総理大臣	道路交通法施行規則
省令	各省の大臣	
規則	外局の長、委員会	公正取引委員会規則
規則	独立機関	人事院規則

筆者作成

↓騒音に係る環境基準

地域の類型	基準値	
	昼間	夜間
療養施設、社会福祉施設等が集合して設置されており特に静穏を要する地域	50デシベル以下	40デシベル以下
住居の用に供される地域	55デシベル以下	45デシベル以下
住居と商業・工業等の用に供される地域	60デシベル以下	50デシベル以下

（注）環境基準は「維持されることが望ましい基準」（環境基本法16条1項）であり、法的拘束力はない。

筆者作成

★○×問題でチェック★

問1 国会は唯一の立法機関であるため法規命令の制定は憲法違反である。
問2 道路交通法施行令は政令である。

2 法規命令の種類②

　法規命令は、法律との関係によって分けることもできます。法律の特別の委任に基づき制定されるものを委任命令、法律を執行するための細則を定めるものを執行命令といいます。国家行政組織法12条3項は、「省令には、法律の委任がなければ、罰則を設け、又は義務を課し、若しくは国民の権利を制限する規定を設けることができない」と定めています（政令については憲法73条6号と内閣法11条が同じように定めています）。したがって、罰則、義務、権利制限に関する事項について法規命令で具体的に定めるには、法律の特別の委任が必要となります。法律が詳細を行政機関が定めるように委任するとき、条文では、「政令・省令・規則で定める基準」、「政令・省令・規則で定めるところにより」、「政令・省令・規則で定める。」、「大臣が定める基準」、「大臣が定めるところにより」、「大臣が定める。」などの表現が用いられます。条例は法規命令ではありませんが、法律がその詳細を条例で定めるように委ねることもあ

ります（委任条例といいます）。これに対して、法律を執行するための細則、たとえば許認可の申請の手続や申請書類の記載事項・様式などについては、法律の委任は必要なく、執行命令として定めることができます（国家行政組織法12条1項、内閣府設置法7条3項）。

　たとえば、風俗営業を行うには都道府県公安委員会の許可を受けなければなりませんが、許可基準の詳細は、風俗営業法の委任に基づいて制定される政令（同法施行令）・国家公安委員会規則（同法施行規則）や条例（同法施行条例）が定めています。許可基準についての法律上の定めは、「営業所の構造又は設備」や「その設置を制限する必要がある……地域」を挙げるだけであり、詳細は委任命令で定めることとしているのです。これに対して、たとえば許可申請書の様式については同法の施行規則9条1項が定めていますが、これは法律の委任に基づく規定ではなく、執行命令です。

↓風俗営業（キャバレー、バー、ぱちんこ屋、一定のゲームセンターなど）の営業許可の基準についての風俗営業法の定めと委任命令の関係

法律上の定め	委任命令	委任命令で定める内容
4条2項1号 営業所の構造または設備に関する技術上の基準	風俗営業法施行規則7条	メダルゲーム機などのあるゲームセンターでは、遊戯料金として紙幣を利用できる遊戯設備や、客に現金を提供する遊戯設備は設置できないなど
4条2項2号 営業所の設置を制限する地域	風俗営業法施行令6条	住居が集合している地域 学校・病院など都道府県の条例で定める施設の周囲おおむね100m以内の地域
政令で定める基準に従い都道府県の条例で定める地域	〔東京都〕風俗営業等の規制及び業務の適正化等に関する法律施行条例3条1項	第一種低層住居専用地域など 学校、図書館、児童福祉施設、病院および診療所の敷地の周囲100m以内の地域（ただし、近隣商業地域および商業地域のうち、規則で定める地域に該当する部分を除く）
28条1項 官公庁、学校、図書館、児童福祉施設のほか、その周辺では店舗型性風俗特殊営業の設置が制限される施設	同条例9条	病院、診療所
28条2項 店舗型性風俗特殊営業を禁止する地域	同条例10条	台東区千束四丁目以外の地域など

筆者作成

3 沿　革

　大日本帝国憲法のもとでは、天皇は、「法律ヲ執行スル為ニ又ハ公共ノ安寧秩序ヲ保持シ及臣民ノ幸福ヲ増進スル為ニ」、法律の委任によらずに法規命令を制定することができました（9条）。法規命令には、天皇が制定する勅令のほか、各省の大臣が制定する省令（例：内務省令）、地方長官である府県知事が制定する府県令などがありました。省令や府県令については、法律が委任をする場合もありましたが、職権で制定することもできました。このように法律の委任によらずに制定される法規命令は、独立命令といわれます。戦前は、憲法で明示された法律事項と権利に関する事項は法律だけが定められますが、それ以外は独立命令でも定めることができました。そのため、特に行政上の規制に関しては、多くが内務省令や各地の府県令によって定められていました。しかし、日本国憲法のもとでは、独

立命令は許容されていません。

↓風俗営業の規制に関する戦前の独立命令の例

法令名	内容
娼妓取締規則（内務省令）	娼妓（売春婦）の登録制、営業場所の制限（貸座敷のみ）、娼妓の住居の制限など
貸座敷取締規則（府県令）	貸座敷営業の規制
遊技場取締規則（府県令）	営利の目的で公衆に遊技をさせる場所の規制
特殊飲食店営業取締規則（府県令）	カフェー営業（女給が飲食物を提供する営業）の規制
舞踏教授所及舞踏教師取締規則（府県令）	ダンスホール営業の規制

筆者作成

★〇×問題でチェック★
問3　法規命令は法律の特別の委任があれば罰則を定めることができる。
問4　日本国憲法は独立命令を許容している。

III 委任の限界

1 包括的委任の禁止

日本国憲法第102条1項
職員は、政党又は政治的目的のために、寄附金その他の利益を求め、若しくは受領し、又は何らの方法を以てするを問わず、これらの行為に関与し、あるいは選挙権の行使を除く外、人事院規則で定める政治的行為をしてはならない。

法律が法規命令へ委任をする場合、包括的委任は許されません。国会を唯一の立法機関とする憲法41条の趣旨に反するからです。包括的委任にあたる場合、そうした委任をした法律は違憲であり、無効となります。この点が大きく問題となったのは、国家公務員法102条1項です。この規定は、「人事院規則で定める政治的行為をしてはならない」と定め、詳細を人事院規則へ委任しています（違反すると懲戒処分や刑罰の対象になります）。猿払事件判決（最高裁昭和49年11月6日大法廷判決）は、この規定は「公務員の政治的中立性を損うおそれのある行動類型に属する政治的行為を具体的に定めることを委任するものである」と解釈し、違憲ではないと判示しました。

↓人事院規則14−7（政治的行為）が定める政治的行為の例

政治的目的（例）
・特定政党の支持・反対
・公職の選挙での特定候補者の支持・反対
・特定の内閣の支持・反対

＋

政治的行為（例）
・職名・職権等の公私の影響力利用
・公職の選挙での投票勧誘運動
・賦課金・寄附金等の集金

政治的行為
（当然政治的目的を有するもの）（例）
・政治的目的を有する文書の発行・配布
・政党の構成員となるよう勧誘運動を行うこと
・多数人の前で政治的目的を有する意見を述べること

人事院ウェブサイト「服務制度の概要」より一部抜粋

2 委任の範囲の逸脱の禁止

↓2つの最高裁判決の事案の比較

	委任の範囲を逸脱していない例 銃砲刀剣類登録規則事件（最高裁平成2年2月1日判決）	委任の範囲を逸脱した例 旧監獄法施行規則事件（最高裁平成3年7月9日判決）
法のしくみ	刀剣類等の所持は原則禁止。都道府県教育委員会の登録を受けた場合、所持が許される。	在監者である被勾留者の接見については許可が必要。原則として許される。
法律の規定	登録の基準は、「美術品として価値のある刀剣類」であること（銃砲刀剣類所持等取締法14条1項）。「第1項の登録は、登録審査委員の鑑定に基いてしなければならない」（同条3項）。「鑑定の基準……その他登録に関し必要な細目は、文部科学省令で定める」（同条5項）。	「接見ノ立会……其他接見……ニ関スル制限ハ命令ヲ以テ之ヲ定ム」（旧監獄法50条）
命令の規定	鑑定の基準は、「日本刀」であって一定の要件を満たすかどうか（銃砲刀剣類登録規則4条2項）	14歳未満の者には原則として接見の許可をしない（旧監獄法施行規則120条）。ただし、接見の必要があると所長が認めた場合には許可することができる（同124条）。

筆者作成

委任命令は、委任の範囲を逸脱してはなりません（行政手続法38条1項参照）。委任の範囲を逸脱する場合、そうした法規命令は違法であり、無効となります。サーベル登録拒否事件判決は、登録規則の制定には行政庁に専門技術的な裁量権（☞9）が認められ、登録対象を日本刀に限定したことは銃刀法の趣旨に沿っており合理性があるとして、逸脱を否定しました。旧監獄法施行規則事件判決は、施行規則は法律の定めによらずに被勾留者の接見の自由を著しく制限するものであるとして、逸脱を肯定しました。

↓サーベルの例

アフロ

↓接見室（東京拘置所）

毎日新聞社／アフロ

3 児童扶養手当法施行令事件

当時の児童扶養手当法は、「父母が婚姻を解消した児童」等のほか、「その他前各号に準ずる状態にある児童で政令で定めるもの」を支給対象とし、同法施行令は「母が婚姻（……）によらないで懐胎した児童（父から認知された児童を除く。）」と定めていました。最高裁平成14年1月31日判決は、父から認知された児童を除外することは、法の趣旨目的に照らし、認知されていない児童との均衡を欠くとして、委任の範囲の逸脱を肯定しました。

↓事件当時の児童扶養手当法および同法施行令による支給対象の線引き

| 支給対象 | 父母が離婚した児童etc | 父から認知されていない婚姻外懐胎児童 | 父から認知された婚姻外懐胎児童 | 支給対象外 |

この線引きが不合理であり、両者間が不均衡

中原茂樹『基本行政法〔第3版〕』（日本評論社・2018年）151頁をもとに作成

★ ○×問題でチェック ★

問5　国家公務員法102条1項は包括的委任にあたるというのが最高裁判例である。
問6　法律の委任があれば、行政機関はどのような内容の法規命令も制定できる。

4 医薬品ネット販売禁止事件

2009（平成21）年改正の薬事法施行規則は、第1・2類の医薬品の販売時の情報提供は対面で行うこととし、ネット販売を禁止しました。最高裁平成25年1月11日判決は、ネット販売をしてきた事業者にとってその禁止は職業活動の自由を相当程度制約するものであるため、そうした省令を制定するには、法律の諸規定から、委任の趣旨・範囲・程度が明確に読み取れることが必要だと述べたうえで、委任の範囲の逸脱を肯定しました。

↓一般用医薬品のネット販売をめぐる動き

平成14（2002）年11月	ケンコーコムが一般用医薬品のネット販売を開始
平成18（2006）年6月	薬事法の改正（平成21年6月1日から施行） 第2類・第3類の医薬品については薬剤師でない者（登録販売者）による販売を認める規制緩和をしつつ、第1類・第2類の医薬品については販売時に情報提供をすることを定める
平成21（2009）年2月	薬事法施行規則の改正（同年6月1日から施行） 第1類・第2類の医薬品の販売時の情報提供は対面で行うことを定める
5月	ケンコーコムなど2社が提訴
平成24（2012）年5月	ケンコーコムが楽天に買収される
平成25（2013）年1月	最高裁判決

筆者作成

↓医薬品のネット販売の規制に関する法令の規定（法令と条文番号はすべて事件当時のもの）

		販売できる者【薬事法】	販売の方法【薬事法施行規則】	情報提供【薬事法】	情報提供の方法【薬事法施行規則】	ネット販売【法令の規定なし】
一般用医薬品	第1類医薬品 ロキソニンSなど	薬剤師	薬局等において対面で販売	「厚生労働省令で定めるところにより……書面を用いて……必要な情報を提供させなければならない。」（36条の6第1項）	対面で行う	不可
	第2類医薬品 パブロンSゴールドなど	薬剤師または登録販売者		「厚生労働省令で定めるところにより……必要な情報を提供させるよう努めなければならない。」（同条2項）	対面で行う	不可
	第3類医薬品 以上のほか多数		第3類のみ郵便販売が可能		規定なし	可

（注）現在は「要指導医薬品」のみネット販売が不可であり、第1類・第2類の医薬品のネット販売は可能である

筆者作成

5 泉佐野市ふるさと納税不指定事件

2019（平成31）年の地方税法改正により、ふるさと納税制度の対象は総務大臣が指定した地方団体に限定されました。指定されるには、寄附金の「募集の適正な実施に係る基準として総務大臣が定める基準」に適合しなければなりません。総務大臣の告示は、指定制度導入前の直近の一定期間に著しく多額の寄附金を受領していないことを、この基準の1つにしました。その結果、泉佐野市は不指定となりました。最高裁令和2年6月30日判決は、地方自治法247条3項（不利益取扱いの禁止）の趣旨を考慮し、委任の趣旨が法律の規定等から明確に読み取れることが必要だと述べたうえで、委任の範囲の逸脱を肯定しました。

↓泉佐野市におけるふるさと納税の寄附額の推移

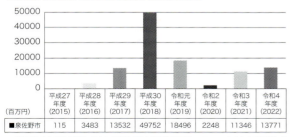

（百万円）	平成27年度(2015)	平成28年度(2016)	平成29年度(2017)	平成30年度(2018)	令和元年度(2019)	令和2年度(2020)	令和3年度(2021)	令和4年度(2022)
■泉佐野市	115	3483	13532	49752	18496	2248	11346	13771

総務省「令和5年度ふるさと納税に関する現況調査について」をもとに筆者作成

↓泉佐野市が2019年2月・3月に行ったキャンペーン。返礼品に加えて寄付額の最大20％分のAmazonギフト券を配った。

PR Timesより

IV 行政規則

1 行政規則の種類①

行政規則は私人に対して法的効果がなく、行政内部の基準にとどまります。訓令、通達、通知、要綱は行政規則です（例：農林水産省の訓令である国有林野管理規程）。行政規則はあらゆる行政分野で用いられており、実際に多くの行政実務がこれによって動いています。たとえば、所得税法は雑所得に所得税を課すと定めていますが、どのような所得が雑所得にあたるかは所得税基本通達で定められています。この通達は、国税に関して、国税庁長官が各地の国税局長に発したもので、国税局および各地方の税務署の職員はこれに従って職務を遂行します。

行政規則の内容が法令に反しているときには、違法な行政規則に従ってなされたものとして、行政活動は違法となります。

↓行政規則の例

法律	行政規則
所得税法35条1項 雑所得とは、利子所得、配当所得、不動産所得、事業所得、給与所得、退職所得、山林所得、譲渡所得及び一時所得のいずれにも該当しない所得をいう。	所得税基本通達 35-2　次に掲げるような所得は、……業務に係る雑所得に該当する。 (4) 原稿、さし絵、作曲、レコードの吹き込み若しくはデザインの報酬、放送謝金、著作権の使用料又は講演料等に係る所得

筆者作成

★○×問題でチェック★
問7　医薬品のネット販売を禁止した省令は違法無効とされた。
問8　行政規則には法的効果があり、法規命令の一種である。

2 行政規則の種類②

　行政規則の内容には、次のようなものがあります。なお、行政手続法上の審査基準（5条）・処分基準（12条）とは区別の観点が異なることに注意してください（審査基準・処分基準は、下記の解釈基準である場合もあれば、裁量基準である場合もあります）。

　（1）法律・法規命令の規定の解釈を定める行政規則を、解釈基準といいます。■で述べた所得税基本通達はこれにあたります。法令の定めが抽象的である等のために解釈・適用に幅があるときに、行政機関ごとの解釈・適用を統一するために制定されます。

　（2）行政庁が裁量権（☞9）を行使するための基準を定める行政規則を、裁量基準といいます。裁量権が認められる場合に、行政機関による不統一な取扱いや恣意的判断を防ぐために制定されます。たとえば、公務員の懲戒処分の指針を挙げることができます。これは、懲戒処分の標準的な処分量定を定めています。2000（平成21）年に人事院が国家公務員を対象とする指針を制定して以降、地方でも制定されました。内容はどれも似ていますが、各地の実情から処分量定が厳しくなっている場合もあります。一例として、北海道の道路は道幅が広く直線が長いため自動車の速度違反が多いという事情があり、札幌市教育委員会は、交通法規違反をした職員に対する懲戒処分の処分量定を詳細に定めています。また、警察庁は所管法令に関してモデル処分基準を定めていますが、その多くは裁量基準です。

↓【裁量基準の例】札幌市の学校教員の懲戒処分の指針（交通事故に関するもの）

事故の種別 違反の種別		人身事故		物損事故	事故を伴わない違反
		死亡	傷害		
交通三悪	酒気帯び運転	免職	免職	免職～停職5月	停職4月～停職3月
	酒酔い運転	免職	免職	免職	免職
	無免許運転	免職	免職～停職6月	免職～停職3月	停職2月～停職1月
	速度超過 50km/h以上	免職	免職～停職4月	停職4月～停職1月	停職1月～減給1月
	30km/h以上～50kn1/h未満	免職	停職2月～停職1月	減給6月～減給5月	戒告
	30km/h未満	停職4月～停職2月	減給4月～減給2月	減給1月～戒告	
その他		停職3月～停職1月	減給3月～戒告	戒告	

（注）この基準は、交通事故等で起訴されたものが対象とされている。処分の有無・内容は、この基準をもとに、過去の処分例を考慮し、かつ、本人の過失の程度、加害者の傷害の程度、損害の程度、行政処分の点数および刑事罰の罰金額を考慮して決定される。さらに、個別の事情（過去の違反歴・処分歴の有無等）により処分が軽減・加重されることがある。

札幌市の「学校職員の交通事故等に係る措置について」（最終改正平成30年1月30日）より

　（3）行政指導（☞12）の内容をあらかじめ定める行政規則を、行政指導指針といいます（行政手続法2条8号ニ・36条参照）。各地の宅地開発指導要綱や建築指導要綱はこれにあたります。

　（4）補助金の内容や支給手続について定める行政規則を、補助金交付要綱といいます。国・地方ともに、法律・条例に根拠をもたない補助金等の金銭給付については、この要綱がほぼ必ず制定されています。たとえば、コロナ禍において全住民に1人10万円を給付した特別定額給付金は、実施主体が地方とされたため、各市区町村が交付要綱を制定しました。

3 行政規則の法的効果——墓地埋葬法事件

　墓地埋葬法は、墓地の管理者が埋葬の求めを受けたときは「正当の理由」がなければこれを拒んではならないと定めています（13条、罰則あり）。これに関して、厚生省（当時）は通達を発し、他の宗教団体の信者であることのみを理由に埋葬を拒むことは「正当の理由」にあたらないとの解釈を示しました。その結果、通達に反して埋葬を拒否すると、刑罰を科されたり、墓地経営の許可を取り消される可能性が生じたため、墓地を管理する寺院が通達の取消訴訟を提起しました。最高裁昭和43年12月24日判決は、通達は行政規則であるため、（1）一般の国民は通達に拘束されない、（2）行政内部では通達を発せられた行政機関やその職員を拘束するものの、通達に反する処分は、そのことから直ちに違法になるわけではない（違法かどうかは根拠法令に照らして決まる）、（3）裁判所が法令の解釈をするにあたっては通達には拘束されず、独自に法令の解釈をすることができる、という旨を判示しました。結論としては、通達の処分性（☞20）を否定し、取消訴訟を提起することはできないとしました。

↓墓地埋葬法事件の論点

墓地埋葬法
13条　墓地の管理者は、埋葬の求めを受けたときは、正当の理由がなければこれを拒んではならない。（罰則あり）

厚生省環境衛生部長
他の宗教団体の信者であることのみを理由に埋葬を拒むことは「正当の理由」にあたらない旨の通達（昭和35年）

都道府県・指定都市の担当部局長

墓地の管理者には
他の宗教団体の信者にも埋葬の義務が生じる？
この義務に違反した場合に罰則が科される？

筆者作成

★ ○×問題でチェック ★

問9　裁量基準は、行政庁が裁量権を行使するための基準を定める。
問10　行政規則は公務員を拘束する。

V　行政規則の外部化現象

　行政規則は、行政の内部にとどまらず、実際にはその外部の私人に対しても影響を及ぼすことがあります。裁判所も、法令だけでなく行政規則も手がかりにして、行政活動の適法性を審査することがあります。行政規則のすべてではありませんが、こうした外部化現象がみられるものがあります。

　裁量基準については、北海道パチンコ店営業停止命令事件判決（最高裁平成27年3月3日判決〔☞22-1⑤〕）が、行政庁は裁量権の行使にあたって、公正かつ平等な取扱いをしなければならず、行政庁が裁量基準（この事案では処分基準でした）に従うと考えた私人の信頼も保護しなければならないため、裁量基準の定めと異なる取扱いをすべき特段の事情がない限り、裁量基準に従うように拘束されると判示しました。特段の事情は、裁量基準の内容が不合理である場合や、裁量基準を適用すべきでない個別事情がある場合に認められます。たとえば、公務員の懲戒処分の指針には、多くの場合、酒気帯び運転をした職員は免職または停職とするという定めがあります。実際の懲戒処分の件数をみると、おおむね指針通りとなっていますが、事故の有無・内容その他の事情によって処分内容が異なっていたり、主要な事情が同じでも処分内容が異なる場合があることがわかります。

　解釈基準については、Ⅳ3で述べた墓地埋葬法事件が通達は行政庁も裁判所も拘束しないと判示しました。その一方で、こ

↓都道府県の一般職の地方公務員（教育公務員を除く）に対する酒気帯び運転を理由とする懲戒処分の件数（2009年9月から2019年10月まで）

	免職	停職	減給	合計
全体	62	100	3	165
人身事故あり	12	4	1	17
物損事故あり	33	25	0	58
人身・物損事故なし	17	71	2	90
自損事故、交通違反、懲戒処分歴、報告懈怠、他の犯罪などあり	11	19	1	31
公務中	1	0	0	1
酒気帯びのみ	5	52	1	58

津田和之「地方公務員による飲酒運転と懲戒処分について」法と政治（関西学院大学）72巻1号（2021年）274頁より

れまで画一的に適用してきた通達については、異なる取扱いをする合理的な理由がない限り、平等原則により、行政庁はそうした通達に従うことが要求されます（最高裁令和4年4月19日判決）。また、国民年金・厚生年金保険の障害認定基準のように、専門技術的見地から、行政上の取扱いを統一するために制定された基準についても、行政庁は特段の事情がない限り、これに従うべきであるとされます（東京地裁令和4年7月26日判決）。

Ⅵ　意見公募手続

　行政手続法第6章は意見公募手続を定めています。パブリック・コメント（パブコメ）ともいわれます。対象となるのは「命令等」（2条8号）で、法規命令や、行政規則である審査基準・処分基準・行政指導指針が含まれます。この手続は3つのステップで進められます。(1) 命令等を制定する行政機関がその案を示し、意見を募ります（39条）。(2) 行政機関は、提出された意見を十分に考慮しなければなりません（42条）。ただし、提出された意見を採用する義務はありません。(3) 行政機関は、命令等の公布と同時期に、意見を考慮した結果を公示します（43条）。意見が命令等に反映されることは稀ですが、この手続は民主的な参加手続の1つとして重要です。昨今では、命令等の制定過程の資料として裁判で参照されることもあります。

↓意見公募手続の流れ

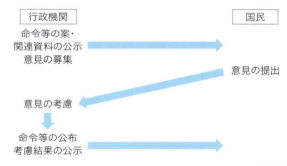

筆者作成

↓意見公募手続の例

主な意見の概要	文部科学省の考え方
我が国の国益を損ねるような教育（事実とは異なる歴史や我が国に対する敵対的思想など）を行っているので、朝鮮学校に支給するべきではない。	朝鮮学校については、拉致問題の進展がないこと、朝鮮総連と密接な関係にあり教育内容、人事、財政にその影響が及んでいることを踏まえると、現時点での指定には国民の理解を得られないと考えております。
朝鮮学校のカリキュラムは朝鮮総連によって決定されていて、北朝鮮からの支援も受けているので、朝鮮学校に支給するべきでない。	朝鮮学校については、拉致問題の進展がないこと、朝鮮総連と密接な関係にあり教育内容、人事、財政にその影響が及んでいることを踏まえると、現時点での指定には国民の理解を得られないと考えております。
朝鮮学校だけ支給しないというのは、法の下の平等という憲法の精神に反する。＜憲法第14条＞	今回の改正は、朝鮮学校については、拉致問題の進展がないこと、朝鮮総連と密接な関係にあり教育内容、人事、財政にその影響が及んでいることを踏まえると、現時点での指定には国民の理解を得られないとの理由には合理性があり、憲法第14条には違反しないと考えております。

（注）この改正により、朝鮮学校を支給対象から除外した。合計30,510の意見が提出されたが、意見の概要には9つの意見しか載っていない。

公立高等学校に係る授業料の不徴収及び高等学校等就学支援金の支給に関する法律施行規則の一部を改正する省令案に関するパブリックコメント（意見公募手続）の結果について（平成25年2月）20日より一部抜粋

★○×問題でチェック★

問11　裁量基準は行政庁を拘束するため、これに反する処分をすることは許されない。
問12　意見公募手続の対象は法規命令のみである。

12 行政指導

I 行政指導

1 概要

行政手続法第2条6号
行政指導　行政機関がその任務又は所掌事務の範囲内において一定の行政目的を実現するために特定の者に一定の作為又は不作為を求める指導、勧告、助言その他の行為であって処分に該当しないものをいう。

行政指導は、「特定の者に一定の作為又は不作為を求める指導、勧告、助言その他の行為であって処分に該当しないもの」をいいます。行政指導は、行政行為とは違って、相手方に対して法的義務を課すものではないため、それに従うかどうかはその相手方の判断によります。また、行政指導は、法律の根拠なく行うことができますが、法律によって定められていることも少なくありません。たとえば、個人情報保護法では、個人情報取扱事業者等に対する監督手段として、違反した場合に罰則のある命令（148条2項・3項）以外に、指導および助言（147条）、勧告（148条1項）などの行政指導が法定されています。

↓総務省が個人情報漏えい問題でLINEヤフーに対して行政指導を行うようす

東洋経済／アフロ

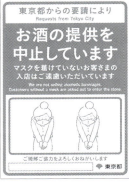

↓コロナ禍に東京都の「要請」に従って酒類提供を自粛する飲食店用のポスター（2021年）

東京都防災ホームページより

2 行政手続法による規律

行政手続法第32条
1　行政指導にあっては、行政指導に携わる者は、いやしくも当該行政機関の任務又は所掌事務の範囲を逸脱してはならないこと及び行政指導の内容があくまでも相手方の任意の協力によってのみ実現されるものであることに留意しなければならない。
2　行政指導に携わる者は、その相手方が行政指導に従わなかったことを理由として、不利益な取扱いをしてはならない。

↓つくば市再生可能エネルギー発電設備の設置手続に関する規制の対象区域

【要綱】
（条例による事業禁止区域を除く区域）
一定規模以上（太陽光：50kW以上、風力：高さ15mを超える設備が対象）の発電設備の設置に関して、事業計画の届出、事業の周知、関連法令等の事前確認等の必要な手続および配慮事項等を定め適正な設置を誘導。

【条例】
（事業禁止区域）
筑波山・宝篋山について事業を禁止する区域を条例で定める

つくば市ウェブサイトをもとに一部改変して作成。なお、つくば市では2024（令和6）年4月1日から新たな条例が施行されており、従来の要綱に基づく届出についても現在は条例で定められている。

行政手続法は、第4章において、行政指導に関する規定を置いています。これらの規定は、IIで学ぶような行政手続法制定前の判例で明らかにされた行政指導に関する原則を、明文化したものです。

まず、行政指導は、行政機関の任務または所掌事務の範囲でのみ認められるものであり、（32条1項）、無関係の事柄についてこれを行うことはできません。また、行政指導は相手方の任意の協力を前提とするため（32条1項）、指導に従わなかったことを理由に、相手方に不利益な取扱いをしてはなりません（同条2項）。このほか、申請に関連する行政指導について、相手方が指導に従わない意思表示をしたにもかかわらず指導を継続するなどして権利行使を妨げたり（33条）、許認可等の権限に関連する行政指導について、相手方に指導に従うことを余儀なくさせてはなりません（34条）。さらに、行政指導を行うにあたっては、その責任者を示すなど、一定の方式を遵守する必要もあります（35条）。

なお、同一の行政目的を実現するために、一定の条件に該当する複数の者に対し行政指導をする場合、行政機関は、あらかじめ行政指導指針を定め、原則これを公表しなければなりません（36条）。この指導指針は、しばしば、要綱という名称で定められています。一例として、つくば市の再生可能エネルギー発電施設設置に係る規制をみてみましょう。つくば市は、条例によって事業禁止区域を定め、当該施設の設置を禁止しています。他方で、市内のそれ以外の区域については、要綱に基づいて当該施設の設置にあたって届出をするよう指導し、適正な設置が行われるように誘導するしくみとなっています。

★○×問題でチェック★
問1　行政指導は、その相手方に対して法的な義務を課すものではない。
問2　行政機関は、行政指導に従わないことを理由に、不利益な取扱いをしてはならない。

3 行政指導の類型

　行政指導は、様々な目的で行われており、その内容に応じて、①規制的行政指導、②助成的行政指導、そして③調整的行政指導の3つに分類されます。

　規制的行政指導は、行政指導のうち、私人の活動を制限する目的でなされるものです。たとえば、新型コロナウイルスの流行初期には、都道府県知事が飲食店やパチンコ店に対して時短営業や休業に関する協力の要請をしていましたが（このしくみについては**17-IV**）、これは規制的行政指導ということができます。また、かつて、地方公共団体は、宅地開発指導要綱といった要綱に基づき、教育施設負担金などといった形で、新たにマンションを建設しようとする事業者に対して一定の金銭的な負担を求めることがありました。こうした任意の負担金の求めについても、一種の規制的行政指導ということができます。

　助成的行政指導は、行政指導のうち、私人の活動を助成・促進する目的でなされるものです。助成的行政指導は、主に行政から私人に対する情報提供といった形で行われており、たとえば、農家に対する農作物の作付け指導、求職者に対する職業指導などがこれに該当します。

　調整的行政指導は、行政指導のうち、私人間の利害関係を調整する目的でなされるものです。たとえば、事業者がマンションを建設する場合に、後の紛争を回避するなどといった目的で、地方公共団体が事業者に対して建設予定地の周辺住民の同意を得るよう指導することがありますが、これは調整的行政指導に該当します。もっとも、調整的行政指導は当事者に譲歩を求めるものであるため、行政指導の相手方からすれば、規制的行政指導として作用するということもできます。

↓ハローワークにおける求職者指導のようす

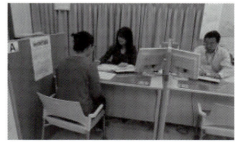

東村山市ウェブサイトより

II 判例

1 品川マンション事件

　行政指導に関する重要判例として、**品川マンション事件**（最高裁昭和60年7月16日判決）があります。この事件では、東京都が、建築主に対して行政指導を行っていることを理由として建築確認を行わなかったことが問題となりました。

　本件において、事業者は、品川区にマンションを建設するため、マンションの建築計画を作成し、東京都の建築主事に対して建築確認を申請しました。しかしながら、建設予定地の周辺住民がマンション建設に反対したため、東京都の職員は、事業者に対して、周辺住民と話し合いをするよう指導し、東京都の建築主事も、この間は建築確認を行いませんでした。事業者は、周辺住民との話し合いを進めましたが、この間に東京都は新高度地区案（建築物の高さ規制）を公表したため、このまま工事に着手できないと、当該マンションの建設が困難になることが明らかになりました。そこで、事業者は、建築確認を受けるべく手を尽くしましたが、時間の制約もあったため、周辺住民とは金銭の支払いで折り合い、建築確認を受けてマンションを建設しました。しかし、事業者は、この間に建築確認を受けられなかったことで損害を被ったため、東京都に対して国家賠償請求訴訟（☞**28**）を提起しました。

　最高裁によれば、建築主に対する行政指導が行われていることを理由に建築確認を留保することは、直ちに違法にはなりません。しかしながら、建築主が行政指導に不協力・不服従の意思を真摯かつ明確に表明している場合には、行政指導に対する建築主の不協力が社会通念上正義の観念に反するといえるような特段の事情が存在しない限り、建築確認を留保することは違法になります。結論として、本件における当該建築確認の留保は違法であるとされました。

↓建築確認のフロー（流れ）と品川マンション事件の経緯

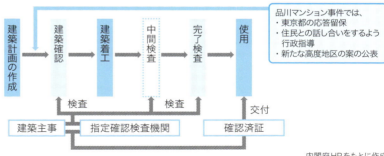

内閣府HPをもとに作成

品川マンション事件では、
・東京都の応答留保
・住民との話し合いをするよう行政指導
・新たな高度地区の案の公表

↓品川区のマンション紛争について報じる記事（1978年）

朝日新聞1978年9月29日東京本社版朝刊20面

★○×問題でチェック★
問3　農家に対する農作物の作付け指導は、助成的行政指導に該当する。
問4　行政指導がなされていることを理由に建築確認を留保することは、直ちに違法になる。

2 武蔵野マンション事件

> **水道法第15条1項**
> 水道事業者は、事業計画に定める給水区域内の需要者から給水契約の申込みを受けたときは、正当の理由がなければ、これを拒んではならない。

　行政指導について、品川マンション事件と並ぶ重要判例として、**武蔵野マンション事件**（最高裁平成5年2月18日判決）があります。この事件では、武蔵野市が、水道の給水契約の拒否を制裁的措置としてほのめかしながら教育施設負担金（寄付金）の納付を求める行政指導をしたことが問題となりました。

　事件当時の東京都武蔵野市は、市内でのマンション建設が相次ぎ、日照障害をはじめとする問題のほか、人口の局所的な増加により学校などの公共施設等が不足し、行財政が圧迫されていました。そこで、武蔵野市は、宅地開発等を行う事業主を対象に、**宅地開発等に関する指導要綱**を定めることとし、市内において一定規模以上の宅地開発事業を行う場合には、市の定める基準により、教育施設負担金として、学校用地を提供するか用地取得費を負担するよう行政指導を行うこととしていました。

　本件において、事業主は、武蔵野市に三階建てマンションの建設を計画しました。このことにより教育施設負担金として約1500万円を納付しなければならないとされたことに不満を持ち、市に対してその減免や延納を願い出ましたが、前例がないとして断られていました。そして、当時の武蔵野市は、教育施設負担金を納付せずに宅地開発を行った場合には上下水道の利用を拒否されることで有名であったため、事業主は、やむを得ず教育施設負担金相当額を寄付したうえで、当該マンションに係る建築確認を受けました。しかし、事業主は、この寄付金の納付に納得がいかなかったため、武蔵野市に対して国家賠償請求訴訟を提起しました。

　なお、当時の武蔵野市宅地開発等に関する指導要綱は、事業主が要綱に従わなかった場合には、「上下水道等必要な施設その他必要な協力を行わないことがある」と定めていました。

▼武蔵野市宅地開発等に関する指導要綱（抜粋・当時のもの。下線は筆者による）

> 1．目的　この要綱は、武蔵野市における無秩序な宅地開発を防止し、中高層建築物による地域住民への被害を排除するとともに、これらの事業によって必要となる公共、公益施設の整備促進を図るため、宅地開発等を行う事業主に対し、必要な指導を行うことを目的とする。
> ……
> 3－5．教育施設　建設計画が15戸以上の場合は、事業主は建築計画戸数（14戸を控除した戸数、以下同じ）1,900戸につき小学校一校、建設計画戸数4,200戸につき中学校一校を基本として、<u>市が定める基準により学校用地を市に無償で提供し、又は用地取得費を負担するとともに、これらの施設の建設に要する費用を負担する</u>ものとする。
> ……
> 5－2．この要綱に従わない者に対する措置　この要綱に従わない事業主に対して、市は上下水道等必要な施設その他必要な協力を行わないことがある。

後藤喜八郎編『都市づくり要綱裁判』（日本評論社・1985年）320頁以下

　それに対して、水道法15条1項は、水道事業者が給水契約の申込みを受けたとき、「正当の理由がなければ、これを拒んではならない」ものとしています（☞1-Ⅱ**1**）。

　本件について、最高裁によれば、教育施設を充実させるために事業主に対して寄付金の納付を求めること自体は、強制にわたるなど事業主の任意性を損なわない限り、違法とはなりません。しかしながら、武蔵野市が指導要綱を遵守させるための制裁措置としていた水道の給水契約締結の拒否等は、法が認めておらず、そしてマンション建築の目的の達成を事実上不可能にするものといえます。また、本件においては、事業主が教育施設負担金を納付しなかった場合、水道の給水契約の締結および下水道の使用を実際に拒絶されると事業主に考えさせる十分な事情がありました。そのため、武蔵野市はこれらを背景として教育施設負担金の納付を事実上強制しようとしたものということができるため、本来であれば任意に寄付金を求めるべき行政指導の限度を超えるものであり、当該指導は違法であるとされています。

　なお、本件に関連するものとして、当時の武蔵野市長が、武蔵野市宅地開発等に関する指導要綱に従わないままマンションを建設した事業主があったため、当該マンションに係る水道の給水契約を実際に拒否したことがありました。これについて、当時の武蔵野市長は、水道法15条1項に違反するものとして事業主から刑事告訴されており、上告審まで争いましたが、有罪判決が確定しています（最高裁平成元年11月8日決定〔☞**13-Ⅳ**〕）。

▼事業者が武蔵野市長を告訴したことを報じる当時の新聞記事（1978年）

朝日新聞1978年3月3日東京夕刊8面

▼武蔵野マンション事件（刑事）の舞台となったマンションの現在のようす

Google Earth

★〇×問題でチェック★

問5　行政指導によって寄付金の納付を求めることは、それ自体として違法である。
問6　水道法は、要綱に違反した場合の制裁として給水を拒否することを認めていない。

3 石油ヤミカルテル事件

石油ヤミカルテル事件（最高裁昭和59年2月24日判決）では、法律の根拠のない行政指導の許容性が問題となりました。

本件において、石油元売業者らは、石油製品の値上げ幅や値上げ時期についてカルテルを行っていました。他方、当時の通商産業省は、この石油製品の値上げにあたって、価格の引き上げ上限について行政指導を行っていました。本件は、このカルテルが独占禁止法に違反するとして元売業者らが起訴されたものですが、以下では、行政指導に係る部分を取り上げます。

最高裁によれば、石油業法に直接の根拠をもたない価格に関する行政指導であっても、これを必要とする事情がある場合、社会通念上相当と認められる方法によって行われ、「一般消費者の利益を確保するとともに、国民経済の民主的で健全な発達を促進する」という独占禁止法の究極の目的に反しないものであれば、違法となりません。本件では、通商産業省による価格指導は、世界的な原油値上げによる原油価格の異常な高騰という緊急事態に対処するため、価格の抑制と民生の安定を目的に行われており、また、石油業法に定められた指導では同法の目的を達成することが困難でした。そして、通商産業省の指導からは、基本的に価格に関する積極的・直接的な介入をできる限り回避しようとする態度がうかがえるとして、当該行政指導は違法とはいえないとされています。

なお、この事件のあった1970年代には、第一次石油危機がありました。石油製品をはじめ、物価がかなり高騰していた時期であり、このカルテルも石油危機がきっかけとなったものです。

↓1966年から2024年までのガソリン価格の推移

4 ロッキード事件

ロッキード事件（最高裁平成7年2月22日判決）においては、収賄罪との関係で、内閣総理大臣および運輸大臣による職務権限が問題となりました。

本件において、ロッキード社およびその販売代理店である丸紅の社長らは、同社製の航空機L-1011型機を全日本航空に売り込むため、当時内閣総理大臣であった田中角栄氏に協力を依頼し、成功報酬として5億円を約束していました。そして、田中総理は運輸大臣に対して、全日本航空に当該機種の選定購入を勧奨するよう働きかけ、運輸大臣は全日本航空に対して当該機種の選定購入を勧奨しました。その後、全日本航空がL-1011型機の購入を決定したため、田中総理はロッキード社から5億円の報酬を受け取りました。本件は、田中総理退陣後の1976（昭和51）年、田中元総理ら関係者が受託収賄罪等の容疑で逮捕・起訴されたものであり、収賄罪の判断にあたって、内閣総理大臣および運輸大臣の行為が公務員の職務行為に該当するかが問題となりました。以下では当該部分を取り上げます。

↓逮捕される田中角栄元総理（1976年7月27日）

NHK　未解決事件File.05「ロッキード事件」第3部

↓ロッキード社 L-1011 トライスター

毎日新聞社／アフロ

最高裁によれば、一般に、行政機関は、その任務ないし所掌事務の範囲内において、一定の行政目的を実現するため、特定の者に一定の作為または不作為を求める指導、勧告、助言等をすることができ、このような行政指導は公務員の職務権限に基づく職務行為に該当します。そして、運輸省設置法や航空法の規定からすると、運輸大臣が全日本航空に対してした特定機種を選定購入するよう勧奨した指導は、運輸大臣の職務権限に属するものといえます。また、内閣法からすると、内閣総理大臣は、行政各部に対して、その所掌事務について指導、助言等の指示を与える権限を有しており、内閣総理大臣が運輸大臣に対して行った働きかけもまた、内閣総理大臣の職務権限に属するとされています。ここでは、組織規範から内閣総理大臣および運輸大臣の権限が導き出されています。

なお、本件では、田中元総理らに有罪判決が下されています。田中元総理は、月刊誌『文藝春秋』による金脈問題の特集をきっかけに内閣総辞職をしており、金権政治の象徴といえる人物でした。

★〇×問題でチェック★

問7　行政指導に法律の根拠は必要なく、任務または所掌事務の範囲外の指導も認められる。
問8　行政指導の権限は、運輸省設置法や航空法のような組織規範からは導かれない。

13 行政契約

I 行政契約とは

　国や地方公共団体などの行政主体が当事者の一方となる契約のことを**行政契約**といいます。国が庁舎を建設する場合、通常は入札などを経て、落札した建設業者と庁舎建設の請負契約を締結することになります。私人間での契約など民法上の契約の場合は、**契約自由の原則**が妥当するため、原則として契約は当事者が自由に合意して締結することができます。しかし行政契約の場合は、公金を用いて行われる公的な活動であるため、契約自由の原則が修正され、契約の相手方の選定や、契約内容の決定、契約を締結するか（契約締結義務の有無）などについて法令に特別の規律が定められていることがあります。また、行政契約も行政作用である以上、**行政上の法の一般原則**（☞3）等が適用されることになります。

　行政契約は、①調達行政の分野において、物品の購入、公共工事の発注、公共用地の取得などで用いられるほか、②規制行政の分野において、廃棄物処理業者など公害の発生源となりうる事業者との間で公害防止協定が締結されたり、③給付行政の分野において、水道の供給（住民等との給水契約）や公営バスの利用（利用者との運送契約）について契約形式がとられています。

↓行政契約の具体例

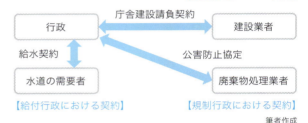

筆者作成

II 調達行政における契約

1 競争入札原則

　調達行政（物品等の行政資源を取得する行政活動）においては、事務用品等の物品の購入や公共事業用地の取得（売買契約）、庁舎や道路等の建設工事発注（請負契約）など、広く契約が用いられていますが、契約の相手方の選定について**契約自由の原則**が修正されています。契約の相手方の選定方法としては、一般競争入札、指名競争入札、随意契約などがあります。国民・住民からの税金を原資としている以上、公金の無駄遣いや不公平で恣意的な相手方の選定などは許されないため、原則として一般競争入札によることとされています（会計法29条の3・29条の5、地方自治法234条）。

　一般競争入札では、入札に参加する業者に制限をかけず、最も有利な価格（工事発注なら安い価格、土地売却なら高い価格）を提示した事業者と契約を締結します。しかし例外的に、重要な公共事業に係る契約など、契約の性質や目的により信頼性の欠ける事業者の入札を制限すべき場合には、入札資格のある事業者をあらかじめ指名して競争入札が行われます（**指名競争入札**）。さらに、競争に付することが不利と認められる場合や緊急の必要により競争に付することができない場合には、競争によらずに任意に契約の相手方を選定する方式（**随意契約**）が認められています。しかし随意契約は、恣意的な運用がされやすいという短所があるため、近年では、事業者から提出された技術提案書（工事の対象物の性能・機能、施工上の工夫、環境配慮など）を評価して最適な技術提案者と随意契約を締結する方式（**プロポーザル方式**）も用いられています。

↓入札手続

筆者作成

↓各契約手続の特徴

	一般競争入札	指名競争入札	随意契約
利点	公平性、透明性、機会均等性に優れている。競争により経済性（価格の有利性）が確保される。	信用や誠実性に欠ける者を排除できる。手続が一般競争入札より簡単である。	資力、信用、能力の確実な者を選ぶことができる。手続が最も簡単で経費の負担も少ない。
欠点	信用や誠実性に欠ける者が入札に参加するおそれがある。手続が煩雑で経費が高くなる。	入札参加者の恣意的な選定や固定化のおそれがある。指名業者による談合が容易である。	相手方が固定化し、公正な契約が確保されないおそれがある。競争がなく不利な価格での契約となるおそれがある。

筆者作成

★○×問題でチェック★

問1　行政契約においても、私人間の契約とまったく同じように、契約自由の原則が妥当する。
問2　調達行政における契約では、自由に随意契約を選択することができる。

2 入札の適正化を図るしくみ

指名競争入札においては、恣意的な指名や指名業者による談合のおそれがあり、入札の適正化のための法的統制が必要です。しかし行政手続法に行政契約に係る規定はなく、指名競争入札における指名や指名回避・停止は処分にあたらないと解されているため、処分に係る同法の規定も適用されません。ただし公共工事については、公共工事適正化法により、入札参加者の資格や指名の基準の公表を義務づけるなど、入札・契約における透明性等を向上させる措置が規定されています。また、発注者である国や地方公共団体等の職員が関与して行われる談合（官製談合）を防止するため、入札談合等関与行為防止法が施行されています。同法は、公正取引委員会による発注機関（発注者である行政機関）への改善措置の要求や、談合に関与した職員に対する損害賠償請求、当該職員に対する刑罰等について定めています。

↓入札談合等関与行為防止法の概要

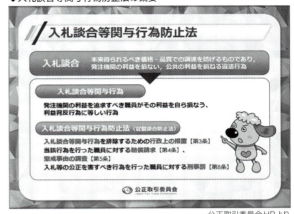

公正取引委員会HPより

III 規制行政における契約

規制行政は本来、権力的作用（行政行為）になじむ領域ですが、一部で行政契約も用いられています。代表的なものとしては公害防止協定があります。公害防止協定とは、公害の発生源となりうる事業者と地方公共団体（または周辺住民）との間で締結される協定をいいます。協定には、法令を超える厳しい基準の遵守や法令にない公害防止措置の実施などが事業者側の一方的義務として定められることが一般的です。公害防止協定は、公害防止に係る法規制が不十分であった時代に、法令の不備を補うために用いられ、現代においても地域の実情に応じた個別的対応が可能な手法として活用されています。また協定は、環境法令に基づく規制権限のない市町村が、行政指導、立入調査、報告徴収を可能とする手段としても機能します（たとえば下図のように、産業廃棄物処理業者に対する規制権限は基本的に都道府県知事が有していますが、周辺住民の利益を守るために多くの市町村が事業者と協定を締結しています）。事業者としては、住民の理解を得られたり、企業のイメージアップにつながるほか、地方公共団体との協力関係をもとに事業を進められるという利点があります。

公害防止協定の法的性格をめぐっては、協定は行政指導の一種であり法的拘束力をもたないという見解（紳士協定説）もみられましたが、現在では、協定の条文ごとに判断することを前提として、合意の任意性が認められ、求められる行為に具体性や履行可能性があり、公序良俗や関係行政法に反していない場合には、協定に契約としての法的拘束力を認める見解（契約説）が判例・通説の立場となっています。事業者が協定上の義務を履行しない場合には、民事訴訟を通じてその履行を求めることができます。しかし、たとえば協定で定めた立入検査の実施について行政上の強制執行（☞16）をすることは、法律上の根拠を欠くため許されません。また、協定中にその違反に対する罰則を定めることも、罪刑法定主義（憲法31条）に反するため許されません。

↓公害防止協定の規定例

◇法令に規定のない公害防止・周辺環境保全措置
・独自の排出基準の遵守（法令の基準を厳格化したり、規制項目を追加したもの）
・排水処理や廃棄物処理におけるクローズド・システム（外部に汚染物質を排出しないで処理する仕組み）の導入
・工場等の稼働時間や夜間の操業に対する制限
・事業者による公害防止計画書提出の義務づけ
・環境影響の自主測定と報告の義務づけ
・排水の水質データ等の情報開示

◇地方公共団体による行政指導・立入調査等
・地方公共団体による改善措置の指示・要請
・地方公共団体による立入調査の実施
・開発行為等の実施時の地方公共団体との事前協議

◇公害発生時の対応、事故への備え
・公害発生時の操業停止または損害賠償
・被害に対する無過失賠償責任
・補償基金積立ての義務づけ
・任意保険の加入義務づけ

◇周辺住民への対応
・周辺住民からの苦情への対応
・周辺住民との意見交換を行うための協議会の定期的開催

↓公害防止協定の一例

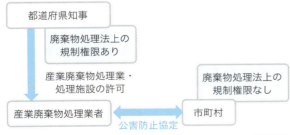

筆者作成

筆者作成

★○×問題でチェック★
問3　官製談合があった場合、公正取引委員会は発注機関に対して改善措置を要求することができる。
問4　公害防止協定に法的拘束力は認められないというのが判例・通説の立場である。

Ⅳ 給付行政における契約

給付行政では、侵害留保説のもとで法律上の根拠を要しないため、行政契約が広く用いられています。インフラなど公益性の高い事業に係る行政契約では、契約自由の原則の修正として契約締結義務が定められることがあります。たとえば、水道事業者（原則として市町村）は、水道法15条1項により、給水区域内の需要者から給水契約の申込みを受けたときは「正当の理由」がなければこれを拒むことができません（☞1-Ⅱ❶）。

この「正当の理由」をめぐって、武蔵野マンション訴訟（最高裁平成元年11月8日決定〔☞12-Ⅱ❷〕）では、武蔵野市が宅地開発指導要綱（行政指導の指針）に基づき、マンション建築主に対して教育施設整備のための負担金の納付を求めたが拒まれたため、市長が要綱に従って当該マンションからの給水契約の申込みを拒否しました。最高裁は、行政指導に従わないことは「正当の理由」にあたらないと判断し、市長は水道法違反で罰金刑が確定しました。他方で、志免町マンション訴訟（最高裁平成11年1月21日判決）では、「正当の理由」とは「水道事業者の正常な企業努力にもかかわらず給水契約の締結を拒まざるを得ない理由を指す」とされ、水不足に悩まされている町で新たに建築される大規模なマンションからの給水契約の申込みを拒否したことは「正当の理由」にあたると判断されました。

このほか、公営バスの利用においても事業主体（地方公共団体）と利用者の間で運送契約が締結されますが、道路運送法によって、契約締結義務（運送引受義務。13条）が課せられているほか、運賃・料金や運送約款についても国土交通大臣の認可を要するといった規制がされています（9条の3・11条）。

▼水道法15条の「正当の理由」をめぐる最高裁判例

最高裁判例	「正当の理由」該当性
武蔵野マンション訴訟（行政指導に対する不協力）	宅地開発指導要綱（に基づく行政指導）に従わないマンション業者に対して、同要綱の制裁条項に基づき給水契約の締結を拒否したことは、「正当の理由」にあたらない。
志免町マンション訴訟（水需要の逼迫）	マンション業者が行った新規の給水申込みに対して、深刻な水不足が不可避の地域において急激な水道水の需要の増加を抑制するために給水契約の締結を拒否したことは、「正当の理由」にあたる。

筆者作成

▼武蔵野マンション訴訟の新聞記事

武蔵野市のマンション規制
水道拒否の元市長敗訴
判決 罰金 要綱の規制に限界

朝日新聞1984年2月25日朝刊22面

▼宅地開発指導要綱に基づく行政指導

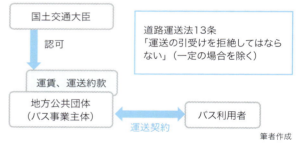

筆者作成

▼公営バスに係る運送契約

筆者作成

Ⅴ 民間委託契約

❶ 民間委託契約の具体例

行政事務を私人に委託する契約（民間委託契約）の具体例として、一般廃棄物処理の民間事業者への委託があります。廃棄物処理法上、一般廃棄物の処理は市町村の事務ですが、市町村は一般廃棄物の収集、運搬、処分を直営的に実施するだけでなく、市町村以外の者に委託することができます（同法6条の2第2項・3項）。

公権力の行使を含む事務の民間事業者への委託では、法令上、公権力の行使にあたる業務とは区別された補助業務のみを契約で委託するしくみがとられています。たとえば道路交通法は、放置車両の確認と標章の取付け（駐車監視員による駐車違反ステッカーの貼付け等）を公安委員会の登録を受けた法人に委託できる旨を定めています（51条の8）。この業務は事実行為にとどまり、放置違反金の納付命令に係る権限等は含まれないため、公権力の行使にあたらないとされています。

▼駐車違反業務の民間委託

毎日新聞社／アフロ

★○×問題でチェック★

問5 市町村は、行政指導に従わない住民に対しては水道の給水契約締結を拒否できる。
問6 放置車両の確認は、公権力の行使にあたり、契約で民間委託することはできない。

2 PFI事業契約

　PFI法（民間資金等の活用による公共施設等の整備等の促進に関する法律）は、道路、鉄道、空港、庁舎、教育施設、医療施設といった公共施設等の整備等（建設、維持管理、運営等）を民間事業者に委ねることで、民間の資金、経営ノウハウ、技術力を活用して、低コストで良質な公共サービスの提供を目的としています。公共施設等の管理者（各省大臣、都道府県知事・市町村長、独立行政法人等）は、基本方針および実施方針に基づき対象となるPFI事業を選定し、当該事業を実施する民間事業者を公募等により選定して事業契約を締結することになります。PFI事業契約においては、従来の公共事業と異なり、公共施設の建設、維持管理、運営等の各業務を長期の契約として一括して委ねることが可能です（右図。実際の事例は☞6-Ⅳ2）。また、性能発注（一定の性能を満たしていれば細かな仕様は問わないという発注）方式がとられ、民間のノウハウ等が発揮されやすくなっています。さらに、公共施設等の管理者は、施設の所有権を保有したまま、施設運営権を選定事業者に設定することもでき、事業者は利用料金を定めて自らの収入とすることができます（コンセッション方式）。

▼PFI事業契約の例

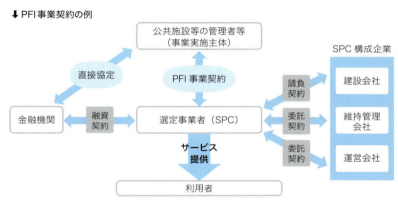

民間資金等活用事業推進機構をもとに作成

Ⅵ　行政契約の法的統制

　行政契約にも、契約に係る民事法の規定が（類推）適用され、公序良俗違反があれば無効となり（民法90条）、契約締結の意思表示に錯誤や強迫があれば取消可能です（同法95条・96条）。行政契約は当事者の合意によって成立するため、法律の根拠を要しませんが、法律に違反する契約を締結することはできません（法律の優位の原則〔☞2-Ⅰ2〕）。福間町公害防止協定事件（最高裁平成21年7月10日判決）では、町と事業者との間で産業廃棄物処理施設の使用期限を定める協定が締結されたため、廃棄物処理法との抵触が問題となりました。最高裁は、同法に基づき知事がした産業廃棄物処分業や処理施設設置の許可は事業者に事業や処理施設の継続義務を課すものでなく、協定で事業等を将来廃止する旨を約束することは事業者自身の自由な判断で行えるため、同法に抵触しないとしました。

　行政契約にも平等原則など行政上の法の一般原則（☞3）が適用されます。指名競争入札における指名では、機会均等、公正性、透明性、経済性などの一般原則により裁量権の統制がされています。木屋平村村外業者指名回避事件（最高裁平成18年10月26日判決）では、原則として村内業者のみを指名する運用について、①工事現場への距離の近接性等から契約の確実な履行が期待でき、②地元経済の活性化にも寄与すること等を理由に合理性を肯定しつつも、価格の有利性確保（競争性の低下防止）の観点を考慮すれば、その一律的な運用が常に合理性があり裁量権の範囲内であるとはいえないとされました。このように調達契約では、本来的に重視されるべき経済性や公正性だけでなく、地元経済の活性化などの別の政策目的が追求されることがあります。グリーン購入法（国等による環境物品等の調達の推進等に関する法律）は、国等がリサイクル商品など環境負荷の少ない物品やサービスの購入を選択するように努めなければならない旨を規定しています（3条1項）。

▼木屋平村村外業者指名回避事件

筆者作成

▼グリーン購入法

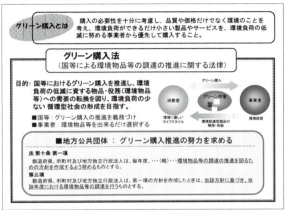

環境省資料（https://www.env.go.jp/content/000120707.pdf）より

★○×問題でチェック★
問7　PFI事業契約では、公共施設の建設、維持管理、運営等を一括して委託できる。
問8　行政契約についても行政上の法の一般原則が適用される。

14 行政計画

I 様々な行政計画

目標を設定し、その実現プロセスを管理する手段としての「計画」は、およそあらゆる政策領域で策定され、行政活動に対して多様な行為規範を提供しています。行政計画の分類の仕方には複数の考え方がありますが、ここでは、行政法上の論点と特に関係する3つの分類方法を紹介します。

行政計画は、①法律上の根拠の有無によって、法定計画と非法定計画に分けられます。②（全体でみれば例外的ですが）国民に対する法的拘束力を有するものを拘束的計画といい、その代表例は都市計画です。③土地の利用に影響をもつものは、物的計画として他の計画と区別されます。国土利用に関する計画のように、国民に対する法的拘束力をもたない非拘束的計画であっても、多層的に構築された計画体系を通じて個別法に基づいて行われる土地利用規制の総合調整を行うなど、重要な役割を担っています。

↓行政計画の分類

- 法律上の根拠の有無（法定計画／非法定計画）
- 法的拘束力の有無（拘束的計画／非拘束的計画）
- 土地の利用に対する影響の有無（物的計画／非物的計画）

筆者作成

↓国土利用に関する諸計画の体系

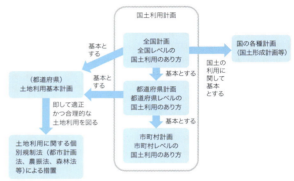

国土交通省「国土利用計画とは」など複数のウェブサイトをもとに筆者作成

II 計画策定手続

一般に、行政計画を策定する行政庁の裁量は広く（計画裁量〔☞Ⅳ1〕）、行政計画の適法性を内容面でコントロールするには難しさが伴います。そのため、手続的な観点によるコントロールが一層重要になるのですが、現行の行政手続法（☞10）には、計画策定手続に関する規定は置かれていません。

もっとも、行政手続法において計画策定手続を立法化しようとする試みが、これまでなかったわけではありません。（第一次）行政手続法研究会が1983（昭和58）年に法律要綱案としてとりまとめた報告には、土地利用規制計画策定手続および公共事業実施計画確定手続に関する条文が置かれていました。諸外国の法制度の影響を受け、利害関係人からの意見聴取などを内容とする参加型の事前手続整備の必要性が、早くから認識されていたことがうかがえます。計画策定手続における参加制度がとりわけ充実化してきた法律として、都市計画法があります。

↓計画策定手続の立法化の試み

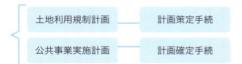

両計画手続の共通要素
・他の関係行政機関（地方公共団体を含む）の意見聴取
・計画案の縦覧
・利害関係人に対する書面による意見陳述機会の付与
・意見を申し出た者についての聴聞の実施
・理由を付したうえでの決定された計画の公表

行政手続法研究会（第一次研究会）「法律案要綱（案）」
ジュリスト810号（1984年）44頁、53頁をもとに筆者作成

↓都市計画の策定手続における参加（市町村が定める都市計画の場合）

国土交通省「都市計画法制」13頁をもとに筆者作成

★ ○×問題でチェック ★

問1　行政計画には、法律の根拠を有するものとそうでないものがある。
問2　現行の行政手続法には、行政計画の策定手続に関する一般的な規定が置かれている。

III 都市計画

1 都市計画の類型と構造

　都市計画は、都市計画法に基づき都道府県や市町村により策定されます（法定計画）。都市計画には、①区域区分や用途地域などの土地利用規制、②都市施設の整備、③土地区画整理事業などの市街地開発事業が定められます（物的計画）。②および③に係る都市計画の決定には、その内容を実現するため、事業の実施段階が続きます。都市計画法に基づく認可等を受けて行われるこれらの事業を都市計画事業といい、この段階で事業計画が策定されます。都市計画決定の処分性（☞20）は否定される一方で、都市計画事業認可や各種事業計画の決定等には、処分性を認める判例があります。

↓都市計画の類型

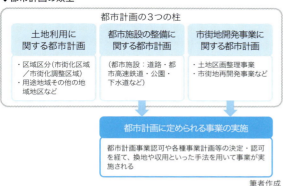

↓都市計画の構造

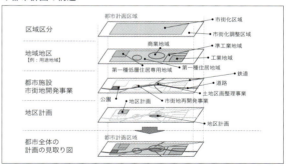

国土交通省「都市計画法制」5頁より

↓用途地域のイメージ

国土交通省「土地利用計画制度」19頁より一部改変のうえ抜粋

2 土地区画整理事業のしくみ

　土地区画整理法に規定される土地区画整理事業とは、都市計画区域内の土地について、道路や公園等の公共施設と宅地を一体的・総合的に整備する事業のことです。その起源は、明治時代に制定された耕地整理法にさかのぼり、制度形成の過程でドイツ法の影響を受けたことが知られています。土地区画整理事業は、「都市計画の母」とも称される、まちづくりの代表的な手法であり、これまでの着工面積は、全国の市街地の約3割に相当します。戦前から今日まで、戦災や震災からの復興においても活用されています。

　土地区画整理事業の本質は、換地にあります。公共施設等の用地に充てるため、各々の宅地の面積は減少しますが（減歩）、用地買収方式による整備の場合と比較して、事業地内の住民に公平な負担を求めることが可能です。公平性を確保するため、土地区画整理法には、換地と従前宅地は照応してなければならないとする照応原則が定められています。個人施行・組合施行（☞ 4-1②）の場合、民間の開発行為として都市計画決定を経ずに行われることもありますが、都道府県や市町村が事業主体となる場合には、都市計画決定を経て都市計画事業として施行されます。

↓土地区画整理事業のイメージ

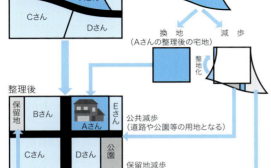

国土交通省「都市計画法制」10頁をもとに作成

↓土地区画整理事業の基本的な流れ（市町村施行の場合）

都市計画決定
↓
事業計画等決定
↓
仮換地指定
↓
建築物等移転等、工事
↓
換地処分
↓
土地・建物の登記
↓
清算

筆者作成

★○×問題でチェック★
問3　都市計画には、都市施設の整備について定めることができる。
問4　土地区画整理事業の施行者は、都道府県および市町村に限られる。

IV 計画に対する実体的統制

1 広い計画裁量

都市計画法
第2条 都市計画は、農林漁業との健全な調和を図りつつ、健康で文化的な都市生活及び機能的な都市活動を確保すべきこと並びにこのためには適正な制限のもとに土地の合理的な利用が図られるべきことを基本理念として定めるものとする。
第13条 都市計画区域について定められる都市計画……は、国土形成計画、首都圏整備計画……その他の国土計画又は地方計画に関する法律に基づく計画（当該都市について公害防止計画が定められているときは、当該公害防止計画を含む……。）及び道路、河川、鉄道、港湾、空港等の施設に関する国の計画に適合するとともに、当該都市の特質及び当該都市における自然的環境の整備又は保全の重要性を考慮して、次に掲げるところに従つて、土地利用、都市施設の整備及び市街地開発事業に関する事項で当該都市の健全な発展と秩序ある整備を図るため必要なものを、一体的かつ総合的に定めなければならない。
一〜十
十一 都市施設は、土地利用、交通等の現状及び将来の見通しを勘案して、適切な規模で必要な位置に配置することにより、円滑な都市活動を確保し、良好な都市環境を保持するように定めること。（以下略）
一二〜二〇（略）

　行政計画について定める法律の規定は、行政処分におけるそれとは様相を異にします。行政計画の性質上、あるべき計画内容を詳細に定めておくことは難しく、計画策定に際しての基本理念や大まかな考慮要素を掲げる程度の規定にならざるをえないからです。そうすると、計画を策定する行政庁には広い裁量（計画裁量）が与えられ、行政計画に対する司法審査にも制限が生じます。最高裁は、都市施設に係る都市計画が問題となった判例で、計画の適法性を裁判所が審査する際の判断枠組みについて、次のように述べています（小田急訴訟〔☞3〕）。
　最高裁は、まず、都市施設の規模、配置等に関する事項の決定が行政庁の広範な裁量を前提とする理由を、関連する都市計画法の規定に照らして、「諸般の事情を総合的に考慮した上で、政策的、技術的な見地から判断することが不可欠である」という点に求めました。計画を策定する行政庁には、都市計画の基本理念（2条）や都市計画基準（13条1項柱書き・同項11号）について定めるにとどまる都市計画法の枠内で、多面的な利益衡量を含む複雑かつ未来志向の判断が期待されることになります。
　そのうえで、最高裁は、都市計画の内容に対する司法審査にあたっては、①その基礎とされた重要な事実に誤認があること等により重要な事実の基礎を欠く場合、または、②事実に対する評価が明らかに合理性を欠くこと、判断の過程において考慮すべき事情を考慮しないこと等によりその内容が社会通念に照らし著しく妥当性を欠く場合に限り、裁量権の逸脱・濫用として違法となる旨を示しました。裁量審査の手法として、ここでは判断過程審査が用いられています。

↓都市施設に関する都市計画決定のイメージ

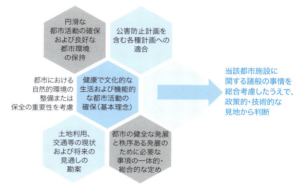

筆者作成

2 林試の森事件（最高裁平成18年9月4日判決）

　都市施設のための用地選択の仕方によっては、都市計画決定が裁量権の逸脱・濫用にあたり違法となりうることが示唆された事例に、林試の森事件があります。林業試験場の跡地を利用して公園を設置するにあたり、公園区域に民有地を含めることとした都市計画決定の適法性が争われました。当該民有地の利用は、林業試験場時代と同じ位置に公園の南門を設けるという前提のもと、門から区道への接続路とするために考案されたものでしたが、当該民有地の西隣には、国家公務員宿舎の敷地である国有地が存在していました。最高裁は、公有地ではなく民有地を公園区域に含めた判断は合理性に欠けるものではないとした原審の判断に疑問を呈し、さらに審理を尽くさせるために事件を高裁に差し戻しました。計画裁量に対し、最高裁が比較的踏み込んだ審査を行った例として知られています。

↓位置関係図（青線部：本件都市計画上の公園区域、B：本件国有地、D：本件民有地）

しながわWEB写真館（品川区）提供（一部加工）

★○×問題でチェック★
問5　計画裁量は一般に広範であるため、裁量権の逸脱・濫用の問題は生じない。
問6　都市計画上の都市施設の区域に、民有地を含めることは法律の規定により禁止されている。

3 小田急訴訟（最高裁平成18年11月2日判決）

小田急訴訟とは、鉄道立体交差化を内容とする**都市計画事業認可**の取消しを周辺住民が求めた事案です。周辺住民の原告適格を認める最高裁大法廷判決（☞21-Ⅵ3）の翌年、当該事業認可を適法とする本案判決が最高裁で出されました。本案審理で特に争われたのは、当該事業認可の前提にある都市計画の変更決定の適法性であり、判決では計画裁量に対する司法審査について詳細な判示がなされました。

▼事業全体像

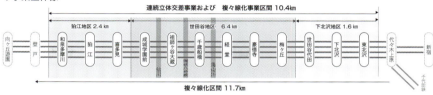

mintetsu Vol. 69春号（2019年）（https://www.mintetsu.or.jp/association/mintetsu/pdf/69_p01_32.pdf：以下同）12-13頁を参考に作成

東京都は、1993（平成5）年に既存の都市計画を変更し、小田急小田原線の喜多見駅付近から梅ヶ丘駅付近までの区間について、道路と連続的に立体交差化する内容の都市計画決定を行いました。その内容を反映するのが、翌年の都市計画事業認可です。連続立体交差事業自体は東京都の都市計画事業ですが、踏切による交通渋滞や市街地の分断といった問題の解消を図ると同時に、鉄道側が抱える輸送力の限界にも対処すべく、小田急線の複々線化事業と一体的に進められました。なお、当該区間は立体交差化・複々線化事業の事業区間の一部であり、2019（平成31）年には全区間（東北沢～和泉多摩川）で事業が完了しています。

都市計画事業認可の取消訴訟において原告らは、前提にある都市計画変更決定が、構造形式として**高架式**（一部掘割式）を採用した点で違法であると主張しました。周辺住民らは、かねてより鉄道による騒音等の被害を訴えており、環境影響の面を含めて優れた代替案である地下式を採用すべきであると考えていました。実際、公害等調整委員会による1998（平成10）年の裁定では、都市計画変更決定以前の騒音被害が受忍限度を超えていたことが認定されています。こうした経緯を踏まえて最高裁は、構造形式の選択にあたっては「鉄道騒音に対して十分な考慮をすることが要請されていた」と述べつつも、高架式の採用に至る判断過程に裁量権の逸脱・濫用はなかったと結論づけました。高架式の採用は、①高架式、②高架式と地下式の併用、③地下式のそれぞれを、計画的条件・地形的条件・事業的条件の3条件で比較検討した結果によるものですが、この3条件には環境的条件が含まれていません。しかし最高裁は、前提となった過去（1987～1988年度）の調査では環境面が考慮されていたこと、高架式を採用した場合について**環境影響評価**が行われたことを指摘して、原告が主張する考慮不尽の疑義を否定しました。何をもって環境影響に対する考慮を十分と評価すべきかに明確な基準はなく、計画裁量に対する司法審査の難しさをうかがわせます。

▼当該区間における事業の経緯

1964年12月	都市計画決定
1993年2月	都市計画変更決定
1994年6月	事業認可
1994年12月	工事着手
2002年12月	立体化完成（17か所の踏切を廃止）
2004年11月	複々線完成
2004年12月	ダイヤ改正

mintetsu Vol. 69春号（2019年）13頁を参考に作成

▼鉄道の構造に関する3案の比較　　採用

	①高架式（成城学園前駅付近を掘割式）	②高架式（成城学園前駅付近を掘割式）と地下式（環状八号線付近より東倒）の併用	③地下式
計画的条件	・すべての踏切を除却不可 ・環状八号線付近の既設高架部分との整合性あり	・一部の踏切の解消不可 ・環状八号線付近の既設高架部分との整合性あり	・一部の踏切の解消不可 ・環状八号線付近の既設高架部分の撤去が必要
地形的条件		・烏山川の下部を通過することによる勾配の増大から駅移設が必要	・仙川と烏山川の両河川の下部を通過することによる深度増大
事業的条件	算定事業費約1900億円	算定事業費約2600億円	算定事業費約3000～3600億円

主に第1審判決の内容をもとに筆者作成

▼複々線化事業とは

複線　急緩行同一路線
複々線　緩行線／急行線

複々線化のメリット：
①列車増発による混雑緩和
②線路別による運転で速度アップ
③急行・準急等の待合せ時間短縮

小田急電鉄『トンネル下床面に設置した地中熱交換器による地中熱ヒートポンプシステムの開発』（https://www.env.go.jp/earth/ondanka/cpttv_funds/pdf/case/archive/s17.pdf：以下同）7頁を参考に作成

▼高架化区間における事業前後の比較

事業着手前

事業完成後

小田急電鉄『トンネル下床面に設置した地中熱交換器による地中熱ヒートポンプシステムの開発』8頁

★ ○×問題でチェック ★
問7　小田急訴訟で原告らは、都市計画変更決定では地下式を採用すべきであったと主張した。
問8　小田急訴訟で原告らが提起したのは、都市計画変更決定の取消訴訟であった。

14 行政計画　**61**

15 行政による情報の収集・管理

I 行政調査

1 行政調査とは

　行政機関が、行政活動に必要な情報を収集する活動を**行政調査**といいます。申請や届出の手続、聴聞や弁明の機会付与などの手続にも情報を収集する側面がありますが、これらの手続を除いて行政が能動的に情報を取得する活動を行政調査と一般に称してきました。

　行政調査には国勢調査をはじめとする統計調査のように一般的目的で行われるものと、税務調査のように個別具体的な措置のために行われるものとがあります。個別具体的な措置のための行政調査では、立入調査、物品の収去、資料提出の要求、報告の徴収、質問、監視などの手法が用いられます。行政は、これらの行政調査により集めた情報に基づいて一定の事実を認定し、行政処分を行うかどうかなどの最終的な決定を行います。行政機関が何らかの決定をする場合にはいつでも情報が必要となるので、行政の決定にはいつでも行政調査が先行することになります。

　行政調査はその強制の有無や態様により分類することができます。特に、**直接強制調査**、**間接強制調査**、**任意調査**の区別が重要です。このうち直接強制調査と間接強制調査はいずれも強制を伴う調査（強制調査）ですが、その強制の態様により区別されます。直接強制調査は行政機関が実力を行使（☞16-V）して私人から情報を取得する調査であり、間接強制調査は調査を拒否した者に対する刑事罰その他の不利益（☞17-II 1）によって調査の実効性を担保する調査です。他方、任意調査は相手方に調査に応じる義務を課すことなく行われる調査であり、調査に応ずるか否かが相手方の任意に委ねられます。

　法律による行政の原理（☞2-I）により直接強制調査と間接強制調査には法律の根拠規定が必要となりますが、任意調査には法律の根拠規定は要求されません。また、直接強制調査や間接強制調査の規定が存在する場合であっても、強制的な調査ではなく任意調査が実施されることも多くあります。

▼個別具体的な措置のための行政調査のイメージ

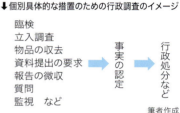

筆者作成

▼行政調査の分類

	強制の方法
直接強制調査	実力行使
間接強制調査	刑事罰その他の不利益による担保
任意調査	なし

筆者作成

2 直接強制調査

　直接強制調査では、実力を行使して相手方の抵抗を排して調査を行うことが認められます。**国税通則法**が**犯則調査**として定める**臨検**、**捜索**、**差押え**がその典型例です。犯則調査というのは、事案の重大性、悪質性から刑事告発を行うことを念頭に置いて行われる調査のことをいいます。

　憲法35条は刑事手続に関する**令状主義**を定めており、これが行政調査にも及ぶかが問題となります。川崎民商事件（最高裁昭和47年11月22日大法廷判決）は、たとえ行政調査であっても実力の行使を伴う場合には裁判所の令状が必要であるとする趣旨の判示をしています。実際に、犯則調査としての臨検、捜索、差押えには裁判所の許可状が必要とされています。

　相手方の権利を大きく制約することから、犯則調査以外に直接強制調査が規定された例はほとんどありませんでしたが、2007（平成19）年に設けられた**児童虐待防止法**上の臨検、捜索に関する規定は注目すべき例です。同法上の臨検、捜索に至るまでの手続は、相手方の権利にも配慮して以下のように厳格に定められています。児童相談所はまず家

▼児童虐待防止法上の臨検、捜索に至る手続

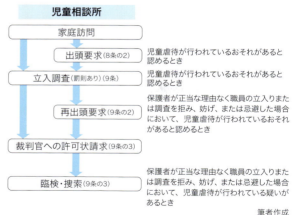

児童相談所
- 家庭訪問
- 出頭要求(8条の2)　児童虐待が行われているおそれがあると認めるとき
- 立入調査(罰則あり)(9条)　児童虐待が行われているおそれがあると認めるとき
- 再出頭要求(9条の2)　保護者が正当な理由なく職員の立入りまたは調査を拒み、妨げ、または忌避した場合において、児童虐待が行われているおそれがあると認めるとき
- 裁判官への許可状請求(9条の3)
- 臨検・捜索(9条の3)　保護者が正当な理由なく職員の立入りまたは調査を拒み、妨げ、または忌避した場合において、児童虐待が行われている疑いがあるとき

筆者作成

庭訪問を行い、児童虐待が行われている恐れがあると認めるときに間接強制調査としての立入調査を行います。この立入調査を正当な理由なく拒み、妨げ、または忌避した場合で、児童虐待が行われている疑いがあるとして裁判所の発する許可状を得たときに限って、直接強制調査としての臨検、捜索を行うことができます。

★○×問題でチェック★

問1　任意調査は法律の根拠規定がなくても行うことができる。
問2　現行法上、犯則調査以外に直接強制調査が定められた例はない。

3 間接強制調査

　間接強制調査は、相手方に調査に応じる義務を課し、調査を拒否した場合に刑事罰その他の不利益を予定することにより、間接的に調査に応じることを強制する調査です。この調査類型の中には、立入調査のように相手方に行政の調査活動を妨げない義務（受忍義務）を課すものと、資料提出命令や報告命令のように調査の相手方に情報を提供する義務（作為義務）を課すものとがあります。間接強制調査の場合には、行政が実力を行使して、相手方の抵抗を排して情報を取得することは許されません。

　直接強制調査と同様に、間接強制調査にも憲法35条が定める令状主義が及ぶかが問題となります。前述の川崎民商事件（最高裁昭和47年11月22日大法廷判決）は、所得税法上の間接強制調査である質問検査について、①目的が刑事責任の追及ではないこと、②取得された資料は当然に刑事手続で用いられるものではないこと、③直接的な実力の行使ではなく間接強制にとどまること、を理由に無令状で行うことができると判断しています。

　現行法上、直接強制調査の立法例は少ないため、法定されている強制調査のほとんどは間接強制調査です。たとえば検疫法11条が定める検疫のための質問、同法12条が定める情報提出の要求、診察および検査は、同法36条によって調査を拒否した者に対して刑事罰（6月以下の懲役または50万円以下の罰金）が科される間接強制調査です。この規定に基づき、国内における新型コロナウイルス感染拡大の初期段階である2020（令和2）年の2月に、集団感染が発覚したダイヤモンド・プリンセス号の乗客に対する隔離検査が行われました。

　間接強制調査が一連の行政過程の中でどのように位置づけられているかを示す例として独占禁止法違反の調査をみてみましょう。公正取引委員会は、課徴金減免制度に基づく事業者からの報告や一般の人からの申告その他の調査の端緒に基づき、独占禁止法に違反する行為が行われている疑いがある場合に、調査を実施します。間接強制調査の手続としては、同法47条により立入検査、供述聴取、報告命令等が規定されており、これらの調査を拒否した場合には同法94条によって刑事罰（1年以下の懲役または300万円以下の罰金）が科されます。立入検査では、違反行為を行っている疑いがある事業者等の営業所その他必要な場所に立ち入り、業務および財産の状況、帳簿書類その他の物件が検査されます。間接強制による供述聴取は審尋と呼ばれ、相手方に出頭命令書を送達して出頭を命じたうえで、供述の聴取が行われます。報告命令では、違反行為を行っている疑いがある事業者等に対し、報告書（回答）の様式が添付された報告命令書が送達され、事業者等はこれに回答する義務を負います。また、いずれの調査手法も、同法47条に基づく間接強制調査ではなく任意調査として実施される場合があります。これらの調査の結果、独占禁止法違反があると認められたときは、予定される排除措置命令の内容等を通知し（50条1項）、意見を述べ、および証拠を提出する機会の付与を行い（49条）、その内容を踏まえて排除措置命令を行います。また、調査の結果、措置命令を行うに足る証拠が得られなかった場合であっても、独占禁止法違反の疑いがあるときは、関係事業者等に対し、事前手続を経たうえで警告が行われます。さらに、調査により、違反行為の存在を疑うに足る証拠が得られなかったとしても、独占禁止法違反につながるおそれのある行為がみられた場合には、未然防止を図る観点から注意が行われます。

　刑事罰以外の不利益によって調査の実効性を担保するものとしては、調査を拒否した者に対し給付を拒否することができる定めが置かれているもの（生活保護法28条）、調査に応じない者に対して、その者に不利益な事実があったとみなすもの（特商法52条の2・54条の2）などがあります。

↓検疫を受けるダイヤモンドプリンセス号

上：AP／アフロ、下：毎日新聞社提供

↓独占禁止法違反についての行政調査

＊命令（警告）前に事業者等が意見を述べるなどの機会

公正取引委員会HPをもとに作成

★○×問題でチェック★
問3　裁判所の発した令状がなければ間接強制調査を行うことはできない。
問4　独占禁止法47条は立入検査、供述聴取、報告命令などの間接強制調査の権限を定めている。

4 任意調査

　任意調査は法的拘束力がなく、調査に応じるか否かは調査の相手方の任意に委ねられています。相手方の任意の協力により実施されるため法律の根拠規定は必要なく、行政はその所掌事務の範囲内であれば任意調査を自由に実施することができます。他方で、法律の根拠規定を有する任意調査も存在します（例：水道法17条1項）。

　任意調査についてはどの程度の態様の調査まで許容されるかが問題となります。たとえ実力の行使を伴わず、罰則等を科さなかったとしても、実態において相手方の法的利益を侵害する態様で行われ、任意調査として許容される限界を超える場合には違法となります。この点、最高裁昭和55年9月22日決定は、作用法上の根拠規定をもたない自動車検問について、組織法上の規定である警察法2条1項の存在を指摘したうえで、これを任意の協力を求める形において、しかも自動車の利用者の自由を不当に制約することにならない方法、態様で行われる限りで認められると判示しています（☞2-Ⅱ 2 ）。

↓銀座一億円遺棄事件の聞き込み調査のようす

毎日新聞社提供

↓食品販売店での食品表示検査

毎日新聞社／アフロ

Ⅱ　情報公開法

1 情報公開制度

　2001（平成13）年に施行された情報公開法は、国の行政機関が保有する行政文書を私人の請求に応じて開示する制度を定めています。同法が施行されて以来、同法に基づく情報公開請求の件数は年々増加してきています。同法3条が「何人も、この法律の定めるところにより、行政機関の長……に対し、当該行政機関の保有する行政文書の開示を請求することができる。」と定めている通り、同法に基づく情報公開請求権はすべての人に認められており、日本国民であることや、開示を請求する行政文書との間に個別的な利害関係をもつことは要求されません。

　開示請求は、開示を求める行政文書を特定して、行政機関の長に対し書面またはオンラインで行われます。請求を受けた行政機関の長は、開示するかどうかの決定を行い、開示請求者に通知を行います。開示決定がなされた場合は、請求者の申出に応じて、閲覧または写しの交付により開示が実施されます。不開示決定がなされた場合、開示請求者は、審査請求を行うことができます。審査請求を受けた行政機関の長は、情報公開・個人情報保護審査会に対し諮問を行い、答申を受けたうえで裁決を行います。地方公共団体においても、以上と同様のしくみを定める情報公開条例が制定されています。

↓年度ごとの開示請求の件数と開示決定等の件数

年度	開示請求の件数	全部開示	一部開示	不開示
令和4年度	194817	29766	152497	3410
令和3年度	185173	35758	138143	4485
令和2年度	175957	41022	119751	4177
令和元年度	169554	39815	116868	3863
平成30年度	152641	40626	95169	3057
平成29年度	141159	43482	82233	2876
平成28年度	126502	41639	68111	2486
平成27年度	111415	38090	59004	3177
平成26年度	104939	37532	57654	2358
平成25年度	103457	39398	53801	2265

総務省HPのデータより筆者作成

↓情報公開法の制度の概観

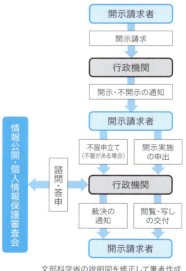

文部科学省の説明図を修正して筆者作成

★〇×問題でチェック★

問5　任意調査は、任意調査として許される限界を超えた場合には違法となる。
問6　情報公開法上の情報公開請求は誰でも行うことができる。

2 不開示情報

開示請求が行われた場合、原則として行政文書は開示されます。しかし、情報公開法は、私人の権利利益の保護や公益の保護のために一定の情報について不開示とすることを認めており、5条各号が不開示情報の類型を定めています。

行政文書の一部にのみ不開示情報が含まれている場合、不開示情報が記録されている部分を容易に区分して除くことができるときは、当該行政文書全体が不開示となるのではなく、当該部分を除いた部分を開示しなければなりません（部分開示）。部分開示が行われる場合には、不開示情報に該当する部分について黒塗り等の処置がされたうえで、行政文書の開示が実施されます。

↓情報公開法が定める不開示情報の類型

条文	不開示事由	概要
5条1号	個人に関する情報	個人に関する情報で特定の個人を識別できるもの等。ただし、法令の規定または慣行により公にされている情報、公務員や独立行政法人等の役職員等の職に関する情報等は除く。
5条2号	法人等に関する情報	法人等に関する情報で、公にすると、法人等の正当な利益を害するおそれがあるもの、非公開条件付の任意提供情報であって、通例公にしないこととされているもの等
5条3号	国の安全等に関する情報	公にすると、国の安全が害されるおそれ、他国との信頼関係が損なわれる等のおそれがあると行政機関の長が認めることにつき相当の理由がある行政文書に記録されている情報
5条4号	公共の安全等に関する情報	公にすると、犯罪の予防、捜査等の公共の安全と秩序の維持に支障を及ぼすおそれがあると行政機関の長が認めることにつき相当の理由がある行政文書に記録されている情報
5条5号	審議、検討等情報	国の機関、独立行政法人等および地方公共団体の内部または相互の審議、検討等に関する情報で、公にすると、率直な意見の交換が不当に損なわれる等のおそれがあるもの
5条6号	事務または事業に関する情報	国の機関、独立行政法人等または地方公共団体等が行う事務または事業に関する情報で、公にすると、その適正な遂行に支障を及ぼすおそれがあるもの

筆者作成

↓安愚楽牧場行政文書開示請求事件（最高裁令和4年5月17日判決）において開示の範囲が争われた、大部分が黒塗りにされた資料

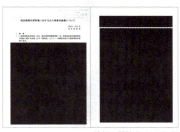

情報公開請求により取得

III 公文書管理法

国の行政機関が保有する情報の管理について定めているのが公文書管理法です。この法律に基づき、行政上の意思決定の過程や経緯については文書の作成が義務づけられています。行政機関において作成または取得された行政文書は、単独で管理することが適当であるものを除き行政文書ファイルにまとめて管理され、行政機関の長により保存期間が設定されます。保存期間が満了した行政文書は、廃棄されるか、国立公文書館等に移管され特定歴史公文書等として永久に保存されることになります。廃棄か移管かの判断はできるだけ早い時期に行われ、行政文書ファイル管理簿に記載されます。このように、あらかじめ廃棄か移管かの判断を事前に定めておくしくみをレコードスケジュールといいます。レコードスケジュールの設定時や保存期間満了時には、文書廃棄の判断が妥当であるかについて、内閣府からの確認依頼に応じて国立公文書館が専門技術的助言を行っています。

国立公文書館等に移管された特定歴史公文書等については、私人による利用請求の制度が認められていて、所定の不開示情報に該当しない限り原則として閲覧、謄写等の利用が認められます。

↓国立公文書館

筆者撮影

↓国立公文書館で展示されている日本国憲法の公布原本

筆者撮影

↓レコードスケジュール制度

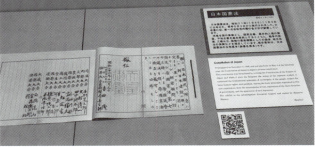

国立公文書館HPをもとに作成

★○×問題でチェック★
問7　行政文書の一部に不開示情報が含まれている場合、当該行政文書全体が不開示とされる。
問8　保存期間が満了した行政文書は、すべて国立公文書館等に移管され永久に保存される。

16 行政の実効性確保①

I 実効性確保手段の必要性

1 行政自身による義務の実現

法令や、法令に基づいて行われる処分によって、私人は建物を修繕する義務や、営業を中止する義務等の行政上の義務を課されることがあります。私人は通常、この義務に従うでしょう。しかし、私人がこの義務に従わないときには、義務の履行を確保する手段（以下では「実効性確保手段」とします）が行政には必要となります。こうした実効性確保手段には、㋐強制的に義務を実現させる手法と、㋑義務違反に制裁を科すことで義務の達成を促す手法とがあります。本章では主に㋐を、17で主に㋑を扱います。

どのようにして義務の実効性を確保するかという問題は、私法における私人間でも生じます。たとえば、AさんがBさんにお金を貸したときに、Bさんは民法上、お金を返す義務を負います。このときに、「お金は借りたのではなくもらったのだ」等と言ってBさんが義務を果たさないこともあるでしょう。しかし、Aさんが「義務を果たせ！」と言って無理やりBさんの家に入っていき、家にある金品を勝手に持ち出して換金するとすれば、Aさんは刑事罰の対象になります。これは、日本では自力救済の禁止が原則とされ、勝手に物理力を行使して権利を実現することはできないためです。Aさんが現実にお金を返してもらうには、債務名義といわれる特別な文書を用いて、裁判所を動かすことが必要になります。債務名義のうち典型的なものは勝訴判決です。Aさんはこうした債務名義を裁判所に提出し、民事上の強制執行を利用することで、国の力でBさんに義務を果たさせることができます（図では執行証書〔公正証書〕という債務名義が出てきます）。

行政上の義務についても、その実効性を確保する手段が備わっている必要があります。そして、行政には、裁判所を用いずとも、行政上の強制執行として自分たちで直接に実現することが認められている場合があります。この点が大きな特徴であり、私人間における権利の実現とは異なっています。

このように、行政上の強制執行は、行政上の義務についての重要な実効性確保手段です。他方で、対象者に対して裁判所を介することなく実力を行使することもありますので、適切な手続保障をする必要があります。

↓民事強制執行

天王寺大（原作）／郷力也（漫画）
『ミナミの帝王』第6巻（日本文芸社・1993年）

2 行政上の強制執行

かつては行政処分によって課せられた義務は当然に強制執行することができると考えられていました。しかし、現在では、行政処分の根拠規定とは別に、行政処分によって課せられた義務の強制執行を認める根拠規定も必要であるとされています。

戦前は、一般的に行政上の強制執行を認める行政執行法という法律があったので、こうした根拠規定の問題はあまり生じませんでした。この法律は、法令または法令に基づく処分によって命じられた義務について、代執行、執行罰、直接強制およびこれらに要した費用の強制徴収についての規定を置いていました。しかし、この法律は濫用的に運用されたという批判から戦後に廃止され、一般的な行政上の強制執行については代執行を認める行政代執行法だけとなりました。その他の方法については、現行法上は、個別の法律がその執行方法を定めている場合に限って認められます。

以下ではそれぞれの執行方法を説明していきます。

↓行政上の強制執行の根拠規定

	戦前	戦後
代執行	行政執行法5条1項1号による一般的な授権	行政代執行法による一般的な授権
執行罰	行政執行法5条1項2号による一般的な授権	砂防法36条
直接強制	行政執行法5条3項による一般的な授権	・成田国際空港の安全確保に関する緊急措置法3条6項・8〜10項 ・学校施設の確保に関する政令21条
強制徴収	・上記の執行方法の費用の回収については行政執行法6条による授権 ・国税徴収法とその準用	・国税徴収法 ・地方税法など多数の法律（代執行法における費用徴収を含む）が同法を準用

筆者作成

★〇✕問題でチェック★

問1　私人間において、訴訟に勝訴して勝訴判決を得た場合には、自身の実力を行使して相手方の財産を競売することができる。
問2　行政処分によって課された義務の強制執行の根拠規定は、行政処分自体の根拠規定とは別に必要とされている。

II 代執行

1 行政代執行法の概要

行政代執行法は、1条で行政上の強制執行全体にとって重要なことを書いています。それは、行政上の義務の履行確保について、「法律の定めるところによる」ということです。2条の「法律」がかっこ書で条例等を含む形で定義されていることと対比すると、1条にいう「法律」は法律それ自体を意味していることとなります。このため、条例の中に、義務の直接強制や執行罰の根拠規定を置くことはできません。

2条以下は代執行の要件と手続について書いています。代執行とは「他人が代わってなすことのできる」行為に関する義務(代替的作為義務)について、行政庁が自らまたは他人に命じて、義務の内容を果たすことです。このため、何かをしない義務(不作為義務)のような、本人でなければすることのできない義務については代執行の対象にはできません。

代執行は、まず、①義務者に対して行政庁が相当の履行期限を定めて、期限内に履行されないときには代執行が行われることを戒告し、②代執行の時期や費用等を通知する代執行令書の通知を行い、③代執行の実行、④費用の徴収という手続を経ます。

代執行を行うための要件として、㋐代替的作為義務を義務者が履行しないこと、㋑ほかの手段によってその履行を確保することが困難であること、㋒その不履行を放置することが著しく公益に反すると認められること、が必要です。しかし、現場自治体は、㋑や㋒の要件を満たすかの判断に苦慮し、代執行を躊躇してきました。また、代執行に要した費用は、義務者から徴収するはずですが、義務者の所在がわからなかったり義務者の資産が乏しかったりして、回収することが難しいこともあります。これは最終的には地方公共団体の住民の負担となってしまいます。

このため、戦後長らく、行政代執行はあまり活用されてきませんでした。

行政代執行法
第1条 行政上の義務の履行確保に関しては、別に**法律**で定めるものを除いては、この法律の定めるところによる。
第2条 法律(法律の委任に基く命令、規則及び条例を含む。以下同じ。)により直接に命ぜられ、又は法律に基き行政庁により命ぜられた行為(他人が代つてなすことのできる行為に限る。)について義務者がこれを履行しない場合、他の手段によつてその履行を確保することが困難であり、且つその不履行を放置することが著しく公益に反すると認められるときは、当該行政庁は、自ら義務者のなすべき行為をなし、又は第三者をしてこれをなさしめ、その費用を義務者から徴収することができる。
第3条 前条の規定による処分(代執行)をなすには、相当の履行期限を定め、その期限までに履行がなされないときは、代執行をなすべき旨を、予め文書で戒告しなければならない。
2　義務者が、前項の戒告を受けて、指定の期限までにその義務を履行しないときは、当該行政庁は、代執行令書をもつて、代執行をなすべき時期、代執行のために派遣する執行責任者の氏名及び代執行に要する費用の概算による見積額を義務者に通知する。
3　(略)

↓建築基準法上の措置の施行状況

	H17	18	19	20	21	22	23	24	25	26	27	28	29	30	R1	2	3
違反建築物への指導	7869	7551	6588	6091	5935	5521	5805	6624	6389	5755	6887	7017	6875	7189	6429	5765	6064
是正命令	1243	136	80	59	67	40	39	27	46	44	45	31	30	8	11	18	14
代執行	6	1	14	28	8	0	1	0	0	8	15	29	3	22	0	0	0

注:単位は件数。建築基準法において、特定行政庁(原則として都道府県知事。人口25万人以上の市では市長)は、建築基準法令の規定等に違反した建物の所有者等に対して、修繕や除却などをさせる是正命令をすることができる。この是正命令により課された義務が代執行可能であるならば、代執行もできる。

国土交通省ウェブページをもとに作成

2 代執行の機能不全と空家法における活用

旧耐震基準が適用されていた1981(昭和56)年以前に建てられた建物は、空き家になると危険です。しかし、代執行を用いてこれに対応することは難しいという問題がありました。近年、この問題に苦心する地方公共団体の動きを受けて、空家等対策の推進に関する特別措置法(空家法)が制定されました。この法律は、一定の要件を満たす空き家(特定空家)の代執行について特別の制度を用意しています。ⓐ 1 で述べた代執行要件の㋑㋒を緩和した緩和代執行、ⓑ所有者が確知できない場合の略式代執行、ⓒ災害時等において事前に命令をせずに行う緊急代執行などです。こうして、特定空家に対する代執行が活発に行われています。

↓千葉県香取市における空家に対する略式代執行事例

執行前　　　　執行後

国土交通省ウェブサイトより

↓空家法に基づく措置の施行状況

	H27年度	28年度	29年度	30年度	R元年度	2年度	3年度	合計
助言・指導	2078	3077	3852	4584	5349	5762	6083	30785
勧告	59	206	298	379	442	473	525	2382
命令	5	19	40	39	42	65	84	294
代執行	2	10	12	18	28	23	47	140
略式代執行	8	27	40	50	69	66	82	342
合計	2152	3339	4242	5070	5930	6389	6821	33943

注:空家法においては、市町村長は、特定空家の所有者等に対して、除却や修繕など必要な措置をするよう助言・指導をすることができるとしている。そして、これに従わない場合には、必要な措置をとるよう勧告をし、さらに従わない場合には勧告に係る措置をするように命令することができる。

国土交通省ウェブサイトをもとに作成

★○×問題でチェック★
問3　条例の中に、執行罰を課す規定を置くことができる。
問4　建物の建設を中止する義務(不作為義務)は、行政代執行をすることができる。

III　直接強制・執行罰

代執行以外に、義務者の身体・財産に対して直接に実力を行使して義務の実現をするものに、**直接強制**という方法があります。これは、特に義務者の身体に対する強制を行うことができるという点において代執行よりも強力なものです。しかし、かつての行政執行法が濫用的に運用されたことへの反省（☞Ⅰ2）から、きわめて少数の法律でしか認められていません。直接強制を授権する法律と現在考えられているのは、成田国際空港の安全確保に関する緊急措置法3条6項・8〜10項や学校施設の確保に関する政令21条等、きわめて限られています。

また、**執行罰**は、その名前には「罰」と付いていますが、民事強制執行の間接強制に相当するものです。義務を義務者が行うまでの間、**執行罰としての過料**（秩序罰としての過料〔☞**17-Ⅱ3**〕とは異なります）を課すことで、この心理的な圧迫により義務者に履行を強制するものです。現行法では、砂防法36条にのみ見られます。砂防法上の過料についても、額の上限は500円であって実効性はなく、戦後に削除し忘れたものとされてきました。

しかし、執行罰は何度も反復できるので十分な額を設定すれば実効性も期待できることや、様々な義務を対象としうることなどから、執行罰を活用すべきという立法論も高まっています。

↓成田闘争をもとにした漫画

尾瀬あきら『ぼくの村の話』第7巻（講談社・1994年）

↓行政罰と執行罰

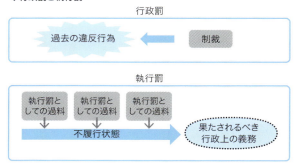

筆者作成

Ⅳ　強制徴収

強制徴収は、金銭の納付義務に対して行われる強制執行です。**国税徴収法**（47条以下）には国税債権の徴収方法が規定されています。**地方税法**は様々な地方税について「国税滞納処分の例による」と定めていますし、そのほかの多くの法律においても国税徴収法や地方税法が準用されていますので（例：行政代執行法における代執行費用の徴収）、強制徴収の手続は国税徴収法を見ればわかるようになっています。

確定した納税義務に基づく国税債権に対して、期限までに納税義務者から支払いが行われないときには、税務署長は督促を行います。そして、この督促を経ても納税義務者から任意に支払われないときに、**滞納処分**という一連の手続が行われます。まず、徴収職員が納税義務者の財産の差押えを行い、当該財産の処分を禁止します。次に、この財産を公売によって金銭に換えます（換価）。最後に、この金銭を国税への支払いに充てます（配当）。

強制徴収は、法律上はひろく金銭債権のために用いることができます。しかし、実際に強制徴収を行うのは必ずしも簡単ではありません。行政による実力行使を伴う徴収手続を円滑に実施するには、国税庁を頂点とした専門的に徴収にあたる組織が不可欠だからです。しかし、他の国の行政機関や地方公共団体などについては、人的資源やノウハウが不足しており、法律上の権限を与えられても実際に実施するのは難しいという指摘があります。

また、行政主体が金銭債権を取得した場合でも、法律において強制徴収権限が規定されていないことがあります。通常の売買契約のように、その債権が私人同様の理由で発生する場合がその例です。このような場合には、行政主体は私人同様に給付訴訟を提起し、民事執行法に基づく手続を行うこととなります。この点は、**Ⅵ**もあわせて検討してみてください。

↓国税滞納処分による差押えのようす（E-tax web動画）

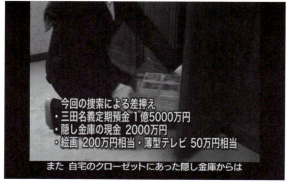

国税庁ウェブサイトより

★○×問題でチェック★

問5　執行罰は、刑法上の刑罰であって、違反行為をした者に対する制裁である。
問6　国税徴収法は、行政が金銭債権の強制執行をすることを一般的に授権している。

V　即時強制

直接強制によく似ていますが、義務の実効性確保ではないものに、即時強制があります。これは、前もって私人に義務を課すことなく、行政が直接に私人の身体や財産に実力を行使することによって目的を実現するものです。代表的な例としては、警察官が泥酔者を警察署等に移動させて保護すること（警察官職務執行法3条）、感染症法に基づく強制入院（感染症の予防及び感染症の患者に対する医療に関する法律19条3項）、条例に基づく放置自転車の撤去・保管などが挙げられます。

即時強制は、行政上の義務の履行確保ではないため、行政代執行法1条の規制を受けず、条例でも根拠規定を置くことができるとされています。しかし、行為の実態としては、身体や財産に対する直接的な実力行使として直接強制に近いものですので、事前手続の保障が必要といわれています。

↓条例を根拠にした放置自転車の撤去・保管

アフロ

VI　行政上の義務の民事執行の可否

ここまでみたように、行政上の強制執行は、使える場面が限られているうえに、実効性も十分ではない場面がしばしばあります。このときに、行政としては、私人間の私法上の法律関係と同様に、裁判所を利用した民事強制執行を模索することがあります。まず、法律上、強制徴収が可能な金銭債権について、民事強制執行を利用しようとする場合があります。最高裁（昭和41年2月23日大法廷判決）は、法律上は強制執行が可能な金銭債権について民事強制執行を利用することは、強制徴収という制度を用意した趣旨を没却するものであるとしました。これは、法律が簡易・迅速な手段としての強制徴収というバイパスを用意したのに、下の道を走って裁判所を渋滞させるべきではないという意味で、バイパス理論と学説上呼ばれています。

他方で、行政上の強制執行手段が用意されていない場面もあります。閑静な住宅街を擁することで有名な宝塚市は、一定の地域にパチンコ店等を建設する場合には、建築基準法とは別に、市長の同意を要するという条例を定めていました。そして、条例は、この同意なく工事を始めた事業者に対して、工事の中止命令ができる旨を定めていました。中止命令は不作為義務を課すものですので、代執行の対象とすることはできません。また、条例は、行政罰による制裁も規定していませんでした。そこで、宝塚市は、この工事の中止命令の民事執行を目指して、民事訴訟を提起しました。

しかし、宝塚市パチンコ条例事件（最高裁平成14年7月9日判決）はこの訴えを「法律上の争訟に該当しない」として不適法としました。行政主体が提起する訴訟のうち、①「財産権の主体として自己の財産上の権利利益の救済を求める場合」は法律上の争訟に該当しますが、②「もっぱら行政権の主体として国民に対して行政上の義務の履行を求める訴訟」は法律上の争訟に該当せず、特別の法律の規定を必要とするというのです。

↓パチンコ店出店に反対する周辺住民の集会を報じる記事

朝日新聞1997年7月7日兵庫県版27面

この判決には批判が多くあります。しばしばなされる批判は、工事中止命令に対して事業者が取消訴訟を提起すれば、問題なく法律上の争訟に該当するはずなのに、反対に行政が中止命令に基づく義務の履行を求めるとどうして法律上の争訟に該当しないのか、というものです。このような批判を踏まえつつ、裁判所が行政上の義務の実現についてどの程度協力すべきか、それについて議会のコントロールを及ぼすべきか（＝法律の根拠が必要か）という観点からも考察が必要でしょう。

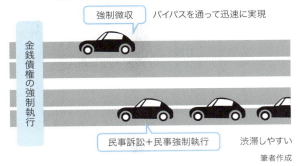
↓バイパス理論の説明図

筆者作成

★○×問題でチェック★

問7　即時強制と直接強制は、事前に義務を課すかどうかで区別されるといわれる。
問8　食品衛生法の営業停止命令を受けた事業者が依然として営業を継続しているときに、行政は民事差止訴訟を提起することができる。

17 行政の実効性確保②

I 行政の実効性確保をめぐる問題

16で学んだ行政上の強制執行や即時強制は、特定の場面でしか認められていない点に注意しなければなりません。たとえば、行政代執行は私人に代替的作為義務が、強制徴収は私人に金銭の納付義務が課されていることが前提とされています。そして、執行罰、直接強制、即時強制は、法律によって認められている例が数えるほどしかありません。

そこで、行政が介入することで強制的に義務を実現したり、目的を達成するという直接的な手法のほかに、行政上の義務違反に対して制裁を科すことで私人に義務を果たすよう促すという間接的な手法がしばしば用いられています。以下では、行政罰、課徴金、そして公表の3つについて取り上げます。

↓行政上の強制執行・即時強制の限界

	限界
代執行	相手方に代替的作為義務が課されている場合にしか行うことができない。また、現実の費用徴収の困難さから、金銭的な負担を恐れて自治体が執行を躊躇することも少なくない。
執行罰	相手方に行政上の義務が課されている場合に有効であるが、現行法では砂防法36条にしか定めがなく、戦後はまったく活用されていない。
直接強制	相手方に行政上の義務が課されており、代執行ができない場合に有効であるが、強力な侵害を伴う手段であるため、成田国際空港の安全確保に関する緊急措置法3条6項（空港の安全確保のための工作物の撤去など）のように、きわめて例外的な場合にしか認められていない。
強制徴収	相手方に金銭の納付義務が課されている場合にしか行うことができない。
即時強制	相手方に行政上の義務を課すことなく行われるものであるが、警察官職務執行法3条（泥酔者の保護）、感染症法19条3項（強制入院措置）などのように、緊急の必要性がある場合にしか認められていない。

筆者作成

II 行政罰

地方自治法第14条3項
普通地方公共団体は、法令に特別の定めがあるものを除くほか、その条例中に、条例に違反した者に対し、2年以下の懲役若しくは禁錮、100万円以下の罰金、拘留、科料若しくは没収の刑又は5万円以下の過料を科する旨の規定を設けることができる。

1 行政罰

行政罰とは、行政上の義務違反に対して科される制裁のことです。この行政罰には、行政刑罰と秩序罰の2種類があり、いずれも法律のみならず条例によっても定めることができます。これらの最大の違いは刑罰かどうかという点にあり、刑法総則の適用があるか（刑法8条）、どのような手続によって科されるか、前科になるかなどが異なります。

2 行政刑罰

行政刑罰は、行政上の義務違反に対して科される刑罰のことをいいます。その罰則の種類としては、懲役・禁錮（拘禁刑）、罰金、拘留、科料があります。これらは、刑罰であるため、刑法総則が適用されるほか、刑事訴訟法に従って刑事訴追がなされたうえで、裁判所の裁判を通じて科されることになります。

行政刑罰と関係するものとして、道路交通法は、交通反則通告制度というしくみを採用しています。これは、交通違反のうち、比較的軽微な違反については、一定期間内に反則金を納めた場合には刑事訴追をせず、刑罰を科さないというものです。たとえば、最高速度制限違反（スピード違反）をすると、一般道路で30km/h未満の速度超過であれば、この制度の対象と

↓行政罰の類型と内容

	行政刑罰	秩序罰
内容	行政上の義務違反に対して科される刑罰のこと。	行政上の軽微・単純な義務違反に対して科される金銭的制裁のこと。
罰則の類型	懲役・禁錮（拘禁刑）、罰金、拘留、科料	過料
手続	刑事訴訟法の手続により、裁判所によって科される。ただし、軽微な交通違反の場合に反則金を支払うことで刑事訴追を逃れることができるなどの例外がある。	法律違反に対する秩序罰については、非訟事件手続法の手続により、裁判所によって科される。条例・規則違反に対する秩序罰については、地方公共団体の長によって科される。
具体例	交通違反に対する罰金（道路交通法）など	転入届の期限内の不提出（住民基本台帳法52条2項）、登記の懈怠（会社法976条）などに対する過料

筆者作成

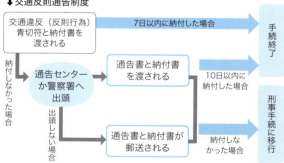

↓交通反則通告制度

島根県警HPをもとに作成

なります。このとき、反則金を納めると刑事訴追を免れることができますが、納めなければ刑事訴追がなされ、有罪になると前科となります。なお、飲酒運転などの軽微とはいえない違反については、交通反則通告制度の対象とされていません。

★○×問題でチェック★

問1 行政罰には、行政刑罰と秩序罰の2種類があり、いずれも刑罰である。
問2 交通違反の反則金を支払わなかった場合には、刑事訴追がなされる。

3 秩序罰

秩序罰は、行政上の軽微・単純な義務違反に対して科される行政上の罰則のことをいいます。その代表例は、金銭的制裁である過料です。たとえば、引越しをしたにもかかわらず、正当な理由なく市役所等に転入届を期限内に提出しなかった場合、過料が科されることになっています（住民基本台帳法52条2項）。秩序罰としての過料は、刑罰ではないので、刑法総則は適用されません。法律の定める過料は、非訟事件手続法の定めるところに従って、裁判所の手続を通じて科されます。他方で、地方公共団体は、その条例や規則に違反した場合の罰則として過料を定め、これを科すこともできます。この地方公共団体によって定められた過料については、地方公共団体の長による納付命令（行政処分〔☞20-Ⅰ〕）によって科されます。なお、過料と似た言葉として科料がありますが、科料は刑罰の一種ですので、両者の違いには注意してください。

秩序罰としての過料には、憲法39条の二重処罰の禁止の観点から、1つの行為に対する刑罰と秩序罰の併科が認められるかという問題があります。このような問題は、法律と条例が同じ行為を処罰の対象としている場合などに考えられますが、一般には、刑罰と秩序罰の併科は認められると理解されています（最高裁昭和39年6月5日判決）。

過料は、地方公共団体において、条例や規則の実効性を担保するための数少ない手段としても注目されています。全国ではじめて条例違反の罰則として違反者に過料を科すことにしたのが、2002（平成14）年に施行された千代田区生活環境条例です。以下では、これについて詳しくみてみましょう。この条例は、千代田区内の路上禁煙地区の道路、公共の場所などにおける喫煙および吸い殻のポイ捨てを禁止しており（21条3項）、これに違反した場合には、2万円以下の過料が科されます（24条1項2号）。路上禁煙地区については、千代田区長が「特に必要があると認める地区」をこれに指定するものとされていますが、現在は、皇居を除く区内全域が路上禁煙地区に指定されています。また、過料の金額について、条例では2万円以下と定められていますが、当面の間は2千円として運用されています。もっとも、条例の周知や運用、そして区職員による巡回などに多くのコストが必要になるほか、義務者が過料の支払いに応じなかった場合に行政が強制的に徴収しても採算が合わないなど、問題もあります。これは、千代田区生活環境条例に限った話ではなく、地方公共団体における行政の実効性確保手段としての過料が抱えている全国的な課題といえます。

↓千代田区生活環境条例

> 第21条　区長は、特に必要があると認める地区を、路上禁煙地区として指定することができる。
> ……
> 3　路上禁煙地区においては、道路上及び区長が特に必要があると認める公共の場所（以下「道路等」という。）で喫煙する行為並びに道路等（沿道植栽を含む。）に吸い殻を捨てる行為を禁止する。
> ……
> 第24条　次の各号のいずれかに該当する者は、2万円以下の過料に処する。
> ……
> （2）第21条第3項の規定に違反して路上禁煙地区内で喫煙し、又は吸い殻を捨てた者……

（下線は筆者による）　　　　　　　　　　　　　筆者作成

↓千代田区内に設置されている路上喫煙禁止の標示物

筆者撮影

↓千代田区における路上喫煙による過料処分件数

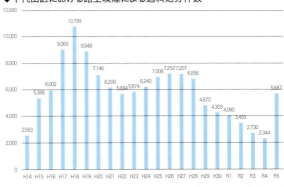

千代田区HPをもとに作成

↓地方公共団体の条例における過料制度の導入例

	規制の内容
大和市客引き等防止条例	悪質な風俗店の客引きや従業員の勧誘を防止するため、公共の場で客引きや付きまといなどを繰り返す行為を禁止し、違反者に過料を科す。
市川市かき殻等投棄禁止条例	江戸川放水路の安全かつ清潔な利用環境の保全を図るため、かきその他の貝の身を取り出した殻を江戸川放水路に捨てる行為を禁止し、違反者に過料を科す。
京都市京町屋条例	伝統的な京都の家屋を保全・継承するため、京町屋を取り壊そうとする者に対して1年前までに市に届け出ることを義務づけ、違反者に過料を科す。
岐阜県山岳遭難防止条例	登山者の安全を確保するため、北アルプス地区および活火山地区の登山者に対して事前に登山届の提出を義務づけ、違反者に過料を科す。
大阪府子どもを性犯罪から守る条例	子どもに対する性犯罪を未然に防止するため、18歳未満の子どもに対する性犯罪の前科がある者に対して刑期満了後5年以内に大阪府内に住む場合に14日以内に住所・生年月日・連絡先を届け出ることを義務づけ、違反者に過料を科す。

筆者作成

★〇×問題でチェック★
問3　地方公共団体は、条例の中に、過料を科す規定を置くことができる。
問4　1つの行為に対して行政刑罰と秩序罰を同時に科すことは、憲法39条に違反し許されない。

Ⅲ　課徴金

　課徴金は、私人が違法行為を行った場合に、その違法行為に関連する売上額や経済的利益などに応じて科される、行政上の金銭的制裁の一種です。もし違法行為をすることで大きな経済的利益を得られるとなると、刑罰などの制裁にかかわらず違法行為をしようと試みる私人が出てきてしまい、十分な抑止力となりえません。たとえば、企業間で商品の価格などについて合意を行うことで不当に競争を回避したり（カルテル）、上場企業の関係者が未公開の内部情報を用いて金融商品の取引を有利に行うこと（インサイダー取引）は、独占禁止法や金融商品取引法によって禁止されています。しかしながら、これらの行為は、私人に対して莫大な利益をもたらしうるため、違反した場合にただ刑罰を科すというだけでは、これを防ぐことは難しいのです。課徴金制度は、このような場面を念頭に、私人に対して、違法行為によって得られると見込まれる利益に応じた高額の金銭の納付を命じることによって、違法行為を抑止するものです。なお、課徴金についても、刑罰と併科しても二重処罰には該当せず、憲法39条に違反しません（最高裁平成10年10月13日判決）。

　日本では、課徴金制度は、独占禁止法、金融商品取引法、景品表示法、薬機法、公認会計士法において導入されています。このうち、最も代表的なのが独占禁止法における課徴金制度であり、以下ではこれについて解説します。独占禁止法は、カルテルや入札談合などの不当な取引制限、私的独占、優越的地位の濫用など、市場の公正な競争を妨げる行為を禁止し、それらの違反行為をした場合、当該行為をした企業に対して、売上額に比例した課徴金を課すことを定めています。この課徴金の納付命令は行政行為（処分）であり、公正取引委員会が事実関係の調査や納付命令を行います。

　また、独占禁止法の課徴金には、課徴金減免（リーニエンシー）制度があります。企業は、課徴金の対象となる独占禁止法違反行為をした場合、その旨を自主申告し、また調査に協力することで、課徴金の金額について減免を受けることができます。たとえば、公正取引委員会による調査が開始される前に課徴金減免申請を行った企業のうち、その申請順位が1位の企業については、課徴金の全額が免除されます。申請順位が低いと、減免率が下がっていきます。このような制度により、仲間の申告への恐れから、事業者らは違法行為をするのを控えるようになります。

　最近では、2023（令和5）年3月、大手電力会社によるカルテル事件において、過去最高額となる合計1010億円の課徴金納付命令が出されました。これは、関西電力による自主申告をきっかけに公正取引委員会がカルテルの調査を開始し、調査の結果、中国電力、九州電力、中部電力とその関連会社に対して、課徴金納付命令が出されたものです。関西電力は、公正取引委員会による調査開始前に最初に自主申告を行ったため、課徴金減免制度によって課徴金の全額が免除されることとなりました。また、九州電力は自主申告により減免を受けましたが、中国電力、中部電力とその関連会社は、カルテルを認めていないなどの理由から自主申告を行わなかったため、減免を受けていません。

↓現行法における課徴金制度

	内　容
独占禁止法	カルテル・入札談合などの不当な取引制限、私的独占、優越的地位の濫用などについて、対象事業者に違反行為期間中の売上額に応じた課徴金を課す。違反行為の自主申告などによる減免制度がある（下表参照）。
景品表示法	優良誤認表示行為・有利誤認表示行為について、対象事業者に違反行為期間中の売上額の3%を基本とする課徴金を課す。違反行為の自主申告および返金措置による減免制度がある。
薬機法	虚偽広告・誇大広告について、対象事業者に違反行為期間中の売上額の4.5%を基本とする課徴金を課す。違反行為の自主申告による減免制度がある。
金融商品取引法	インサイダー取引・株価操縦、風説の流布・偽計などに対して、当該株式の株価などに応じた課徴金を課す。
公認会計士法	監査法人の社員または公認会計士が虚偽、錯誤または脱漏などのある財務書類を問題ないものとして証明したことについて、その監査報酬相当額に応じた課徴金を課す。

筆者作成

↓独占禁止法上のカルテル・入札談合に関する課徴金減免制度

● 申請順位と減免率

調査開始	申請順位	申請順位に応じた減免率	協力度合いに応じた減算率
前	1位	全額免除	
	2位	20%	＋最大40%
	3～5位	10%	
	6位以下	5%	
後	最大3社（注）	10%	＋最大20%
	上記以下	5%	

（注）公正取引委員会の調査開始日以後に課徴金減免申請を行った者のうち、減免率10%が適用されるのは、調査開始日前の減免申請者の数と合わせて5社以内である場合に限る。

※ 自主申告の順位と調査への協力度合いによって課徴金の減免率が高くなるしくみ。

公正取引委員会HPより（ただし※以下の文章は筆者付加）

↓電力会社3社がカルテルにより過去最高額の課徴金納付を命じられたことを報じる新聞記事（2023年3月）

朝日新聞2023年3月31日朝刊1面

↓直近10年の独占禁止法に基づく課徴金額等の推移

（年度）	2014	2015	2016	2017	2018	2019	2020	2021	2022	2023
課徴金額（億円）	171.4	85.1	91.4	18.9	2.6	692.7	43.2	21.8	1019.8	2.2
課徴金対象事業者数（名）	128	31	32	32	18	37	4	31	21	16

公正取引委員会の報道発表資料をもとに筆者作成。千万円未満は切捨て

★○×問題でチェック★

問5　課徴金納付命令は、不当な取引行為を中止する義務の強制執行として行われる。
問6　課徴金制度は、電力事業などの公益的な事業活動のみを対象として導入されている。

Ⅳ 公表

さらに、行政の実効性確保のための手法として、行政による公表が用いられることもあります。行政による公表については、法律または条例上の根拠が必要かが問題とされます。一般的には、①市民への情報提供を目的とするものと、②私人への制裁を目的とするもの（制裁的公表）に区別され、後者に法律または条例上の根拠が必要と解されています。

公表は、場合によっては事業者等の社会的信用を失墜させ、売上高の減少を招くなどの不利益を生じさせうるものです。そのため、行政は、その目的や方法、そして公表により生じうる結果について、相当に注意してこれを行う必要があります。たとえば、1996（平成8）年、大阪府堺市において腸管出血性大腸菌（O-157）による集団食中毒が発生した事件では、当時の厚生省が中間報告の記者会見において、給食で使われたかいわれ大根が原因である可能性を否定できないと発表し、かいわれ大根の売上が激減したことがありました。これについて、東京高裁は、かいわれ大根が食中毒の原因と断定するに至らない調査結果であったにもかかわらず、曖昧な調査結果をそのまま公表したことで、かいわれ大根が原因食材であるとの誤解を生じさせ、かいわれ大根の市場の評価を毀損させたとして、この厚生省の公表を国家賠償法上違法であると判断しています（東京高裁平成15年5月21日判決）。また、公表によって特定の者に対して重大な不利益を及ぼすことが予想される場合には、関係者に対して事前に意見聴取をするなど、行政は事前手続の機会を確保するなどの対応が望まれます。

制裁的公表については、新型コロナウイルスの流行初期に、いくつかの都道府県が緊急事態宣言の中、新型コロナウイルスの感染拡大を防止する目的で飲食店やパチンコ店などを対象に休業の要請等を行い、それに応じなかった店舗名を公表する措置を講じたことで、社会的な関心を集めました。以下では、新型インフルエンザ等対策特別措置法における休業の要請等（☞20-Ⅱ）と、それに従わなかった事業者の公表を1つの例として取り上げ、その法律上のしくみを詳しく見てみましょう。まず、①都道府県知事は、一般的な権限として、新型インフルエンザ等の対策の実施に関し、公私の団体や個人に対して、必要な協力の要請をすることができます（24条9項）。通常、都道府県知事は、まずこの権限を用いて事業者に休業に関する協力の要請を行います。多くの事業者は、この段階で要請に応じます。そして、②その都道府県において緊急事態宣言（32条1項）が発出されているとき、当該都道府県の知事は、多数の者が利用する施設について、使用制限や使用停止といった措置を講ずるよう施設の管理者等に要請することができます（45条2項）。24条9項に基づく協力の要請に従わない事業者がある場合には、この45条2項に基づいて休業の要請が行われることがあります。さらに、③施設の管理者等がこの要請にも従わなかった場合には、都道府県知事は、特に必要があると認めるとき、要請に係る措置を講ずるよう命令することができます（45条3項）。また、都道府県知事は、これらの②45条2項に基づく要請か、③45条3項に基づく命令をした場合には、その旨を公表することができます（45条5項）。これらの措置に事業者が従わないとき、法による罰則は、45条3項に基づく命令に違反した場合についての30万円以下の過料のみであり（79条）、これだけで実効性を確保することは困難です。都道府県知事による休業の要請・命令に事業者が従うかどうかは、この45条5項に基づく公表制度のほか、要請に応じた事業者に対する協力金の支払いの有無などにも左右されます。

▼新型インフルエンザ等対策特別措置法

第45条
……
2　特定都道府県知事は……学校、社会福祉施設……、興行場……その他の政令で定める多数の者が利用する施設を管理する者又は当該施設を使用して催物を開催する者……に対し、当該施設の使用の制限若しくは停止又は催物の開催の制限若しくは停止その他政令で定める措置を講ずるよう要請することができる。
3　施設管理者等が正当な理由がないのに前項の規定による要請に応じないときは、特定都道府県知事は……当該施設管理者等に対し、当該要請に係る措置を講ずべきことを命ずることができる。
……
5　特定都道府県知事は、第2項の規定による要請又は第3項の規定による命令をしたときは、その旨を公表することができる。

（下線は筆者による）　　　　　　　　　　　筆者作成

▼コロナ禍の中で行列を作りパチンコ店の開店を待つ客ら

毎日新聞社／アフロ

▼その他の法令における公表制度の導入例

	公表の内容
食品衛生法	事業者による食品衛生法またはそれに基づく処分への違反があった場合、事業者名を公表できる。
景品表示法	事業者による優良誤認・誇大広告などの不当な顧客誘引の防止措置につき、内閣総理大臣による勧告に従わなかった場合、事業者名を公表できる。
男女雇用機会均等法	雇用者による性別による差別、婚姻・妊娠・出産等による不利益な取り扱いにつき、厚生労働大臣の勧告に従わなかった場合、事業者名を公表できる。
大阪市ヘイトスピーチ条例	ヘイトスピーチが行われた場合、学識経験者による審議会の審議を経て、ヘイトスピーチを行った者の氏名・名称などを公表できる。

筆者作成

★ ○×問題でチェック ★
問7　行政による公表については、法律や条例の根拠は不要であると考えられている。
問8　行政による公表が営業上の損害を生じさせたとして、賠償請求が認められる余地はない。

18 行政救済法の全体像

I 行政救済法の体系

1 行政救済法の概要

↓行政救済法の体系イメージ

行政救済法	行政争訟	行政上の不服申立て	行政活動によって生じた争いについて行政機関に対して救済を求めること。「行政不服審査法」という法律が定める。
行政活動によって私人の権利利益が侵害されたときの救済手段に関する法分野・法制度の総称	行政活動の取消し等による是正	行政訴訟	行政活動によって生じた争いについて裁判所に対して救済を求めることであって、「行政事件訴訟法」という法律が定める訴訟のこと。
	国家補償 損害・損失の金銭による塡補	国家賠償	国や地方公共団体などの違法な行為により私人に生じた損害を金銭によって賠償すること。「国家賠償法」という法律が定める。
		損失補償	国や地方公共団体などの適法な行為に伴って私人に生じた損失を主に金銭によって補償すること。通則的な法律はなく、個別の法律による。

筆者作成

　行政上の不服申立てと行政訴訟をまとめて、「行政争訟」と呼びます。国家賠償と損失補償をまとめて、「国家補償」と呼びます。そして、これらすべてをまとめて、「行政救済法」と呼びます。以下では、その全体を概観します。

2 行政救済法と民事訴訟

　少々複雑なことですが、国や地方公共団体に対して、私人は行政救済法上の救済手段だけでなく、民事上の救済手段を利用することもできます。両者の使い分けについては、第1に、行政上の不服申立てや行政訴訟は一定の要件を満たさなければ提起できず、すべての行政活動を争えるわけではありません。たとえば、地方公共団体によるごみ焼却場の建設といった公共事業は公権力の行使にはあたらないため、これに対して行政訴訟を提起することはできない、というのが最高裁判例です（☞20-I■）。こうした場合には、民事訴訟としての差止訴訟を提起して争うことになります。昨今では、原子力発電所の稼働の差止めを求める民事訴訟が数多く提起されています。第2に、国と民間業者との間での建設工事請負契約をめぐるトラブルのように、争いの性質が私人間の争いと同じである場合、国も民間業者も、民事訴訟で争うことになります。

↓北海道の泊原発に対する運転差止訴訟の勝訴判決（令和4年5月31日）を受けて記者会見をする原告団ら

毎日新聞社提供

3 大阪空港訴訟

　公権力の行使に対して民事訴訟を提起した場合、訴えが不適法であるとして却下判決が下されることになります。たとえば、大阪空港（伊丹空港）は市街地にあり、近隣住民は離発着する航空機の騒音に悩まされてきたため、空港の管理者である国に対し、夜間の航空機の離発着の差止めを求めて民事訴訟を提起しました。原審（大阪高裁昭和50年11月27日判決）は差止めを認める判決を下しましたが、最高裁は、航空機の離発着については運輸大臣（当時）が有する航空行政上の権能にかかわる事柄であり、公権力の行使であるから、そもそも民事訴訟の提起は許されないと判断しました（最高裁昭和56年12月16日大法廷判決）。その後、自衛隊機の運行差止めを行政訴訟により求めた事案では、訴えは適法であるとされました（☞24-III■）。

↓著名な刑法学者であり、大阪空港訴訟の当時は最高裁の裁判官であった団藤重光の遺品から見つかったノート。これにより、当初は差止めを認めるはずであった最高裁が請求自体を許されないと判断するに至った経緯が明らかになった。

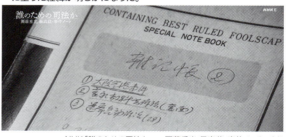

NHK「誰のための司法か──團藤重光 最高裁・事件ノート」より

★○×問題でチェック★

問1　行政上の不服申立て、行政訴訟、国家賠償、損失補償それぞれに通則的な法律がある。
問2　行政活動によって生じた争いについて民事訴訟を提起することは許されない。

II 行政上の不服申立て

行政不服審査法第1条1項
この法律は、行政庁の違法又は不当な処分その他公権力の行使に当たる行為に関し、国民が簡易迅速かつ公正な手続の下で広く行政庁に対する不服申立てをすることができるための制度を定めることにより、国民の権利利益の救済を図るとともに、行政の適正な運営を確保することを目的とする。

行政活動によって生じた争いについて行政機関に対して救済を求めることを総称して、行政上の不服申立てといいます（☞19）。行政不服審査法が定めています。ただし、社会保障関連などでは別の法律が特別の不服申立手続を定めている場合があり、少々複雑な制度になっています。いずれにしても、行政上の不服申立てには、①**手数料が無料**、②**簡易な手続**、③**迅速な手続**、④**違法だけでなく不当の審査もできる**、といった特徴があります。図からわかるように、社会保障などの一定の行政分野において、積極的に利用されています。

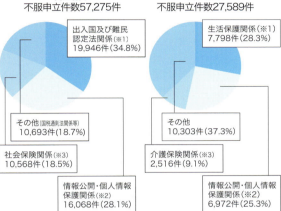

↓国の機関に対する不服申立て
審査請求　不服申立件数57,275件
- 出入国及び難民認定法関係（※1）19,946件（34.8%）
- その他（国税通則法関係等）10,693件（18.7%）
- 社会保険関係（※3）10,568件（18.5%）
- 情報公開・個人情報保護関係（※2）16,068件（28.1%）

※1 生活保護法に基づく保護の決定処分に対する審査請求など。
※2 開示請求に対する不開示決定に対する審査請求など。
※3 要介護・要支援の認定に関する処分に対する審査請求など。

↓地方公共団体に対する不服申立て
審査請求　不服申立件数27,589件
- 生活保護関係（※1）7,798件（28.3%）
- その他10,303件（37.3%）
- 介護保険関係（※3）2,516件（9.1%）
- 情報公開・個人情報保護関係（※2）6,972件（25.3%）

※1 難民認定をしない処分に対する審査請求など。
※2 開示請求に対する不開示決定に対する審査請求など。
※3 厚生年金保険法に基づく保険料等の徴収金の賦課に対する審査請求など。

総務省「平成30年度における行政不服審査法等の施行状況に関する調査結果」より

↓審査請求書の記載例

処分についての審査請求の場合

審査請求書
（処分通知書等に記載されている「審査請求をすべき行政庁」を確認し、記載してください）

〇年〇月〇日（審査請求の年月日）

（審査庁）〇〇　〇〇殿

審査請求人　〇〇県〇〇市〇〇〇〇（審査請求人の氏名（または名称）および住所（または居所））

次のとおり審査請求をします。

1 審査請求に係る処分の内容
（処分庁）の〇年〇月〇日付けの審査請求人に対する〇〇に関する処分（審査請求にかかる処分の内容）

2 審査請求に係る処分があったことを知った年月日
〇年〇月〇日（審査請求にかかる処分があったことを知った年月日）

3 審査請求の趣旨
「1記載の処分（のうち〇〇に関する部分）を取り消す」との裁決を求める。

4 審査請求の理由（審査請求の趣旨および理由）
（1）（処分に至る経緯等を記載の上）（処分庁）から1に記載する処分を受けた。
（2）（処分庁は）、その理由を、……のためとしている。
（3）しかしながら、本件処分は、……であるから、〇〇法第〇条の規定に違反しており、違法である

5 処分庁の教示の有無及びその内容（処分庁の教示の有無およびその内容　※処分通知書に記載されている内容を確認します）
「この決定に不服がある場合は、この決定があったことを知った日の翌日から起算して3月以内に、行政不服審査法（平成26年法律第68号）第2条の規定により、（審査庁）に審査請求をすることができます」との教示があった。

6 その他として、次の書類を提出します。（ある場合）
（1）添付書類〇〇1通
（2）証拠書類等〇〇1通
（代表者や代理人等がいる場合には、その氏名および住所（または居所）も記載します）

総務省「行政不服審査法のご案内」より

III 行政事件訴訟

1 大日本帝国憲法のもとでの行政訴訟制度

大日本帝国憲法61条は、「行政官庁ノ違法処分ニ由リ権利ヲ傷害セラレタリトスルノ訴訟ニシテ別ニ法律ヲ以テ定メタル行政裁判所ノ裁判ニ属スヘキモノハ司法裁判所ニ於テ受理スルノ限ニ在ラス」と定めていました。これを受けて、1890（明治23）年、**行政裁判法**という法律が制定され、**行政裁判所**が東京に設置されました。行政裁判所は第1審であるとともに終審であり、上訴は認められませんでした。また、同年、「行政庁ノ違法処分ニ関スル行政裁判ノ件」という法律も制定されましたが、「行政庁ノ違法処分」のすべてに対して行政裁判所に出訴できたわけではありません。この法律が出訴できる事項を限定的に定めたからです（列記主義といいます）。その結果、行政裁判所にも、民事事件・刑事事件を扱う裁判所（司法裁判所といいます）にも、どちらにも出訴できない場合がありました。

↓行政裁判法の御署名原本

国立公文書館デジタルアーカイブより

★〇×問題でチェック★
問3　行政上の不服申立ては社会保障関連で特に活用されている。
問4　行政上の不服申立てでは、不当な行政処分の取消しを求めることができる。

2 日本国憲法のもとでの行政訴訟制度

日本国憲法第76条2項
特別裁判所は、これを設置することができない。行政機関は、終審として裁判を行ふことができない。

1947（昭和22）年の日本国憲法の制定により、行政裁判所は廃止されました。その前年から行政訴訟制度について政府内で審議が始められていましたが、当初は、行政事件についても基本的には民事訴訟法によって裁判をすることとし、若干の特例を設けるにとどめるというのが政府とGHQの方針でした。ところが、ここでの議論に重大な影響を与える事件が起きました。平野事件です。1948（昭和23）年1月、平野力三・衆議院議員が公職追放に該当する者に指定されたことから、平野氏がこの指定を民事訴訟手続によって争ったところ、翌月2日、東京地裁が、この指定の効力発生を停止するという仮処分をしたのです。この事件では、結局、GHQが強く抗議をしたこと等により、同月5日、東京地裁によって仮処分が取り消されました。この事件によりGHQは方針転換をし、行政事件には特別な訴訟制度を設けるべきと考えるようになりました。同年に制定された「行政事件訴訟特例法」は、民事訴訟法による仮処分を禁止したり、厳しい要件での執行停止制度（☞25-Ⅰ）を創設する等しました。その後、1962（昭和37）年、現行法である行政事件訴訟法が制定されました。行政事件にはこの法律が適用されますが（1条）、この法律に定めがない事項については民事訴訟の例によるとされています（7条）。

↓平野力三氏

NHKアーカイブス「平野力三氏追放」より

3 行政事件訴訟法

行政事件訴訟法は、行政事件に関する訴訟を、抗告訴訟、当事者訴訟、民衆訴訟、機関訴訟の4つに分けています。抗告訴訟と当事者訴訟は、私人が権利利益を侵害されたときに救済を求めるための訴訟です。民衆訴訟と機関訴訟は、行政の適正な運営の確保（公益の保護）を目的とした訴訟です（☞27）。これらの中で、行政訴訟の中心は抗告訴訟です。そして、この訴訟には、民事訴訟と比べて大きな特徴があります。民事訴訟は私人と私人の間の法律関係・権利義務関係を争うものですが、抗告訴訟はそうではなく、行政庁の公権力の行使（行政処分）（☞20）に関する不服を裁判所に訴えるものなのです（戦前とは異なり、行政庁の公権力の行使〔行政処分〕であればすべて出訴ができます。これを概括主義といいます）。抗告訴訟は、具体的には、取消訴訟（行政処分や裁決が違法であるので裁判所に取り消してもらうための訴訟）（☞20〜23）、無効等確認訴訟（行政処分や裁決の無効等を確認してもらうための訴訟）（☞24-Ⅰ）、不作為の違法確認訴訟（申請をしたにもかかわらず何ら応答がなされないこと〔行政庁の不作為〕の違法を確認してもらうための訴訟）（☞24-Ⅱ）、義務付け訴訟（行政処分や裁決をするように裁判所に命じてもらうための訴訟）（☞24-Ⅳ）、差止訴訟（行政処分や裁決をしてはならないことを裁判所に命じてもらうための訴訟）（☞24-Ⅲ）を指します。特に、取消訴訟が重要です。これに対して、当事者訴訟は、民事訴訟と似ており、選挙権があることを裁判所に確認してもらうなど、国や地方公共団体と私人との間の法律関係・権利義務関係に関する訴訟です（☞26）。

行政事件訴訟法は、訴訟を提起するための条件（訴訟要件といいます）や訴訟手続について定めています。訴訟要件を満たさない場合には、勝訴（認容）か敗訴（棄却）かの裁判をしてもらえず、却下の判決が下されます（俗に、門前払いといわれます）。

下の表からは、行政訴訟は棄却や却下が少なくないことがわかります。私人の権利利益の実効的な救済という観点からは、行政訴訟にはまだまだ課題があるといえそうです。

↓行政第1審訴訟既済事件数・終局区分（地方裁判所）

	総数	判決 総数	認容	棄却	却下	決定命令	和解	放棄	認諾	取下げ	その他
H12	1469	1109	206 (14.0)	623 (42.4)	279 (18.9)	12	31	36	1	−	276 (18.7)	4
H13	1415	1032	173 (12.2)	634 (44.8)	225 (15.9)	9	31	44	3	−	286 (20.2)	10
H14	1598	1180	258 (16.1)	643 (40.2)	278 (17.3)	10	33	60	2	−	304 (19.0)	9
H15	1729	1181	191 (11.0)	705 (40.7)	285 (16.4)	19	54	48	12	1	398 (23.0)	16
H16	1991	1459	234 (11.7)	844 (42.3)	380 (19.0)	25	41	44	24	−	377 (18.9)	21
H17	1774	1228	153 (8.6)	789 (44.4)	285 (16.0)	22	81	22	3	−	406 (22.8)	12
H18	1908	1346	194 (10.1)	837 (43.8)	315 (16.5)	17	56	23	−	−	447 (23.4)	13
H19	2193	1704	243 (11.0)	1124 (51.2)	337 (15.3)	19	65	17	7	3	363 (16.5)	15
H20	2119	1643	201 (9.4)	1114 (52.5)	326 (15.3)	13	48	18	14	1	362 (17.0)	20
H21	2034	1575	177 (8.7)	1116 (54.8)	282 (13.8)	18	45	20	10	−	350 (17.2)	16
H22	2136	1586	198 (9.2)	1034 (48.4)	348 (16.2)	26	94	70	6	−	341 (15.9)	13
H23	2174	1646	182 (8.3)	1096 (50.4)	360 (16.5)	31	104	22	3	−	333 (15.3)	26
H24	2441	1921	165 (6.7)	1313 (53.7)	435 (17.9)	33	106	25	5	−	327 (13.3)	24
H25	2243	1766	206 (9.1)	1239 (55.2)	305 (13.5)	34	98	12	2	−	314 (13.9)	17
H26	2184	1745	187 (8.5)	1248 (57.1)	295 (13.5)	43	70	13	13	1	284 (13.0)	15
H27	2206	1680	203 (9.2)	1181 (53.5)	281 (12.7)	43	101	23	1	−	332 (15.0)	20
H28	2375	1847	179 (7.5)	1318 (55.4)	334 (14.0)	40	110	19	−	−	321 (13.5)	37
H29	2056	1554	154 (7.5)	1099 (53.4)	286 (13.9)	35	108	22	13	2	297 (14.4)	25
H30	1946	1432	179 (9.1)	955 (49.0)	287 (14.7)	32	110	23	10	−	322 (16.5)	17
R1/H31	1920	1468	221 (11.5)	964 (50.2)	280 (14.5)	20	84	24	2	−	302 (15.7)	20
R2	1553	1105	145 (9.3)	749 (48.2)	207 (13.3)	27	94	7	7	−	294 (18.9)	19
R3	1917	1514	210 (10.9)	975 (50.8)	321 (16.7)	36	77	17	4	−	240 (12.5)	29

（ ）は%　　裁判所ウェブサイト「司法統計年報」をもとに筆者作成

★○×問題でチェック★

問5　抗告訴訟では、行政庁と私人との間の権利義務関係が争われる。
問6　行政訴訟では、訴訟要件が厳しいため訴えが却下されることが少なくない。

IV　国家賠償

日本国憲法第17条
何人も、公務員の不法行為により、損害を受けたときは、法律の定めるところにより、国又は公共団体に、その賠償を求めることができる。

↓かつて公園等にあった遊動円棒（事件当時のものではない）

林屋礼二ほか編『図説判決原本の遺産』（信山社・1998年）59頁より

国家賠償とは、国や地方公共団体などの違法な行為により私人に生じた損害を金銭によって賠償することです。戦前は、国家賠償を求めることは基本的にできませんでした。例外的に、国等の非権力的作用（学校施設の管理の瑕疵など）に限り、民法に基づく損害賠償が認められることがありました（**徳島小学校遊動円棒事件**〔大審院大正5年6月1日判決〕）。日本国憲法が制定されると、17条を受けて、1947（昭和22）年に**国家賠償法**という法律が制定されました。この法律は、国等には**違法な公権力の行使**によって生じた損害を賠償する責任があること（1条1項）（☞28）、道路や河川等の**公の営造物の設置・管理の瑕疵**によって生じた損害を賠償する責任があること（2条1項）（☞29）を定めています。これ以外の場合には、国等に対しても、民法に基づき損害賠償を請求することができます。

国家賠償は、損害を被った者の救済が第1の目的ですが、訴訟を通じて国等の行為の違法や河川管理等の瑕疵が争われることから、付随的に、適法性のコントロール、国等の責任追及、政策形成、真相究明といった機能もあります。たとえば、1907（明治40）年に始まったハンセン病患者の隔離政策は1996（平成8）年のらい予防法の廃止により終了しましたが、元患者が受けた差別・偏見等の被害の救済は遅れました。元患者やその家族が国に対して提起した国家賠償請求訴訟で賠償が認められ（熊本地裁平成13年5月11日判決、熊本地裁令和元年6月28日判決）、ようやく救済が実現しました。また、学校・保健所での集団予防接種による副反応の被害（予防接種禍〔☞**30-IV**〕）をめぐっては、1960年代終わり頃から訴訟が提起され、国等の国家賠償責任が肯定されました。訴訟提起や判決が契機となり、予防接種法が改正され、健康被害救済制度が創設されたり（1976〔昭和51〕年）、義務接種から勧奨接種に、集団接種から個別接種になるなど（1994〔平成6〕年）、予防接種行政に大きな影響を及ぼしました。

V　損失補償

日本国憲法第29条3項
私有財産は、正当な補償の下に、これを公共のために用ひることができる。

損失補償とは、国や地方公共団体などの適法な行為に伴って私人に生じた損失を主に金銭によって補償することです（☞30）。損失の原因が適法な行為であるという点で、国家賠償とは異なります。損失補償には通則的な法律がなく、**個別の法律**に損失補償の規定がある場合に認められます。代表的な例として、公共事業等のために必要な私人の土地を強制的に取得する**土地収用**（☞**7-II 2**）にあたっては、土地の対価や建物の移転料が補償されます（土地収用法68条以下）。そのほかにも、消火活動のために周囲の建物を取り壊したことで生じた損失の補償（消防法29条3項）、道路建設にあたっての、いわゆるみぞかき補償（道路法70条1項）等があります。こうした法律の規定がない場合には、**憲法29条3項**に基づいて損失補償を請求することが可能です。各法律では財産上の損失について補償が認められることが通例ですが、それ以外の損失（生命・身体・健康上の損失や精神的苦痛）が損失補償の対象になるという見解も有力です。現に、予防接種の副反応によって生じた健康被害に対する救済のための制度があります（予防接種法15条以下）。

↓予防接種健康被害救済制度（2023年4月現在）

給付額	A類・臨時 日本脳炎 ヒトパピローマウイルス （HPV）等	B類 新型コロナウイルス インフルエンザ （ともに高齢者のみ）等
医療費	自己負担分　等	A類疾病の額に準ずる。 （入院の場合に限る）
医療手当（月額）	36,900円～38,900円	A類疾病の額に準ずる （入院の場合に限る）
障害児養育 年金（年額）	1級 1,669,200円 2級 1,334,400円	―
障害年金（年額）	1級 5,340,000円 2級 4,272,000円 3級 3,202,800円	1級 2,966,400円 2級 2,373,600円
死亡一時金	46,700,000円	―
遺族年金（年額）	―	2,594,400円 （10年間まで）
遺族一時金		7,783,200円
葬祭料	215,000円	A類疾病の額に準ずる
介護加算（年額）	1級 854,400円 2級 569,400円	

（注）新型コロナウイルスは2023年まではA類であった。

厚生労働省ウェブサイトより

★○×問題でチェック★
問7　国家賠償責任には、公権力の行使に関するものと公の営造物の瑕疵に関するものがある。
問8　損失補償は、個別の法律が定めている場合に限って認められる。

19 行政上の不服申立て

I 行政上の不服申立てとは

行政庁の処分や不作為に対して行政機関に不服を申し立てる制度のことを行政上の不服申立てといいます。その歴史は古く、明治時代にできた訴願にまでさかのぼります。訴願は、戦後もしばらく残り続けましたが、お願いというニュアンスから国民の権利救済の制度として不十分であったため、不服申立てに改良されました。

不服申立ては行政機関に向けて行います。そのため、裁判所ではできないようなこと、たとえば、違法性だけでなく不当性の有無の審理も行われます（行政不服審査法1条1項）。さらに、不服申立ては、正式の訴訟手続に比べて（書面審理を原則とする）簡易な手続で行われます。裁判よりも迅速に審理がなされ、費用もほとんどかからないという利点があります。他方で、欠点としては、（簡易・迅速さの裏返しですが）手続の慎重さに欠けること、行政機関による審理は第三者性を欠くことなどが挙げられます。

不服申立ての一般法として行政不服審査法があります。この法律は、1890（明治23）年に施行された訴願法にかえて、1962（昭和37）年に現行の行政事件訴訟法とあわせて施行されました。その後、1993（平成5）年の行政手続法の制定、2004（平成16）年の行政事件訴訟法の改正を経て、制度の不備が目立つようになってきたことなどから、2014（平成26）年に行政不服審査法は約半世紀ぶりに全面改正され、2016（平成28）年から新法が施行されています。

↓行政訴訟と不服申立て

	行政訴訟	行政上の不服申立て
機関	裁判所	行政機関
審査対象	違法性	違法性または不当性
手続の特徴	正式の訴訟手続	簡易迅速な手続

筆者作成

↓不服申立ての歴史

1890（明23）.10.1	行政裁判所法の施行
1890（明23）.10.30	**訴願法の施行**
1948（昭23）.7.15	行政事件訴訟特例法の施行
1962（昭37）.10.1	行政事件訴訟法の施行
1962（昭37）.10.1	**行政不服審査法（旧法）の施行**
2004（平16）.6.9	行政事件訴訟法の改正
2016（平28）.4.1	**行政不服審査法（新法）の施行**

筆者作成

II 不服申立てと行政訴訟の関係

不服申立てをするか、直ちに行政訴訟をおこすかは、自由に選択できるのが原則です。これを自由選択主義といいます（行政事件訴訟法8条1項本文）。ただし、個別法の規定により、まずは不服申立てを経るよう要求されることもあります（同項ただし書）。行政訴訟をおこす前に不服申立てを求める考え方を不服申立前置主義といいます（不服申立ての中心が後述の審査請求であることから、審査請求前置主義ともいいます〔☞**22-V**〕）。

審査請求が棄却された場合、審査請求の対象となった原処分（もともとの処分）の取消しの訴えをおこすか、審査請求の結果である裁決の取消しの訴えをおこすかは、自由に選択できます。もっとも、原処分の違法は原処分の取消訴訟でしか争えず、裁決の取消訴訟では裁決だけにある違法（裁決の手続的違法など）しか争えないのが原則です（行政事件訴訟法10条2項）。これを原処分主義といいます。原処分主義は、取消訴訟で何を主張して争えるかという問題にかかわります（☞**23-I 1**）。なお、個別法で原処分の取消訴訟を許さず、裁決の取消訴訟しか認めない裁決主義を定めることもあり（弁護士法61条2項など）、この場合は、原処分の違法は裁決の取消訴訟で争うことになります。

↓審査請求前置（行政事件訴訟法8条1項ただし書）の例

○国家公務員法
（審査請求と訴訟との関係）
第92条の2　第89条第1項に規定する処分〔注：職員の意に反する降給等の処分〕であつて人事院に対して審査請求をすることができるものの取消しの訴えは、**審査請求に対する人事院の裁決を経た後でなければ、提起することができない。**

条文	審査請求をすべき処分	審査請求前置の理由
国家公務員法92条の2	職員の意に反する降給等の処分	第三者的機関（人事院）の関与が、公正かつ専門的な審理に資するため
国税通則法115条1項	国税に関する法律に基づく処分	大量の不服申立てがあり、直ちに出訴されると裁判所の負担が大きくなるため

筆者作成

↓自由選択主義（行政事件訴訟法8条1項本文）

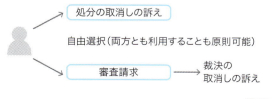

筆者作成

★○×問題でチェック★

問1　行政上の不服申立てでは、違法性だけでなく不当性も審理される。
問2　現在では、不服申立前置主義をとる個別法の規定は存在しない。

III 不服申立ての種類

1 審査請求・再調査の請求・再審査請求

行政不服審査法は3種類の不服申立てを定めています。基本となるのは**審査請求**（2条・3条）です。審査請求は、基本的には、処分をしたまたは処分をしてくれない行政庁（処分庁等）の最上級行政庁（大臣、都道府県知事、市町村長など）に対して行うものです。**再調査の請求**（5条）は、処分をした行政庁（処分庁）に対して行う簡易な不服申立てです（旧法下の異議申立てがこれに相当します）。**再審査請求**（6条）は、審査請求の裁決に不服がある場合の再度の不服申立てです。審査請求以外は、個別法が認めた場合でなければ利用できません。その意味では、例外的な不服申立てです。

旧法の時代は審査請求以外の不服申立ての利用が義務づけられることもありました。しかし、現在はそのようなことはなく、原則的に利用される不服申立ては審査請求に一本化されています。

↓再調査の請求と再審査請求を認める条文

○国税通則法
（国税に関する処分についての不服申立て）
第75条1項 国税に関する法律に基づく処分で次の各号に掲げるものに不服がある者は、当該**各号に定める不服申立てをすることができる。**
一 税務署長、国税局長又は税関長がした処分（……） 次に掲げる不服申立てのうちその処分に不服がある者の選択するいずれかの不服申立て
イ その処分をした税務署長、国税局長又は税関長に対する**再調査の請求**
ロ 国税不服審判所長に対する審査請求

○生活保護法
（再審査請求）
第66条1項 市町村長がした保護の決定及び実施に関する処分……に係る審査請求についての都道府県知事の裁決……に不服がある者は、**厚生労働大臣に対して再審査請求をすることができる。**

筆者作成

↓審査請求とその他の不服申立ての関係

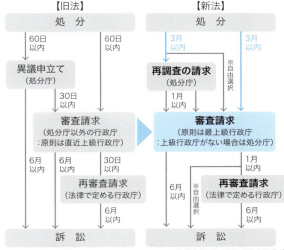

政府広報オンラインをもとに作成

2 個別法上の不服審査

行政不服審査法は一般法であり、個別法に特別の定めがあればそちらを優先します（1条2項、8条参照）。たとえば、国税に関する不服申立ては、行政不服審査法がまったく適用されないわけではありませんが、国税通則法に多数の特例が規定されています。さらに、審査請求に対する裁決を行う第三者機関として**国税不服審判所**が設置されています。

1949（昭和24）年、GHQにより租税政策の専門家として招待されたシャウプ使節団は、来日して調査を行った後、報告書として**シャウプ勧告**を提出しました。シャウプ勧告は、税制の設計についていくつもの重要な提言を行うとともに、第三者的な立場で公平な審査を行う機関の設立を求めました。これを受けて、1950（昭和25）年に**協議団**が設置されました。協議団は、納税者の不服申立てについて協議をする機関でしたが、独立して裁決する機関ではありませんでし

↓協議団から国税不服審判所へ
1950（昭和25）年

国税庁・国税局

協議団
税務職員のほか、民間から会計担当者などを採用

・協議団は裁決権をもたない
・国税庁・国税局の中にあるため、主管部の意見に押されやすい
・国税庁長官通達に拘束されるという疑念をもたれやすい

1970（昭和45）年

国税庁・国税局

特別な機関として独立

国税不服審判所
税務職員のほか、学識経験者等を採用

・独自の立場で裁決ができるようになる
・裁決の際、国税庁長官通達に拘束されずに個別事案に即して法令を適用できるようになる

国税庁HPをもとに作成

↓札幌国税不服審判所のチラシ（1970年）

国税庁HPより

た。また、国税局長の指揮監督のもとにあり、法令の解釈について上級機関の出す通達にしばられたため、第三者性、独立性を高める必要がありました。1970（昭和45）年、協議団に代わって国税不服審判所が設置されました。国税不服審判所は、組織としては国税庁の一部にあたりますが、所定の手続を経ることで国税庁長官の通達とは異なる解釈をとることができ、独立して裁決することが認められています。

★○×問題でチェック★
問3 行政上の不服申立てには、審査請求、異議申立て、再審査請求の3つの種類がある。
問4 国税不服審判所は、納税者の不服申立てについて、独立して裁決することのできる機関である。

IV 審査請求の要件

1 不服申立人適格

不服申立ては誰でも行えるわけではありません。不服申立てを行う資格を**不服申立人適格**といいます。行政不服審査法には定めがありませんが、最高裁は、**主婦連ジュース訴訟**（最高裁昭和53年3月14日判決）で不服申立人適格を問題にしました。

↓米価値上げ反対の陳情に訪れた主婦連の人たち（1957年）。「台所の声を政治へ」をスローガンに結成された主婦連は「おしゃもじ」形のプラカードをシンボルとした。

朝日新聞社提供

↓第三者の不服申立人適格

公正取引委員会
↓②認定
③不服申立て　←　主婦連合会と会長

公正競争規約
無果汁・果汁5%未満の飲料については「合成着色料」「香料使用」等とのみ表記すればよい

果汁を含有するかどうかを一般消費者が正しく判断できない

↑①作成
社団法人日本果汁協会ほか

筆者作成

この事件では、公正取引委員会が、業界団体である日本果汁協会らに対し、無果汁のジュースであっても「合成着色料」、「香料使用」などと付記することで、「果汁飲料」として表示、販売できる旨の公正競争規約を認定しました。主婦連合会は、このような表示は消費者を欺く違法なものとして、不服申立てを行いました。公正取引委員会は、主婦連合会には不服申立人適格がないとして却下の判断をしたため、最高裁まで争われました。最高裁は、主婦連合会の主張する一般消費者の利益は、**法律上保護された利益**とはいえないとして、不服申立人適格を否定しました。この判決は、取消訴訟の第三者の原告適格（☞21）をめぐるリーディングケースとされています。

2 国による不服申立て

行政不服審査法は、処分や申請に対する不作為であれば、一般的に不服申立ての対象とする**一般概括主義**という立場です（訴願法では、法令に列挙された事項のみ訴願の対象とする**列記主義**という立場でした）。ただし、行政不服審査法は、処分等のうち特定のものについて適用を除外しています（7条1項）。また、国の機関等が**固有の資格**において相手方となる処分等も適用を除外しています（同条2項）。したがって、国の機関が固有の資格において相手方となる処分等は不服申立ての対象になりません。

この固有の資格が争点になったのが**辺野古訴訟**（最高裁令和2年3月26日判決）です。沖縄県名護市の東海岸にある辺野古には希少な生物が多数確認されています。政府は、沖縄県の市街地にある米軍普天間基地に代わる施設を辺野古につくる計画を立て、国の機関である沖縄防衛局は海域の埋立てを県に出願しました。県は、一度は埋立承認をしたものの、のちに新たに当選した知事のもとで承認を取り消しました（本件処分）。これに対して、沖縄防衛局は審査請求を行い、国土交通大臣は本件処分を取り消す旨の裁決（本件裁決）を下しました。

県は、本件裁決が地方自治法の定める国の関与（☞5-Ⅲ2）にあたる一方、行政不服審査法上の裁決にはあたらないことを想定した訴えをおこしました。というのも、国の関与の定義からは不服申立てに対する裁決は除外されているからです（地方自治法245条3号かっこ書）。最高裁は、固有の資格とは、一般私人が立ちえないような立場をいうとしました。そのうえで、一般私人に与えられる埋立免許と比較して、国の機関への埋立承認にかかわる規律について、特別の取扱いはなされていないことから、沖縄防衛局には固有の資格は認められないと判断しました。したがって、行政不服審査法の適用は除外されず、県の訴えは不適法とされました。

↓埋立工事の進む辺野古沿岸部のキャンプ・シュワブ。土砂の投入前（2018年）（左）と投入後（2021年）（右）

いずれも毎日新聞社提供

★〇×問題でチェック★

問5　主婦連ジュース訴訟によると、主婦連合会には不服申立人適格が認められない。
問6　国の機関に対する処分は、行政上の不服申立ての対象になりえない。

Ⅴ　審査請求の手続

1　手続の流れ

　(1)審査請求は、原則、審査請求書を提出して行います（行政不服審査法19条）。処分の審査請求は、原則として、審査請求期間内（処分があったことを知った日の翌日から3か月以内、かつ、処分の日の翌日から1年以内）に行わなければなりません（18条）。

　審査請求の審査機関である**審査庁**は、(2)必要事項の記載について形式審査をします。次に、(3)審査庁の職員から**審理員**を指名します（9条1項）。この制度は、行政手続法の聴聞の主宰者を参考にして導入されました。処分に関与した者などは審理員になることができません（同条2項）。(4)審理員は審理手続を行い、処分庁等や審査請求人などから主張・証拠の提出を求めます。書面審理が原則ですが、審査請求人は口頭で意見をいうこともできます（31条1項本文）。審理を終えると(5)**審理員意見書**を作成し審査庁に提出します（42条）。(6)審査庁は審理員意見書を踏まえ、原則、第三者機関に**諮問**します（43条1項）。(7)諮問を受けた第三者機関は、審査庁の判断が客観的に妥当かを審査し、結果を**答申**します（行政機関が決定に先立ち他の機関の意見をたずねることを諮問、諮問に対する意見を答申といいます）。(8)審査庁は、審理員意見書や第三者機関の答申を踏まえて、遅滞なく**裁決**を行います（44条）。裁決には、**却下裁決**（審査請求が要件を満たさず適法でない場合。45条1項）、**棄却裁決**（審査請求が適法

▼審査請求の手続の流れ

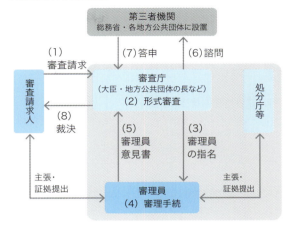

政府広報オンラインをもとに作成

ではあるが理由のない場合。同条2項）、**認容裁決**（審査請求が適法であり理由のある場合。ただし、請求に理由のある場合でも、その旨を主文で宣言したうえで棄却する**事情裁決**が存在する。同条3項）があります。審査請求人は、裁決に不服があれば裁判所に訴えること、個別法の定めがあれば再審査請求をすることもできます。

2　行政不服審査会

　審理員は、審査庁から指名される審査庁の行政職員であり、その第三者性には限界があります。審査請求についての裁決の客観性、公正性を高めるために、2014（平成26）年に**行政不服審査会**が設置されました。行政不服審査会は外部の有識者9名の委員からなる第三者機関として総務省に置かれています（行政不服審査法67条1項、68条、69条1項）。地方公共団体も第三者機関を置くことが求められていますが、不服申立ての利用状況によっては、条例で定めるところにより常設ではなく事件ごとに臨時に置くことが認められています（81条1項・2項）。

　審理員意見書が提出されると、行政不服審査会（審査庁が地方公共団体の機関である場合は、当該地方公共団体に設置される機関）への諮問が原則として義務づけられています。ただし、諮問には時間を要することから、審査請求人が望まない場合などには諮問を経る必要はありません（43条1項4号）。行政不服審査会が答申をすると、答申書の写しは審査請求人らに郵送されます。さらに、行政不服審査会の答申は公表されています（79条）。過去の答申および審査庁の裁決は、総務省の**行政不服審査裁決・答申検索データベース**で検索することができます。

▼行政不服審査会（総務省）の委員名簿（2024年4月現在）

部会	役職	名前	所属等
第1部会	会長 部会長（常勤）	原　優（はらまさる）	元名古屋高等裁判所長官
	委員	野口　貴公美（のぐちきくみ）	一橋大学大学院法学研究科教授
	委員	村田　珠美（むらたたまみ）	弁護士
第2部会	会長代理 部会長（常勤）	戸谷　博子（とやひろこ）	元東京高等検察庁検事
	委員	木村　宏政（きむらひろまさ）	行政書士
	委員	下井　康生（しもいやすし）	千葉大学大学院社会科学研究院教授
第3部会	部会長（常勤）	吉開　正治郎（よしかいしょうじろう）	元総務省政策統括官
	委員	佐脇　敦子（さわきあつこ）	弁護士
	委員	中原　茂樹（なかはらしげき）	関西学院大学法科大学院教授

総務省HPをもとに作成

▼裁決・答申検索データベースの検索画面

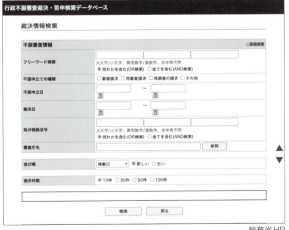

総務省HP

★○×問題でチェック★
問7　審査請求の審理手続は審査庁の指名した聴聞主宰者が行う。
問8　国の機関が審査庁にあたる場合でも、行政不服審査会への諮問を必要としないことがある。

20 取消訴訟の対象

I 処分とは

1 処分とは＝抗告訴訟対象性

行政事件訴訟法第3条2項
この法律において「処分の取消しの訴え」とは、行政庁の処分その他公権力の行使に当たる行為（次項に規定する裁決、決定その他の行為を除く。以下単に「処分」という。）の取消しを求める訴訟をいう。

行政事件訴訟法3条2項は、取消訴訟の対象となる行為を「行政庁の処分その他公権力の行使に当たる行為」と規定しています。行政の行為がこれに該当する場合、その行為には処分性が認められるといいます。取消訴訟や無効等確認訴訟などの抗告訴訟を提起するためには、原告が取消しや無効確認を求める行為に処分性が認められる必要があります。処分性が認められない行為を対象として取消訴訟を提起しても、その訴えは訴訟要件を欠くものとして却下されます。訴訟要件というのは、その訴えを裁判所の審理の対象とするために必要とされる要件のことをいいます。取消訴訟には、処分性のほかに原告適格（☞**21**）、訴えの利益、被告適格、裁判所管轄、不服申立前置、出訴期間の訴訟要件があります（☞**22**）。

大田区ゴミ焼却場設置事件（最高裁昭和39年10月29日判決）は、行政庁の処分とは、「公権力の主体たる国または公共団体が行う行為のうち、その行為によって、直接国民の権利義務を形成またはその範囲を確定することが法律上認められているもの」をいうと判示しています。これは行政事件訴訟法が制定される前の行政事件訴訟特例法のもとでの判決（☞**18-I 2**）ですが、行政事件訴訟法のもとでの処分性を判断する際の先例としても位置づけられています。この事件は、戦前の1939（昭和14）年頃に東京都がゴミ焼却場設置のために田園地域の一部に土地を購入したにもかかわらずその後建設に着手せず放置していたところ、約20年が経過した後になって都議会でご

▼訴訟類型の相互関係

行政事件訴訟法			民事訴訟	刑事訴訟
主観訴訟		客観訴訟	（国家賠償訴訟を含む）	
抗告訴訟 ・取消訴訟 ・無効等確認訴訟 ・不作為の違法確認訴訟 ・義務付け訴訟 ・差止訴訟	公法上の当事者訴訟 ・形式的当事者訴訟 ・実質的当事者訴訟	民衆訴訟 機関訴訟		

筆者作成

↑大田区ごみ焼却場の設置に反対する住民

東京都『東京都清掃事業百年史』（2000年）150頁より

み焼却場の設置計画案を可決し、建築業者との間で建築請負契約を締結して建築工事に着手したため、付近に居住する住民らがゴミ焼却場の設置に反対し、その設置行為の無効確認を求めて出訴したという事件です。このゴミ焼却場の設置に対しては、東京都が建設に着手しなかった20年の間に当該土地の周辺が田園地域から商工業ならびに住宅地帯と化し、工場、店舗、住宅が密生するに至っており、ゴミ焼却場の設置場所にはふさわしくないとして周辺住民から大きな反対運動が行われていました。最高裁は、上述の定義を示したうえで、ゴミ焼却場の設置に処分性は認められないため請求は不適法であるとして、訴えを却下する判決を下しました。

最高裁が示した定義は、講学上の行政行為（☞**8**）の概念とほぼ等しいものです。しかし、後述するように、時代を経るにつれ、最高裁は典型的な行政行為以外にも処分性を認めるなど取消訴訟の対象を拡大させていきました。最高裁は、原告が取消しを求める行政の行為の根拠となっている法令を解釈した結果として、上述の行政庁の処分の定義に当てはまるものについては、柔軟に処分性を肯定してきたのです（☞**II〜IV**）。

処分性の要件は取消訴訟の対象となる行為を限定する訴訟要件であり、また、他の抗告訴訟においても同様の訴訟要件が定められています。このように、原告が不服を有する行政の行為に処分性が認められるか否かは、それが取消訴訟をはじめとする抗告訴訟の対象となるかを決める分水嶺となっています。なお、処分性が認められず、抗告訴訟を利用できない場合であっても、原告が自らの権利利益の保護を求めて出訴する場合には、公法上の当事者訴訟（☞**26**）や民事訴訟（☞**18-I 2**）を使うことができる場合があります。

★〇×問題でチェック★

問1　取消訴訟の対象となるのは「行政庁の処分その他公権力の行使に当たる行為」である。
問2　原告が不服を有する行政庁の行為に処分性が認められない場合、抗告訴訟による救済を受けることはできない。

2 処分性判断の要素

　最高裁が示した行政庁の処分の定義には複数の要素が含まれており、それらの要素に照らして処分性をが認められるか否かは判断されます。ここでは主要な要素を確認しておきましょう（行政契約など、各要素を欠く場合の典型例は☞ 8-Ⅰ）。まず、処分性が認められるためには、その行為が外部性を有する（国民に対する）行為である必要があります。次に、行政庁の処分であるというためには、その行為から法効果が生じている必要があります。さらに、それは一般的抽象的な法効果ではなく、直接的な法効果、すなわち具体性を有するものでなければなりません。また、権力性がない行為には処分性は認められません。

↓最高裁が示した定義と処分性判断の主要な要素との対応関係

最高裁が示した定義	処分性判断の主要な要素
公権力の主体たる国または公共団体が行う行為	権力性
直接	具体性
国民の	外部性
権利義務を形成しまたはその範囲を確定する	法効果

筆者作成

Ⅱ　処分性が認められる行為の典型例

　2021（令和3）年1月、新型コロナウイルス感染症が国内でまん延し、東京都に緊急事態宣言が出されている中、東京都知事は飲食店を経営する都内の事業者一般に対し、営業時間を午後8時までとすることを求める協力要請を行いました。都内で飲食店を経営するグローバルダイニング社は、この協力要請に応じず午後8時以降の営業を続けていたところ、東京都は新型インフルエンザ等対策特別措置法45条2項（☞ 17-Ⅳ）に基づき、グローバルダイニング社に対し営業時間短縮の要請を行いました。この要請にも応じず夜間の営業を継続する同社に対し、東京都知事は同年3月18日、同法45条3項に基づき、夜間営業のために同社の施設を使用することを停止する旨の命令（時短命令）を行いました。この時短命令によりグローバルダイニング社には夜間の施設使用を停止する義務が発生し、グローバルダイニング社がこの命令に従わなかった場合には同法79条より30万円以下の過料に処されることになりました。グローバルダイニング社は時短命令が出されたことを受け、夜間の営業を取りやめました。このような、名宛人に対して一定の法的義務を生じさせる命令は、処分性が認められる行為の典型例です。なお、本件時短命令に対してはその後訴訟が提起され、その結果、グローバルダイニング社に対して発された命令は「特に必要」であったと認めることはできず、違法であるとの判断が示されています（東京地裁令和4年5月16日判決）。

新型インフルエンザ等対策特別措置法

第45条　特定都道府県の知事（以下「特定都道府県知事」という。）は、新型インフルエンザ等緊急事態において、新型インフルエンザ等のまん延を防止し、国民の生命及び健康を保護し、並びに国民生活及び国民経済の混乱を回避するため必要があると認めるときは、当該特定都道府県の住民に対し……生活の維持に必要な場合を除きみだりに当該者の居宅又はこれに相当する場所から外出しないことその他の新型インフルエンザ等の感染の防止に必要な協力を要請することができる。

2　特定都道府県知事は、新型インフルエンザ等緊急事態において、新型インフルエンザ等のまん延を防止し、国民の生命及び健康を保護し、並びに国民生活及び国民経済の混乱を回避するため必要があると認めるときは……学校、社会福祉施設……、興行場……その他の政令で定める多数の者が利用する施設を管理する者又は当該施設を使用して催物を開催する者（次項及び第72条第2項において「施設管理者等」という。）に対し、当該施設の使用の制限若しくは停止又は催物の開催の制限若しくは停止その他政令で定める措置を講ずるよう要請することができる。

3　施設管理者等が正当な理由がないのに前項の規定による要請に応じないときは、特定都道府県知事は、新型インフルエンザ等のまん延を防止し、国民の生命及び健康を保護し、並びに国民生活及び国民経済の混乱を回避するため、政令で定める事項を勘案して特に必要があると認めるときに限り、当該施設管理者等に対し、当該要請に係る措置を講ずべきことを命ずることができる。

4・5　（略）

第79条　第45条第3項の規定による命令に違反した場合には、当該違反行為をした者は、30万円以下の過料に処する。

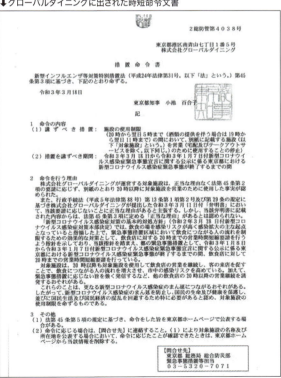

↓グローバルダイニングに出された時短命令文書

CALL4ウェブサイトより

★ ○×問題でチェック ★

問3　通常、行政契約には処分性が認められる。
問4　新型インフルエンザ等対策特別措置法45条3項に基づく命令には処分性が認められる。

20 取消訴訟の対象　83

III 処分性要件の検討

1 外部性

「直接国民の権利義務を形成しまたはその範囲を確定する」という文言から、処分性が認められる行為は、行政主体と市民との間の法的な関係における行政活動に限られています。行政内部における行政機関相互の行為は、国民との関係で直接具体的な法的効果を生ずるものではないので、原則として処分には該当しません。この点が問題となった判例を2つ紹介します。第1に、成田新幹線訴訟（最高裁昭和53年12月8日判決）です。この事件では、特殊法人である日本鉄道建設公団が成田新幹線東京・成田空港間工事実施計画の認可を申請し、運輸大臣が全国新幹線鉄道整備法に基づいて工事実施計画の認可を行いました。この認可の取消しを求めて、当該工事によって影響を受ける江戸川区らが訴訟を提起しました。最高裁は「本件認可は、いわば上級行政機関としての運輸大臣が下級行政機関としての日本鉄道建設公団に対しその作成した本件工事実施計画の整備計画との整合性等を審査してなす監督手段としての承認の性質を有するもので……外部に対する効力を有するものではなく、また、これによつて直接国民の権利義務を形成し、又はその範囲を確定する効果を伴うものではない」として、その処分性を否定しました。第2に、最高裁昭和34年1月29日判決は、建築物の新築等を行う際に消防法に基づき消防長が知事に対して行う同意について、この同意は「行政機関相互の行為」であって「国民との直接の関係においてその権利義務を形成し又はその範囲を確定する行為とは認められない」としてその処分性を否定しました。

通達も、上級機関が下級機関に対して発する命令や指示であって、国民に対する法的拘束力をもたないので、通常は処分性は認められません。しかし、通達であったとしても、その実態にかんがみ国民に対する法的拘束力があると考えられる場合には例外的に処分性が認められることがあります。たとえば、函数尺事件判決（東京地裁昭和46年11月8日判決）は、「通達であつてもその内容が国民の具体的な権利、義務ないし法律上の利益に重大なかかわりをもち、かつ、その影響が単に行政組織の内部関係にとどまらず外部にも及び、国民の具体的な権利、義務ないしは法律上の利益に変動をきたし、通達そのものを争わせなければその権利救済を全からしめることができないような特殊例外的な場合には」処分性が認められると判示しています。この事件は計量法と函数尺に関する事件でした。1951（昭和26）年に制定された計量法により、メートル法が法定計量単位とされた一方で、尺、インチ等の非法定計量単位を取引等に用いてはならないと定められました。原告は「これは函数尺です。取引、証明には使用できません。」との注意書を明記したうえでメートルとインチの両方が書かれた函数尺を販売していたところ、1963（昭和38）年、当時の通商産業省の局長が各都道府県知事に対して尺、インチ等の非法定計量単位を記載した計量器の販売は計量法に違反する旨を記載した通達を発出しました。そこで、函数尺の製造業社である原告がこの通達の取消しを求めて訴えを提起したので、この通達に処分性が認められるかが問題となりました。東京地裁はまず、①計量に関する行政事務は現実には通達によって運営・執行されており、業者らも発せられた通達に従うのが実情であって、通達の果たしている現実的役割がきわめて大きいこと、②現に本件通達が発せられたのち函数尺の販売取扱業社らに対して販売中止勧告等の行政措置がなされた結果、製造業社である原告は販売取扱業者らから契約を解約されるに至っていること、から本件通達は函数尺の製造業社である原告の権利・利益に重大な影響を及ぼすものであると判断しました。この判断に加えて、東京地裁は、本件通達に基づき許可の取消しや事業の停止等の具体的な行政処分を受けるのは個々の販売業社であって、函数尺の製造業社である原告はこれらの行政処分を受けることがないので、本件通達に処分性を認めなければ原告が本件通達の適法性を争う方法がなくなってしまうという点を考慮し、本件通達の処分性を肯定しました。なお、本件は処分性が肯定されたことで却下判決（☞23-Ⅱ1）を免れましたが、本案審理の結果、本件通達に違法はないとして棄却判決（☞23-Ⅱ1）が行われています。処分性等の訴訟要件が認められても、直ちに認容判決（☞23-Ⅱ1）につながるわけではない点に注意が必要です。

↓頓挫した成田新幹線の高架橋

毎日新聞社／アフロ

↓関数尺（函数尺）

アフロ

↓センチ（cm）とインチ（inch）の対応表

1 inch	2 inch	3 inch	4 inch	5 inch
2.54 cm	5.08 cm	7.62 cm	10.16 cm	12.70 cm

筆者作成

★〇×問題でチェック★

問5　通常、行政内部における行政機関相互の行為には処分性が認められる。
問6　通達であっても処分性が認められる場合がある。

2 法効果

　行政が個別の国民に対して行う行政活動であっても、それが法効果を有しない場合には処分性が否定されます。そのため、法的行為ではない通知や行政指導などの事実行為は通常、処分性が否定されることになります。しかし、通知や行政指導であったとしても、法のしくみや現実の取り扱いを検討して、法効果が発生していると認めることができる場合には、処分性が肯定されることがあります。

　通知は一定の事項を相手方に表示する（伝える）行為であって、通常はそれによって相手方の権利義務に直接変動をもたらすことは予定されないため、処分性は否定されます。しかし、最高裁が通知の処分性を肯定したものとして、関税定率法上の輸入禁制品該当通知の例を挙げることができます（最高裁昭和54年12月25日判決）。この事件は、原告である輸入業者が「Sun-warmed nudes」という書籍（本件書籍）を輸入するため輸入申告を行ったのに対し、横浜税関長が本件書籍は風俗を害すべき書籍として輸入禁制品に該当するとの通知（本件通知）を行ったという事件です。原告はこの書籍はアメリカの有名な写真家Andre de Dienesが女性の裸体美をあらゆる姿態からとらえた芸術的写真であって風俗を害すべき書籍には該当しないと主張して、本件通知の取消しを求めて訴えを提起しました。そこで、本件書籍について輸入禁製品に該当すると記載した本件通知に処分性が認められるかが問題となりました。もし、輸入申告に対して輸入不許可処分が行われる手続になっているのであれば、その不許可処分に対して取消訴訟を提起すればよいことになるはずです。しかし、実際には輸入不許可処分が行われることはなく、輸入禁制品該当通知のみが行われるという運用がされていたために、この通知に処分性が認められるかが問題となったのです。

　最高裁の示したロジックを理解するために、まずは外国から貨物を輸入する場合の、手続の流れを確認しておきましょう。外国からの貨物の輸入については、税関長の許可を受けないまま輸入を行うことは禁じられています。そのため、輸入を行うにあたっては、輸入の許可を得るために税関長に対して申告を行う必要があります。この申告に基づいて該当の貨物の検査が行われま

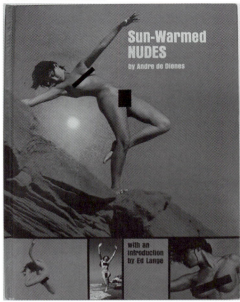
↓ Sun-warmed nudes

筆者撮影（一部加工）

す。この検査の結果、輸入禁制品ではないと判断された場合には、税関長によって輸入の許可処分が行われ、その貨物を輸入することができるようになります。他方で、検査の結果、風俗を害すべき書籍などの輸入禁制品に該当すると判断された場合、上述のように運用上は、輸入の不許可処分は行われません。このとき、申告者に対しては輸入禁制品該当通知のみが行われ、それによって申告者はその貨物が輸入禁制品に該当して輸入できないことを知ることになります。この通知を受けた申告者は、異議申立てを行うことができ、異議が認められた場合には改めて許可処分を得ることができます。しかし、異議が認められない場合にはやはり通知のみが行われ、輸入不許可処分が発されるということはありません。

　このように、検査の結果、風俗を害すべき書籍などの輸入禁制品に該当すると判断された場合には輸入禁制品該当通知のみが行われることになり、異議申立てを行ってもなお輸入許可処分を得られない場合には、申告者は当該貨物を適法に輸入する道を閉ざされることになります。

　最高裁は、以上のような手続を前提として、当該貨物を適法に輸入することができくなるという輸入申告者が被る制約は、「通知によつて生ずるに至つた法律上の効果である、とみるのが相当である」と判示し、輸入禁制品該当通知には法効果があるのだとしてその処分性を認めました。

　また、最高裁は、食品衛生法に基づき食品等の輸入届出をした者に対して検疫所長が行う当該食品等が食品衛生法に違反する旨の通知についても、その実務上の取り扱いを検討したうえで、食品衛生法違反通知によって当該食品等の輸入許可が受けられなくなる法的効力が生じているとして処分性を認めています（最高裁平成16年4月26日判決）。

↓ 輸入禁制品該当通知の流れ

```
外国から貨物を輸入する場合
         ↓
    税関長に申告
         ↓
       検査
      ↙    ↘
税関長が輸入禁制品に    税関長が輸入禁制品に
該当しないと判断した場合  該当すると判断した場合
      ↓              ↓
    許可 ← 異議申立 ← 輸入禁制品
         異議が認め     該当通知
         られた場合        ↓
      ↓              輸入できない
    輸入できる
```
筆者作成

★ ○×問題でチェック ★

問7　行政指導、通知、勧告などの事実行為は通常、処分性が否定される。
問8　最高裁昭和54年12月25日判決は、「Sun-warmed nudes」が輸入禁製品に該当するとした通知に処分性を認めた。

3 具体性

> **建築基準法第42条2項**
> 都市計画区域若しくは準都市計画区域の指定若しくは変更又は第68条の9第1項の規定に基づく条例の制定若しくは改正によりこの章の規定が適用されるに至つた際現に建築物が立ち並んでいる幅員4メートル未満の道で、特定行政庁の指定したものは、前項の規定にかかわらず、同項の道路とみなし、その中心線からの水平距離2メートル……の線をその道路の境界線とみなす。……

法律や条例、省令などの制定は一般的な規範の定立であり、国民に対しては抽象的な形で法的拘束力をもつにとどまります。行政処分であるというためには「直接国民の権利義務を形成しまたはその範囲を確定するもの」でなければならないので、個別具体性に欠けるこれらの行為には通常、処分性は認められません。たとえば、大阪高裁昭和60年11月29日判決は、社寺等の敷地内に所在する建造物、庭園等を有料で鑑賞する者に対して一定の税金を課すこととした京都市古都保存協力税条例の処分性を否定しています。このように、ある行為が国民の権利義務に影響を与えたとしても、それが一般的抽象的な法効果のみを有する場合には処分性は認められません。

このような意味で、その法効果に具体性が認められるか否かが問題となった行為として、二項道路の一括指定を挙げることができます。まずは二項道路の制度について概観しておきましょう。建築基準法上、建築物の敷地は幅員4m以上の道路に2m以上接していなければならない（接道義務）と定められています。しかし、この規制が定められた1950（昭和25）年には、幅員4m未満の道も多くあったので、救済のための規定として建築基準法42条2項が設けられました。この規定により、1950（昭和25）年の時点で現に建物が立ち並んでいる幅員4m未満の道で、特定行政庁が指定したものは、その中心線から2mの部分を道路とみなすこととされました。これが二項道路と呼ばれるものです。幅員4m未満の道が二項道路に指定されると、その道に接する敷地の一部が道路とみなされることで接道義務が満たされることになる一方、その道に接する敷地の所有者は、道路とみなされた部分における建築等が制限される等の私権の制限を受けることになります。そして、この二項道路への指定は個別的に行う場合と、「幅員4m未満2.7m以上の道で、一般交通の用に使用されており、道路の形が整い、道路敷地が明確であるもの」などといった一定の要件を告示などで示し、その要件に該当する道を一括して二項道路に指定する場合とがありました。このうち、一括して二項道路の指定を行った場合に、それが一般的、抽象的な法効果ではなく、具体的な法効果を有するといえるかが問題となりました。二項道路の一括指定について、大阪高裁平成10年6月17日判決は、一括指定がなされたとしても具体的にどの道路が二項道路にあたるかはなお不明であり、「告示自体によって、直ちに建築制限等の私権の制限が生じるものと認めることはできない」として処分性を否定しました。しかし、その上告審である最高裁平成14年1月17日判決は「本件告示によって二項道路の指定の効果が生じるものと解する以上、このような指定の効果が及ぶ個々の道は二項道路とされ、その敷地所有者は……具体的な私権の制限をうける」から、一括指定は「個人の権利義務に対して直接影響を与えるもの」であるとして、原判決を覆してその処分性を認めました。

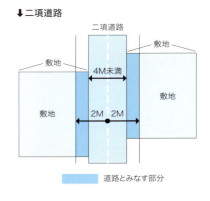

↓二項道路

都市計画法上の都市計画用途地域の指定（☞14-Ⅲ**1**）も、具体的な法効果が認められるかが問題となった行為です。最高裁昭和57年4月22日判決では、都市計画区域内において工業地域を指定する決定に処分性が認められるかが問題となりました。都市計画区域内において工業地域として指定されると、当該地域内においては、病院等の建築が禁止されるなど建築物の用途は限定され、容積率、建ぺい率等にも制限がかかり、これらの基準に適合しない建築物については、建築確認を受けることができず、ひいてはその建築等を行うことができなくなります。本件では、岩手県知事が盛岡広域都市計画用途地域の指定の決定を行い、その中で原告が経営する病院の敷地を含む土地を工業地域に指定したところ、原告がこの用途地域の指定の決定の取消しを求めて訴えを提起しました。最高裁は、工業地域への指定がその地域において土地を所有する者等に建築基準法上の新たな制約を課すものであることを認めつつも、その法効果は、法令や条例が制定された場合と同様に、不特定多数の者に対する一般的抽象的な法効果にすぎないとして、法効果の具体性を否定しました。本判決はこの判断に加え、用途地域の指定を抗告訴訟で争うことができないとしても、土地の所有者等は建築確認申請に対する拒否処分等がなされてからその取消訴訟を提起することで権利救済を受けることができるとし、権利救済のために用途地域指定決定の段階で抗告訴訟を認める必要性が高くないことを考慮したうえで、その処分性を否定しました。

↓盛岡広域都市計画用途地域の指定

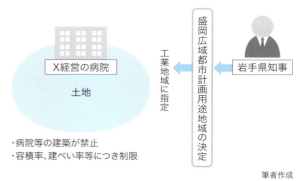

・病院等の建築が禁止
・容積率、建ぺい率等につき制限

筆者作成

★〇×問題でチェック★

問9　法律や条例の制定は、国民に対する法的拘束力をもたない。
問10　最高裁は、二項道路の一括指定は個人の権利義務に対して直接影響を与えると判断した。

4 権力性

「公権力の主体たる国または公共団体が行う行為」と示されている通り、行政の行為に処分性が認められるためには権力性が必要となります。権力性とは、行政が法律関係を一方的に変動させることを意味します。補助金の交付決定などは、通常、要綱（☞11-Ⅳ❶）に基づき、私人による申し込みに対する承諾という形で両当事者の意思の合致により成立するものであると考えられるため、権力性は否定され、一般的には、（負担付き）贈与契約と理解されることになります。ところが、補助金をめぐる法律関係の透明性や平等性を確保するという要請から、法律が、契約ではなく処分の手続に補助金交付決定を従わせようとすることがあります。そのような場合、その補助金交付決定は権力性を有するものとして処分性が認められます。このような観点から、補助金適正化法は、国の補助金交付決定を処分として取り扱っています。このように、給付行政における行為に権力性が認められるかは、その根拠法が当該行為を処分として取り扱っているかを検討して判断されます。

権力性が認められるかが問題となった事例として、労災修学援護費の支給決定の例を挙げることができます（最高裁平成15年9月4日判決）。この事件では、原告が、フィリピンにあるシリマン大学に入学した子の学資を支払うため、労働者災害補償保険法23条1項2号に定める労働福祉事業としての労災就学援護費の支給を申請しましたが、不支給決定通知を受けたため、その取消しを求めて訴えを提起したというものです。労災修学援護費に関する法律の規定としては、労災保険法が労働福祉事業として遺族の修学の援護を行うことができると規定したうえで、その実施に関して必要な基準は労働省令で定めるとしていました。そして、当該労働省令においては、支給に関する事務は管轄の労働基準監督署長が行うと規定され、労働省労働基準局長通達において支給に関する詳細な要件や手続が定められていました。通達では労災保険給付の手続として、労災保険法上定められた保険給付の手続と同様に、申請に対し支給または不支給の決定が行われ、申請者に対しその決定が通知されることが定められていました。最高裁は、通達によって定められた上記労災修学援護費の支給のしくみにかんがみ、労災保険法が保険給付と同様の手続により労災就学援護費を支給することができる旨を規定しているものと解するのが相当であるとして、処分性を肯定しました。本判決は、修学援護費の支給決定の権力性を肯定するにあたって、決定の根拠法について柔軟な解釈が行われた点に特徴があります。

↓シリマン大学

シリマン大学HPのトップページより

↓労災就学援護費のしくみ

労働者災害補償保険法	保険給付を行うほか、労働福祉事業として遺族の就学の援護等、必要な事業を行うことができると規定。労働福祉事業の実施に関して必要な基準は労働省令で定めると規定。
労働省令 (労働者災害補償保険法施行規則)	支給に関する事務は事業場の所在地を管轄する労働基準監督署長が行うと規定。
労働省労働基準局長通達	支給対象者、支給額、支給期間、欠格事由、支給手続等、を規定し、要件を具備する者に対し、労災就学援護を支給することを規定
手続の流れ	申請書を提出 → 支給決定or不支給決定 → 通知

筆者作成

Ⅳ 処分性概念の拡大

以上みてきたように、処分性が認められる典型的な行為以外にも処分性概念は拡大されてきており、権利救済の必要性が高い場合に拡大が認められる傾向にあります。そして、権利救済の必要性を重視して処分性を肯定したと考えられる事例として、病院開設中止勧告事件（最高裁平成17年7月15日判決）があります。この事件では、医療法上の病院開設中止勧告に処分性が認められるかが問題となりました。まずは、当時の医療法上の中止勧告がどのようなものであったかを概観しておきましょう。病院の開設を希望する者は、開設の許可を受けるために当該都道府県知事に対して申請を行う必要がありました。この時、知事は当該地域における必要病床数を考慮し、病院開設の中止勧告を行うことができることとされていました。しかし、たとえ申請者がこの勧告に従わないとしても病院開設の許可は行われることになっていました。そのためこの勧告は医療法上は法効果をもたない行政指導として位置づけられていました。他方で、当時の保健局長通知によれば、病院開設希望者が中止勧告に従わない場合には、健康保険法上の保険医療機関への指定を拒否することとされていました。最高裁は、病院開設中止の勧告は医療法上は行政指導として定められているとしたうえで、この保健局長通知による取り扱いに着目し、勧告への不服従は「相当程度の確実さをもって指定拒否という結果をもたらす」ことになり、「保険医療機関の指定を受けることができない場合には、実際上病院の開設自体を断念せざるを得ないことになる」として中止勧告の処分性を肯定しました。

↓病院開設中止勧告事件の事案

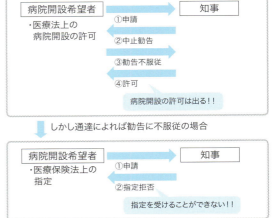

筆者作成

★○×問題でチェック★

問11 補助金交付決定には、常に処分性が認められる。
問12 最高裁は権利救済の必要性とはかかわりなく処分性の有無を判断している。

21 原告適格

I 原告適格とは

　原告適格とは、原告として訴訟を提起することができる資格のことをいいます。たとえば、ある人がパチンコ店を経営したいと考えたとしましょう。風俗営業等の規制及び業務の適正化等に関する法律（風俗営業法）3条1項によれば、パチンコ店を経営するには、都道府県の行政庁である公安委員会に申請をして営業の許可を得なければなりません。このとき、行政庁が許可という行政処分をする相手のことを名宛人と呼びます。もし申請をしても許可が得られなかった場合、申請者が行政庁（この場合は都道府県）を相手に不許可処分の取消訴訟を提起することはまったく問題ありません。しかし、仮に許可が得られた場合、名宛人でない人（これを第三者といいます）が、許可の取消訴訟を提起した場合は、当然に原告適格が認められることにはなりません。考えられる例として、パチンコ店の近隣住民が「パチンコ店ができるとうるさい」と主張することや、同業者が「このパチンコ店ができることで自分の店の売り上げが下がる」と主張することが考えられます。こうした第三者については、どのような範囲で原告適格を認めるべきでしょうか。

　原告適格については行政事件訴訟法9条1項が定めています。それによれば、「法律上の利益を有する者」に限って取消訴訟を提起することができると定められているため、この「法律上の利益」をどのように理解するかが次の問題となります。学説では、法律上保護された利益説と法律上保護に値する利益説の2つの考えがあります。法律上保護された利益説は、行政庁が処分をするにあたり、根拠となる法令から原告の利益が保護されているかどうかを判断する見解をいいます。これに対し、法律上保護に値する利益説は、上記利益にとどまらず、裁判で救済に値する利益であれば原告適格を認める見解をいいます。

　最高裁が採用する法律上保護された利益説によると、処分の根拠となる法令（関連する法令も含みます）が不特定多数の人々の利益（公益）を保護するにすぎない場合、「法律上の利益」は認められません。一方、個別具体的な利益をも保護するものであれば、その利益を有する人には「法律上の利益」が認められます。最高裁は前者を反射的利益や一般的公益、後者を個別的利益と呼んでいます。

　もっとも、反射的利益・一般的公益と個別的利益の区別は容易ではありません。そこで、2004（平成16）年に行政事件訴訟法が改正され、新しく9条2項が設けられたことにより、「法律上の利益」を判断するにあたって考慮すべき事項が明示されるようになりました。

　その9条2項ですが、この条文は最初に書かれているように「裁判所は、処分又は裁決の相手方以外の者について前項に規定する法律上の利益の有無を判断するに当たつては、当該処分又は裁決の根拠となる法令の規定の文言のみに」よってはならないことがその中心となります。そのための具体例として、下図にある①と②を考慮することに触れており、さらにその詳細として、①については③を、②については④を考慮することを要求しています。このように、9条2項は①と③、②と④をセットで考慮することにより、裁判官が「法律上の利益」を判断するにあたって杓子定規な対応をしないよう、解釈の指針を与えているのです。

▼名宛人と第三者のイメージ

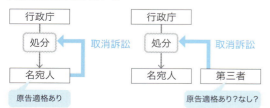

筆者作成

▼行政事件訴訟法9条2項の条文と構造（数字と下線は筆者が追加したもの）

　裁判所は、処分又は裁決の相手方以外の者について前項に規定する法律上の利益の有無を判断するに当たつては、当該処分又は裁決の根拠となる法令の規定の文言のみによることなく、①当該法令の趣旨及び目的並びに②当該処分において考慮されるべき利益の内容及び性質を考慮するものとする。この場合において、③当該法令の趣旨及び目的を考慮するに当たつては、当該法令と目的を共通にする関係法令があるときはその趣旨及び目的をも参酌するものとし、④当該利益の内容及び性質を考慮するに当たつては、当該処分又は裁決がその根拠となる法令に違反してされた場合に害されることとなる利益の内容及び性質並びにこれが害される態様及び程度をも勘案するものとする。

　裁判所は、法律上の利益の有無を判断するにあたり、当該処分又は裁決の根拠となる法令の規定の文言のみによってはならない。

①当該法令の趣旨及び目的

③当該法令と目的を共通にする関係法令があるときはその趣旨及び目的をも参酌する。

②当該処分において考慮されるべき利益の内容及び性質

④当該処分又は裁決がその根拠となる法令に違反してされた場合に害されることとなる利益の内容及び性質並びにこれが害される態様及び程度をも勘案する。

筆者作成

★○×問題でチェック★

問1　原告適格は「法律上の利益」を有する者に認められる。
問2　処分の名宛人が当該処分の効果を争う場合、原告適格の有無が問題となる。

II　競業者の原告適格

1　公衆浴場営業許可無効確認訴訟

公衆浴場法
第2条　業として公衆浴場を経営しようとする者は、都道府県知事の許可を受けなければならない。
2　都道府県知事は、公衆浴場の……設置の場所が配置の適正を欠くと認めるときは、前項の許可を与えないことができる。
（略）
3　前項の設置の場所の配置の基準については、都道府県（保健所を設置する市又は特別区にあつては、市又は特別区。以下同じ。）が条例で、これを定める。
4　（略）

公衆浴場の設置の場所の配置の基準等に関する条例（京都府）
第1条　この条例は、公衆浴場法（昭和23年法律第139号。以下「法」という。）の規定に基づき公衆浴場の設置の場所の配置の基準、営業者が講じなければならない措置の基準等を定めるものとする。
第2条　法第2条第3項に規定する設置の場所の配置の基準は、各公衆浴場間の最短距離が250メートル以上保たれていることとする。

公衆浴場法によれば、公衆浴場の営業には都道府県知事の許可が必要です（2条1項）。公衆浴場の配置基準は条例に委任されており（2条3項）、条例の中には公衆浴場間に一定距離を定めるものがあります（適正配置規制といいます）。

京都市では条例で適正配置を250m以上と定めていました。ところが、適正配置規制に違反するにもかかわらず、京都市の新規事業者に対して公衆浴場の営業許可がなされたことがありました。そこで、経営悪化の可能性のある既存の公衆浴場の経営者が、新規事業者に対する許可の無効確認を求めました（なお、本訴訟は無効確認訴訟の事例ですが、取消訴訟と同様に原告の「法律上の利益」の有無が問題となりました）。

最高裁（昭和37年1月19日判決）は、公衆浴場法が許可制と適正配置規制を定めた目的は「国民保健及び環境衛生」にあるものの、公衆浴場の濫立を防ぐとともに営業許可を受けた者の経営を守る目的も否定できないと述べ、既存業者の原告適格を認めました。

↓公衆浴場法における距離制限と新規業者の参入規制

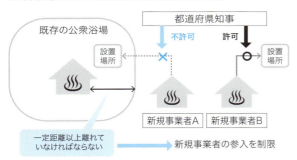

筆者作成

↓京都にある公衆浴場（イメージ）

アフロ

2　一般廃棄物処理業許可・更新取消訴訟

一般廃棄物とは主に家庭系ごみと、事業系ごみの一部を指します。一般廃棄物の処理は市町村の責務ですが、廃棄物の処理及び清掃に関する法律（廃棄物処理法）によれば、市町村は民間業者に委託や許可をすることができます。市長がこの法律に基づき、新規事業者に市の一般廃棄物の収集運搬の許可を与えました。これに対し、従来から許可を得ていた既存事業者が市を被告として、新規事業者への許可の取消しを求めました。

廃棄物処理法は一般廃棄物処理業への新規事業者の参入を制限しています（需給調整といいます）。もし自由な参入を認めれば、過当競争によって同業者が共倒れする可能性があり、一般廃棄物の処理が円滑に進まなくなるからです。

こうした制度を論拠として、最高裁（平成26年1月28日判決）は既存業者の営業上の利益が「法律上の利益」であると判断し、原告適格を認めました。

↓一般廃棄物処理業における市町村・事業者の関係と新規事業者の参入規制

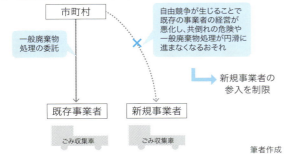

筆者作成

↓一般廃棄物の収集運搬（イメージ）

アフロ

★○×問題でチェック★
問3　最高裁によれば、適正配置規制の違反を主張する公衆浴場経営者には原告適格が認められる。
問4　法律の中には、新規事業者の市場への参入を制限するものが存在する。

III 文化財の学術研究者の原告適格

文化的に価値のあるものの保存・活用について、文化財の学術研究者は大きな関心を有しています。このような研究者の利益が問題となった事例が伊場遺跡訴訟（最高裁平成元年6月20日判決）です。伊場遺跡は弥生時代まで遡る遺構で有名な遺跡群であり、文化財保護法によって史跡に指定されていました。史跡に指定されれば、県はその保存と活用をしなければなりません。しかし、静岡県が伊場遺跡についてその史跡の指定を解除したことから、伊場遺跡を研究する学術研究者が史跡指定解除の取消しを求めました。

最高裁によれば、文化財の保護や活用によって得られる利益は国民全体にかかわるものであり、公益として保護されているにすぎません。したがって、文化財に対する学術研究者の学問研究上の利益は「法律上の利益」とはいえず、学術研究者の原告適格は否定されました。

↓伊場遺跡

アフロ

IV 消費者の原告適格

1 近鉄特急訴訟

私たちが消費者のひとりとして有する利益は「法律上の利益」といえるのでしょうか。この点が問題となった事例として近鉄特急訴訟（最高裁平成元年4月13日判決）があります。（旧）地方鉄道法によれば、鉄道運賃の改定には陸運局長の認可を受ける必要がありました。近畿日本鉄道はこの規定に基づき、大阪陸運局長から特急料金改定の認可を得たところ、日常的に特急列車を利用している通勤定期購入者が認可の取消しを求めました。

なぜ（旧）地方鉄道法は運賃の改定に対して行政庁の認可を必要としているのでしょうか。鉄道は多くの人々の移動の足となるわけですから、鉄道会社側が恣意的な運賃設定をすれば、日常生活に支障をきたす人もいるでしょう。だからこそ、運賃価格が適正であるかを行政庁がチェックしているわけです。しかし、最高裁によれば、（旧）地方鉄道法の定める認可の制度は鉄道利用者全体の利益を保護するためであり、利用者一人ひとりの利益を特別に保護するものではありません。それは定期券の購入者であっても変わらないため、運賃改定によって通勤者の被る不利益は「法律上の利益」といえず、原告適格はないと判断されました。

↓近鉄特急

熊博毅/アフロ

2 北総線訴訟

近鉄特急訴訟では通勤者の原告適格が否定されましたが、その後に通勤・通学者の原告適格が認められた事例が北総線訴訟と呼ばれる訴訟です。北総線の運賃は他の鉄道会社と比べて高額なことで有名でした。その後も料金改定（値上げ）がなされたことから、通勤・通学で日常的に北総線を利用する者が認可の取消しを求めて訴訟を提起しました。

近鉄特急訴訟当時の地方鉄道法は後に廃止されて鉄道事業法（☞1-II❸）となったことから、地裁判決（東京地裁平成25年3月26日判決）は近鉄特急訴訟と北総線訴訟で根拠となる法律が異なると説明しました。鉄道事業法は地方鉄道法と異なり、鉄道利用者の利益を保護するための規定が設けられています。そのため、鉄道事業法によれば、高額な運賃によって通勤・通学者の被る不利益は「法律上の利益」であり、原告適格が認められると判断しました。この判断は高裁判決（東京高裁平成26年2月19日判決）でも維持されています。

北総線訴訟は最高裁で上告不受理となりましたが、原告適格を肯定した下級審判決を最高裁が破棄しなかったことからも、学説上は影響力のある判決として理解されています。

↓北総線（上は訴訟当時の運賃。下は訴訟後の2022（令和4）年に改定された運賃）とJR各社の通勤定期運賃の比較（同等距離で計算。運賃は2024（令和6）年時点のもの）

通勤定期	北総線	JR北海道	JR四国	JR東海	JR東日本	JR西日本
1カ月	35,780円 （34,440円）	24,170円	23,710円	18,110円	17,310円	17,140円
3カ月	101,980円 （98,160円）	68,850円	67,420円	51,650円	49,330円	48,870円
6カ月	193,220円 （185,980円）	116,640円	128,030円	87,340円	83,160円	82,580円

筆者作成

↓北総線の運賃値下げを求めるポスター

北総線の運賃値下げを実現する会提供

★○×問題でチェック★

問5　最高裁によれば、学術研究者が文化財に対して学問研究上有する利益は「法律上の利益」として認められる。
問6　最高裁によれば、鉄道の一般利用者には、運賃改定の認可を争う原告適格が認められる。

Ⅴ 周辺住民等の原告適格①──生命・身体の安全

1 もんじゅ訴訟

　施設の周辺住民の原告適格が問題となった事例は多くありますが、その中でもとりわけ命にかかわる利益（生命・身体の安全）が問題となった事例を紹介します。もんじゅは高速増殖原子炉として福井県敦賀市に設置された施設です。この施設は当時の核原料物質、核燃料物質及び原子炉の規制に関する法律（規制法）に基づき、動力炉・核燃料開発事業団が建設を計画したものであり、内閣総理大臣が設置許可をしました。

　原子炉の安全性に対する住民の懸念は当時から根強いものがありました（本訴訟後の1995年には、冷却材である金属ナトリウムが漏れて火災が発生する事故が起こっています）。こうした中、もんじゅの設置予定地の周辺に居住する住民が、上記設置許可の無効確認訴訟を提起したものがもんじゅ訴訟（最高裁平成4年9月22日判決）です。

　最高裁は規制法の趣旨・目的だけでなく、保護された利益の内容や性質、さらには原告が被ることになる不利益の重大性にも言及しました。もし重大な原子炉事故が発生した場合、原子炉近くの住民の生命・身体等に直接的かつ重大な影響を与え

▼高速増殖炉「もんじゅ」でのナトリウム漏えい事故の際、床に積もったナトリウム化合物を調べる職員ら

時事

ることになります。こうした利益は公益として保護されているにとどまらず、個別的利益として保護されていると最高裁は判断し、周辺住民の原告適格を認めました。

2 森林法に基づく林地開発許可取消訴訟

　森林法によれば、山林の開発には都道府県知事の許可が必要です。ある会社がゴルフ場造成のために県内の山林の開発を計画し、県知事が許可を与えました。これに対し、開発対象地域の近隣の居住者や周辺の立木所有者、同区内を水源とする農家等が許可の取消しを求めて訴訟を提起しました。

　最高裁（平成13年3月13日判決）はもんじゅ訴訟を引用し、同様の判断基準から原告適格を判断しました。森林法が山林の開発に都道府県知事の許可を必要としているのは、森林が土砂災害や水害を防止する機能に注目し、近隣住民の生命・身体の安全等を守るためです。こうした目的から、土砂災害や水害等によって直接影響を受ける周辺住民の生命・身体の安全等の利益は個別的利益として保護され、原告適格が認められました。一方、周辺住民以外の者については原告適格が認められませんでした。

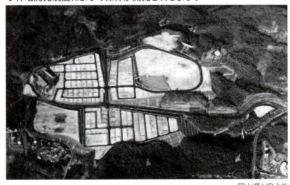

▼林地開発制度によって森林が開発されるようす

岡山県HPより

3 総合設計許可取消訴訟

　日本では土地に建物を建築する際、行政庁から建築確認を得なければならず、その際に建築基準法が定める容積率（敷地面積に対する延べ床面積の割合をいいます）を守らなければなりません。しかし、一定の要件を満たしたうえで行政庁から許可が得られれば、容積率を緩和することが認められています（総合設計制度といいます）。

　この訴訟は高層ビルに対する総合設計の許可と、後続する建築確認に対し、近隣の建物所有者がその取消しを求めて提訴したものです。建築基準法においては、許可の対象となる建物周辺の建築物に対する日照・通風・採光を良好に保つことや、地震や火災等によって倒壊・炎上するなどの事態が生じた場合に、周辺の建築物や居住者に重大な被害が及ぶことがないよう配慮

されています。最高裁（平成14年1月22日判決）はこうした総合設計許可に関する制度の趣旨から、被害を直接的に受けることが予想される範囲の居住者に原告適格を認めました。

▼総合設計制度

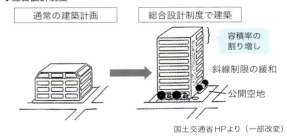

国土交通省HPより（一部改変）

★〇×問題でチェック★
問7　原子炉周辺の住民が原子炉設置許可処分を争った訴訟において、最高裁は原告適格を認めた。
問8　最高裁によれば、山林の開発によって災害の影響を直接受ける周辺住民は原告適格を有する。

VI 周辺住民等の原告適格② ── 健康・生活上の利益

1 長沼ナイキ訴訟

次に、命にかかわるほどではありませんが、健康や日常生活に大きな影響を与えるような利益が問題となった事例を紹介します。当時の農林大臣が山林にミサイル基地を設置するため、森林法に基づき保安林の指定を解除しました。これに対し、保安林の周辺に居住する住民が様々な生活上の不利益を主張し、指定解除の取消訴訟を提起しました。長沼ナイキ訴訟（最高裁昭和57年9月9日判決）（☞ 22-1 6）と呼ばれる訴訟です。

最高裁は、不特定多数者の利益が一般的公益であるとともに個別的利益でもあるという可能性を肯定しました。そして、保安林の指定解除によって生活に支障が出る（たとえば農業用水や飲料水の確保が困難になる、洪水被害を受ける等）一定範囲の地域に居住する住民の利益は個別的利益であるとして、原告適格を認めました。

↓長沼ナイキ基地

朝日新聞社提供

2 新潟空港訴訟

航空法によれば、航空会社が空港の路線を新規に利用するには、国土交通大臣による定期航空運送事業の免許を受けなければなりません。この法律に基づき、ある航空会社が新潟空港での免許を受けました。新潟空港はその地形上すぐ近くに住宅が広がっており、飛行機の離発着にはかなりの騒音を伴うことから、周辺住民はその生活環境が脅かされることになります。そこで、周辺住民が原告となり、航空会社への免許の取消しを求めて訴訟を提起しました。

最高裁（平成元年2月17日判決）は長沼ナイキ訴訟の考え方を踏まえ、航空法が保護する利益を検討しました。その結果、騒音被害を主張する周辺住民の利益は一般的公益にとどまらず、個別的利益としても保護されるべきであるとし、原告適格を認めました。

↓新潟空港と近隣の住宅地

国土交通省北陸地方整備局HPより

3 小田急訴訟

鉄道と道路の交差による交通渋滞を解消するため、鉄道と道路を立体して交差するよう工事することを立体交差事業といいます。東京都が都市計画法に基づき、小田急線と複数の道路の立体交差事業を含む都市計画事業の認可を当時の建設大臣から得ました。これに対し、沿線住民が健康や生活環境に対する被害を主張し、その取消しを求めて訴訟を提起したものが小田急訴訟（最高裁平成17年12月7日判決）（☞ 14-IV 3）と呼ばれる訴訟です。

最高裁は、当時新設されて間もない行政事件訴訟法9条2項に触れつつ、根拠法である都市計画法のみならず、都市計画が適合するべき公害防止計画の根拠法令である公害対策基本法の規定も考慮し、保護された利益を検討します。そして、事業に伴う騒音や振動等によって住民の健康や生活環境について著しい被害を受けない利益は、個別的に保護されていると述べました。また、東京都環境影響評価条例も併せて検討し、事業の実施によって環境に著しい影響を受ける地域を条例が「関係地域」と定めていることも考慮すれば、上記利益を有する人のうち、特に関係地域内の居住者については原告適格が認められると判断しました。

↓立体交差事業のイメージ

大阪市HPより

↓小田急訴訟における鉄道事業認可の取消訴訟では、関係地域内に居住するか否かで線引きがなされた

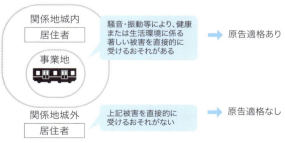

筆者作成

VII 周辺住民等の原告適格③ ── 善良な風俗等の居住環境上の利益

1 サテライト大阪訴訟

ここでは、より住みやすい環境を求める利益が問題となった事例を紹介します。自転車競技法によれば、自転車競技の場外車券販売施設（自転車競技場に行かなくても大型モニターでリアルタイムに競技を観戦でき、車券も購入できる施設をいいます）の設置には、経済産業大臣の許可を得る必要があります。ある会社がこの法律に従い、大阪市に場外車券販売施設を設置することの許可を受けました。これに対し、施設付近で病院や診療所を営む医師と周辺住民が生活環境の悪化を主張し、許可の取消訴訟を提起したものがサテライト大阪訴訟（最高裁平成21年10月15日判決）と呼ばれる訴訟です。

最高裁は、場外車券販売施設の設置によって生活環境が悪化するといった利益は公益であって、個別的利益ではないと判断し、周辺住民の原告適格を認めませんでした。自転車競技法の委任を受けた同法施行規則の規定によれば、許可の要件として、場外車券販売施設と学校や病院等の施設（医療施設等）が相当の距離を有することや、その運営に対して支障を与えるおそれがないこと（位置基準といいます）が定められています。しかし、いずれも周辺住民の利益を一次的に保護するものではないと解されました。

一方で、位置基準が保護の対象として想定する医療施設等の開設者については異なる判断をしました。最高裁によれば、場外車券販売施設の設置によってその運営に著しい支障が生じる範囲で医療施設等を開設する者には、健全で静穏な環境のもとで円滑に業務を行うことのできる利益が保護されています。

▼繁華街にあるサテライト大阪（手前ビル）

筆者撮影

▼サテライト大阪訴訟判決の原告と原告適格

原告	施設からの距離	原告適格
医師（医療施設等開設者）	約120〜200mの場所に開設	○
	約800mの場所に開設	×
周辺住民	1000m以内に居住	×

筆者作成

その結果、施設から約800m離れた場所で病院等を営む医師は原告適格が否定されましたが、約120mから200m離れた場所の医師については地方裁判所に差し戻され、のちに原告適格が認められました。

2 納骨堂経営許可取消訴訟

墓地や納骨堂は人の死を連想させることがあります。その設置によって周辺住民の生活環境が害されるかもしれません。では、この場合の利益は「法律上の利益」といえるのでしょうか。墓地、埋葬等に関する法律（墓地埋葬法）により、ある寺が墓地等（納骨堂を含みます）の経営の許可を受けたことから、周辺住民が許可の取消しを求めました。

最高裁はかつて、墓地埋葬法に基づく墓地等の周辺住民の利益は「法律上の利益」ではないとして、原告適格を否定したことがありました（平成12年3月17日判決）。今回の判決で最高裁（令和5年5月9日判決）は平成12年の判決を変更しませんでしたが、墓地埋葬法に加え、「大阪市墓地、埋葬等に関する法律施行細則」（細則）を「関係法令」として考慮する

という、平成12年判決とは異なる書きぶりでした。細則によれば、墓地等の周囲から約300m以内に居住する周辺住民については、墓地経営等の許可が原則として禁止されます。こうした規定から、納骨堂からおよそ300m以内の場所の居住者については、平穏に日常生活を送る利益が個別的利益として保護されていると最高裁は判断し、原告適格を認めました。

▼ビル型納骨堂

アフロ

▼納骨堂の参拝ブース（イメージ）

朝日新聞社提供

★ ○×問題でチェック ★
問11 場外車券販売施設の設置許可が争われた訴訟において、最高裁は周辺住民の原告適格を認めた。
問12 納骨堂の経営許可が争われた訴訟において、最高裁は判例変更をすることにより、周辺住民の原告適格を認めた。

22 その他の訴訟要件

I 狭義の訴えの利益

1 狭義の訴えの利益とは

（狭義の）訴えの利益とは、取消訴訟の訴訟要件の1つであり、処分等を取り消す実際上の必要性をいいます。取消判決によって回復すべき権利や利益が存在しない（失われた）場合、訴えの利益を欠くとして訴えは却下されます。原告適格と狭義の訴えの利益は、ともに「法律上の利益」（行政事件訴訟法9条1項）にかかわる訴訟要件であり、両者を合わせて広義の訴えの利益ともいいます。（狭義の）訴えの利益について主に問題となるのは、訴えが提起されてから判決が出るまでの間（係属中）に、期間の経過や処分後に生じた事情により、取消判決を求める利益が消滅した場合です。取消訴訟係属中に、期限付きの処分（30日間の営業停止処分など）の期限が到来した場合や、処分の職権取消しまたは撤回がされた場合、処分の効果が消滅したとして訴えの利益が否定されることがあります。期間の経過の例として、皇居前広場事件（最高裁昭和28年12月23日大法廷判決）では、皇居外苑の使用許可申請に対する不許可処分の取消訴訟において、訴訟係属中に申請上の使用期日が経過したため、訴えの利益が消滅したとされました。

↓狭義の訴えの利益

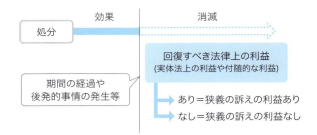

筆者作成

2 後続的事情の発生

工事や事業の完了などの処分後の事情によって訴えの利益が失われたかどうかは、処分の法効果や法制度上の位置づけを考慮しなければならず、判断が難しい場合があります。たとえば、建築確認の取消訴訟（最高裁昭和59年10月26日判決）では、建築物の建築工事完了によって訴えの利益が失われるとされました。なぜなら、建築確認はあくまで建築工事の「着手前」に、建築物の「計画」が建築関係規定に適合するかを判断するものだからです。建築工事「完了後」は、適法な建築確認を得ているかとは無関係に、完了検査において完成した「建築物」が建築関係規定に適合するかが判断されます。そして規定違反の建築物であった場合は、検査済証の交付が拒否されたり、違反是正命令が発せられることになります。

他方で、土地改良事業の施行認可の取消訴訟（最高裁平成4年1月24日判決）では、土地改良事業の完了によって訴えの利益は消滅しないとされました。施行認可は事業の施行者に土地改良事業施行権を付与するものであり、その後に行われる換地処分等の一連の手続および処分は、施行認可が有効に存在することを前提とします。それゆえ、施行認可が違法として取り消されれば、後続の換地処分等の法効果に影響を及ぼす（無効となる）ため、訴えの利益が認められました。また、工事や換地処分が完了し、原状回復が社会的、経済的損失の観点からみて社会通念上不可能であるとしても、それは事情判決（☞23-II 2）の適用に関して考慮されるべきであり、訴えの利益を消滅させるものではないとされました。

↓建築確認取消訴訟における訴えの利益

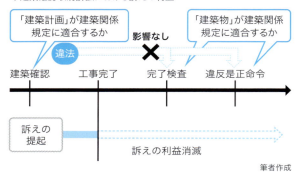

筆者作成

↓土地改良事業施行認可取消訴訟における訴えの利益

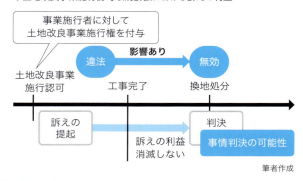

筆者作成

★ ○×問題でチェック ★

問1　処分取消訴訟の係属中に、期間の経過を理由として訴えの利益が消滅することがある。
問2　建築確認の取消訴訟の係属中に建築工事が完了しても、訴えの利益は失われない。

3 「回復すべき法律上の利益」①──実体法上の請求権

処分の効果がなくなったとしても、常に訴えの利益が消滅するわけではありません。行政事件訴訟法9条1項は「法律上の利益を有する者」について、かっこ書で「処分……の効果が期間の経過その他の理由によりなくなった後においてもなお処分……の取消しによって回復すべき法律上の利益を有する者を含む」と定めています。判例は、給料請求権などの実体法上の請求権が残る場合（後述）や、処分が何らかの他の法的資格・地位に影響を与えたり、処分を受けたことが将来の同種の処分に係る加重要件とされているなどの付随的な効果が残る場合（☞ 4 ・ 5 ）には、「回復すべき法律上の利益」があるとして訴えの利益を肯定しています。その一方で、処分があった事実により名誉等が損なわれる可能性は、処分の事実上の効果にすぎないため、名誉等は「回復すべき法律上の利益」とはされていません。

処分の取消しと実体法上の請求権との結びつきが認められた事例として、名古屋郵政局員免職処分取消訴訟（最高裁昭和40年4月28日大法廷判決）があります。本件では、免職処分を受けた国家公務員が、当該処分の取消訴訟を提起した後、市議会議員選挙に立候補しました。公職選挙法90条の規定により立候補の届出日から公務員の職を辞したものとみなされるため、当該公務員は仮に免職処分が取り消されても、元の地位を回復することができなくなりました。しかし本判決では、違法な免職処分がなければ有するはずであった俸給請求権（免職後から立候補時までのもの）が「回復すべき法律上の利益」にあたるとして訴えの利益が肯定されました。立候補により公務員として復職する可能性はなくなりましたが、俸給請求権は公務員としての法的地位があってはじめて発生するものです。それゆえ、免職処分の取消しによって、免職後から立候補までの公務員としての法的地位を回復する必要性が認められました。

↓免職処分取消訴訟における訴えの利益

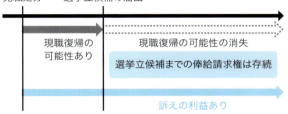

筆者作成

4 「回復すべき法律上の利益」②──付随的な効果

処分の本来の効果が失われた後も、処分の付随的な効果の存在を理由に訴えの利益が認められた事例として、弁護士の業務停止処分に関する日本弁護士連合会（日弁連）の裁決の取消訴訟（最高裁昭和58年4月5日判決）があります。本件では、日弁連会長選挙規程によって、業務停止処分による停止期間経過後も、処分に対し不服申立てができなくなった日から3年間は日弁連の会長選挙の被選挙資格を失う（処分が他の法的資格・地位に影響を与える）ため、「回復すべき法律上の利益」が認められました。

また、運転免許停止処分取消訴訟（最高裁昭和55年11月25日判決）では、自動車の運転免許停止処分を受けた者は、道路交通法上、処分の日から1年間、無事故・無違反で経過した後は前歴のある者と扱われず、免許停止処分の効果が一切失われるから、その後は当該処分の取消しを求める利益は消滅するとされました。本判決は、免許停止期間が過ぎた後も、前歴考慮期間中は将来の処分において不利益に取り扱われる（将来の処分の加重要件とされている）ため、免許停止処分の取消しを求める利益が残ることを前提にしています。他方で、運転免許停止処分を受けた旨の記載のある免許証を所持することで損なわれうる名誉・信用等の人格的利益については、名誉等が損なわれる可能性は処分の事実上の効果にすぎないとして、「回復すべき法律上の利益」と認められませんでした。

ただし、優良運転者である旨の記載のない免許証の交付を受けた者が、当該更新処分の取消しと優良運転者である旨の記載のある免許証（ゴールド免許）を交付して行う更新処分の義務付けを求めて出訴した事案（最高裁平成21年2月27日判決）では、その者はゴールド免許を交付して行う更新処分を受ける法律上の地位を回復するために当該更新処分の取消しを求める訴えの利益を有すると判示されました。他方で、ゴールド免許交付による更新手続上の優遇措置（申請方法、更新時講習、手数料など）を受けられなくなることは、更新処分が法律上の地位に及ぼす不利益ではなく、訴えの利益の根拠とはならないとされています。

↓運転免許停止処分と訴えの利益

↓優良運転者である旨の記載のある免許証

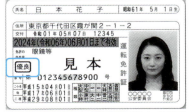

筆者作成　　警察庁HPより（一部加工）

★○×問題でチェック★
問3　公務員の免職処分後、復職の可能性が失われた場合は、取消訴訟の訴えの利益も消滅する。
問4　運転免許停止処分の停止期間経過後も、前歴考慮期間中は、取消訴訟の訴えの利益は消滅しない。

5 「回復すべき法律上の利益」③──裁量基準の加重要件

処分の付随的効果の根拠が法令にある場合だけでなく、裁量基準（☞11-Ⅳ2）にある場合にも、回復すべき法律上の利益が認められています。パチンコ店の営業停止命令の取消訴訟（最高裁平成27年3月3日判決）では、北海道函館方面公安委員会は、風俗営業等の規制及び業務の適正化等に関する法律（風俗営業法）に基づく営業停止命令について、行政手続法上の処分基準を公表していました。この処分基準によれば、過去3年以内に営業停止命令を受けた者に対して、さらに営業停止命令を行う場合は、停止期間の量定が加重されることになります。この判決は、公正・平等取扱いの要請や相手方の信頼保護等の観点から、処分基準の定めと異なる取扱いをすることは、これを相当と認めるべき特段の事情がない限り、裁量権の逸脱・濫用にあたるとしました。そして、それゆえに、営業停止命令を受けた者は、営業停止期間経過後も、加重要件を定める処分基準によって不利益取扱いを受けるべき期間内（当該処分後3年間）は、なお当該処分の取消しによって回復すべき法律上の利益を有すると判示しました。

↓処分の加重要件を定める処分基準

> **平成18年北海道函館方面公安委員会規程第5号10条2項**
> 過去3年以内に営業停止命令を受けた者に対し営業停止命令を行う場合の量定は、……当該営業停止命令の処分事由について第4条及び前3条に定める量定の長期及び短期にそれぞれ過去3年以内に営業停止命令を受けた回数の2倍の数を乗じた期間を、長期及び短期とする。（以下略）

筆者作成

6 訴訟を遂行する目的の喪失

処分の効果が存続していても後発的事情により原告が処分による不利益を受けなくなった場合、訴えの利益は失われます。長沼ナイキ訴訟（最高裁昭和57年9月9日判決〔☞21-Ⅵ1〕）では、保安林指定解除処分により、立木の伐採が可能となるため森林の理水機能（雨水を蓄え洪水を防止する機能等）が失われるとして、周辺住民が当該処分の取消訴訟を提起しました。しかし本件では、訴訟係属中に代替施設（ダム）が設置されたことにより、原告らの居住地域における洪水の危険がなくなったとして、訴えの利益が否定されました。また、取消訴訟係属中に原告が死亡した場合、原告が生活保護受給権や生命・身体の安全などの一身専属的な「法律上の利益」の保護を求めているときは、これは相続の対象とならないため、訴えの利益が消滅（訴訟が終了）することになります（朝日訴訟〔最高裁昭和42年5月24日大法廷判決〕等）。

↓保安林指定解除とダム建設

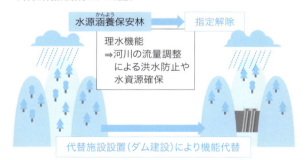

筆者作成

↓長沼ナイキ基地訴訟の新聞記事

日本経済新聞1982年9月9日夕刊1面

Ⅱ 被告適格

被告適格とは、取消訴訟の被告を誰にすべきかに関する訴訟要件です。①原則として、処分等（処分または裁決）をした行政庁の所属する国または公共団体（行政主体）が被告となります（行政事件訴訟法11条1項）。2004（平成16）年の同法改正前は、取消訴訟の被告は処分行政庁とされていましたが、処分行政庁の特定が原告の負担となること（特に権限の代行の場合〔☞4-Ⅱ1〕）や、国賠訴訟をはじめとする民事訴訟や公法上の当事者訴訟では行政主体が被告とされわかりにくいことから、法改正がなされました。②処分等をした行政庁が国・公共団体に所属しない場合は、当該行政庁が被告となります（同条2項）。たとえば、指定確認検査機関（☞4-Ⅲ1）のした建築確認を争う場合は、当該機関は行政主体に所属していないため、当該機関を被告とします。③上記の規定により被告とすべき国・公共団体または行政庁がない場合は、処分等の事務の帰属する国・公共団体が被告となります（同条3項）。

↓建築確認取消訴訟の被告適格（本文中の類型①〜③の具体例）

処分の具体例	誰を被告とすべきか
① 建築主事による建築確認（建築基準法6条1項）	建築主事を置く都道府県または市町村
② 指定確認検査機関による建築確認（建築基準法6条の2第1項）	指定確認検査機関
③ 建築確認をした指定確認検査機関の解散・清算後、国や公共団体等の行政庁に権限が承継されない場合	建築確認に係る事務の帰属する都道府県または市町村

筆者作成

★○×問題でチェック★

問5　処分の付随的効果のうち裁量基準により生じるものは、訴えの利益を肯定する理由とはならない。
問6　取消訴訟は、原則として処分をした行政庁を被告として提起する。

III 管轄

　取消訴訟は、管轄権を有する裁判所に提起しなければなりません。どの種類の裁判所に提起すべきかという事物管轄については、取消訴訟の第1審は訴額にかかわらず地方裁判所とされています（ただし個別法に第1審を高等裁判所等の管轄とする定めがある場合はそれによります〔☞27-Ⅲ❶〕）。そのため、行政事件訴訟法上問題となるのは、どこの（地方）裁判所に提起すべきかという土地管轄です。土地管轄については、「被告の普通裁判籍の所在地を管轄する裁判所」または「処分若しくは裁決をした行政庁の所在地を管轄する裁判所」が有します（同法12条1項）。これは民事訴訟と同様、被告の所在地を管轄の基準とするものです。被告が国である場合は、東京地裁になります。しかし、地方の住民等からすると出訴が困難となることもあるため、特別裁判籍による土地管轄（右表）として、①特定の不動産や場所に係る処分の場合はその所在地の裁判

↓特別裁判籍による土地管轄

特別裁判籍が認められる類型	提訴可能な裁判所
①土地の収用、鉱業権の設定その他不動産または特定の場所に係る処分等	不動産または場所の所在地の裁判所
②処分等に関し事案の処理に当たった下級行政機関がある場合	下級行政機関の所在地の裁判所
③国または独立行政法人等が被告となる場合	特定管轄裁判所

筆者作成

所、②処分等に関し事案の処理に当たった下級行政機関がある場合はその所在地の裁判所、③国または独立行政法人等が被告となる場合は特定管轄裁判所（「原告の普通裁判籍の所在地を管轄する高等裁判所の所在地を管轄する地方裁判所」）。たとえば青森市の住民なら、青森市を管轄する仙台高等裁判所の所在地を管轄する仙台地方裁判所）にも提訴可能となっています（同条2〜4項）。

IV 出訴期間

　行政庁の処分を前提とする行政上の法律関係を早期に安定させるために、取消訴訟には訴訟要件として出訴期間（取消訴訟を提起できる期間）が定められています。具体的には、取消訴訟は、①処分または裁決があったことを知った日から6か月を経過したときは、提起することができず（主観的出訴期間。行政事件訴訟法14条1項）、②（知らなくても）処分または裁決の日から1年を経過したときは、提起することができません（客観的出訴期間。同条2項）。いずれも場合も、「正当な理由があるときは、この限りでない」（同条1項ただし書・2項ただし書）とされており、災害、病気、海外出張などの事情があったり、行政庁の教示がされなかった場合などは「正当な理由」が認められる可能性があります。処分があったことを知った日とは、原則として、処分の名宛人が処分書の交付や口頭の告知などによって処分の存在を現実に知った日を指しますが、処分

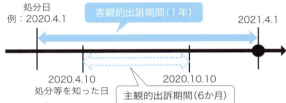

↓出訴期間

筆者作成

書が名宛人の知ることのできる状態に置かれれば、反証のない限り、知ったものとして扱われます。出訴期間の経過後は、取消訴訟を提起しても不適法な訴えとして却下される（不可争力〔☞8-Ⅱ❷〕）ため、処分の違法性を争うためには、処分が無効であると主張して無効等確認訴訟（☞24-Ⅰ❶）を提起しなければなりません。

V 不服申立前置（審査請求前置）

　行政上の不服申立て（審査請求）が可能な場合も、原則として、これを経ずに直ちに取消訴訟を提起できます（自由選択主義。行政事件訴訟法8条1項）。しかし、処分が大量に行われるため裁判所の負担軽減の観点から不服申立ての段階で紛争解決をする必要性が高いものや、処分が専門的判断を伴うためまずは専門の審査庁による審理を行わせるべきものなどについては、例外的に、個別法に審査請求に対する裁決を経なければ取消訴訟を提起できない旨の規定が置かれており、これを不服申立前置といいます（同条1項ただし書〔☞19-Ⅱ〕）。ただし、不服申立前置を定める個別法が多く、早期の裁判による救済の妨げになっているという批判があったため、2014（平成26）年の行政不服審査法の改正に伴い、不服申立前置を定める法律が大幅に削減されました。特に二重前置（取消訴訟の提起前に2段階の不服申立手続を経る必要があるもの）はす

↓国税に関する法律に基づく処分における不服申立前置

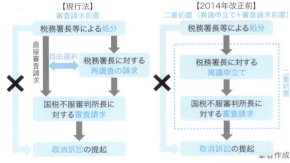

筆者作成

べて廃止または一重化されました。なお、不服申立前置が規定されていても、審査請求があった日から3か月を経過しても裁決が出されない場合には、取消訴訟を提起できます（同条2項）。

★○×問題でチェック★
問7　出訴期間を過ぎた場合も、「正当な理由」があれば取消訴訟の提起が認められる。
問8　取消訴訟を提起する場合、必ず先に行政上の不服申立てをしなければならない。

23 取消訴訟の審理・判決

I 審理

1 主張制限

行政事件訴訟法10条1項は、取消訴訟において、自己の法律上の利益に関係のない違法を主張できない旨を規定しています。9条1項（原告適格〔☞21〕）の文言に似ていますが、こちらは本案審理における主張制限です。取消訴訟は原告の権利利益の救済を目的とすることから、第三者の保護を目的とした規定の違反についての主張は制限するという趣旨です。問題は、第三者に原告適格が認められた場合です。新潟空港訴訟（最高裁平成元年2月17日判決〔☞21-VI 2〕）は、定期航空運送事業免許の取消訴訟において、周辺住民の原告適格を認めた一方で、主張できる違法事由については原告適格を基礎づける規定の違反のみに限定しました。このような厳格な解釈には批判も多く、よりゆるやかに判断する下級審判決もみられます。

10条2項は、原処分（もともとの処分）の取消訴訟と、原処分に対する行政不服審査に基づく裁決の取消訴訟との関係を整理しています。裁決取消訴訟では、裁決固有の違法性を主張しなければなりません。つまり、原処分の違法を主張したいなら、処分取消訴訟を提起しなければならないのです。これを原処分主義といいます。

主張制限にかかわる論点として、違法性の承継という問題もあります。これは、処分が連続する場合に、後行処分の取消訴訟において、先行処分の違法を主張できるかというものです（できる場合、先行処分の違法性が"承継"されます）。原則として、違法性の承継は認められません。先行処分の違法性を争う可能性が保障されているにもかかわらず、それを利用せずにあとからその違法性を争うことを認めてしまえば、取消訴訟の排他的管轄（☞24-I 1）と出訴期間（☞22-IV）の趣旨に反するためで

す。他方、たぬきの森訴訟（最高裁平成21年12月17日判決）は、建設が予定されていたマンションについて、東京都建築安全条例に基づき区長が安全認定（先行処分）を行い、それを前提として区の建築主事が建築確認（後行処分）を行ったところ、周辺住民が建築確認の取消訴訟を提起したという事例ですが、最高裁は、安全認定と建築確認の目的の同一性や安全認定に関する周辺住民への手続的保障の欠如等を理由に、違法性の承継を認めています。

↓違法事由の主張制限（新潟空港訴訟）

行政事件訴訟法9条1項 （原告適格＝訴訟要件）	行政事件訴訟法10条1項（違法事由の主張制限＝本案）
処分の取消しの訴え及び裁決の取消しの訴え……は、当該処分又は裁決の取消しを求めるにつき法律上の利益を有する者……に限り、提起することができる。	取消訴訟においては、自己の法律上の利益に関係のない違法を理由として取消しを求めることができない。
運輸大臣は、前条の免許の申請があったときは、その申請が左の各号に適合するかどうかを審査しなければならない。 1号 当該事業の開始が公衆の利用に適応するものであること 2号 当該事業の開始によって当該路線における航空輸送力が航空輸送需要に対し、著しく供給過剰にならないこと 3号 事業計画が経営上及び航空保安上適切なものであること（以下略）	自己の法律上の利益に関係しない違法として請求を棄却 ⇒1号「当該路線の利用客の大部分が遊興目的の韓国ツアーの団体客である点」× ⇒2号「輸送力が著しく供給過剰となる」× 航空法101条1項3号を根拠に周辺住民の原告適格を承認

神橋一彦『行政救済法〔第3版〕』（有斐閣・2023年）164頁をもとに筆者作成

↓たぬきの森訴訟を報じる記事　↓違法性の承継（たぬきの森訴訟）

東京新聞2009年12月18日朝刊1面

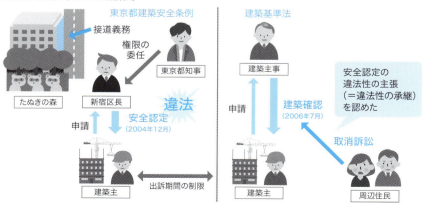

原田大樹『グラフィック行政法入門』（新世社・2017年）79頁をもとに筆者作成

★○×問題でチェック★

問1　裁決取消訴訟において、原処分の違法性を主張することは原則として可能である。
問2　違法性の承継が例外的に認められた判例として、たぬきの森訴訟最高裁判決がある。

2 証拠調べ、立証責任

　取消訴訟は、民事訴訟と同様に**弁論主義**を基本とします。弁論主義とは、訴訟当事者の責任で事実の主張、訴訟資料の収集を行うことです。ただし、適法性を審査するという取消訴訟の性格を踏まえ、職権証拠調べ（行政事件訴訟法24条）、釈明処分の特則（23条の2）等が認められています。

　職権証拠調べとは、必要な場合に裁判所の職権で証拠調べができるというものです。不服申立てとは異なり、当事者が主張しない事実まで探索すること（職権探知主義）はできず、十分な心証を得られない場合に、補充的に証拠調べが行われます。行政訴訟特有の規定ですが、実はほとんど使われていません。

　被告行政側が多くの資料を持ち合わせている事情を踏まえ、裁判所が行政庁に対し、資料の提出を求める**釈明処分の特則**もあります。審理の迅速化も念頭に、2004（平成16）年の法改正で新設されました。

　事実の存否が明らかにならなかったとしても、裁判所は判決を下さなければなりません。このような場合に、どちらが不利益を負うかというルールが**立証責任**です。事実の存否が明らかにならなかった場合、立証責任を負う側の主張する事実が認められないことになります。立証責任の配分について定説はなく、明確な判例もありませんが、注目すべき判例として、**伊方原発訴訟**（最高裁平成4年10月29日判決）があります。原子炉設置許可処分の取消訴訟において、原子炉設置許可という安全性に関する判断は専門技術的裁量が認められるため、判断に不合理な点があることの立証責任は、本来、原告が負いますが、被告行政側が資料を保持していること等を考慮し、判断に不合理な点がないことの主張立証を被告が尽くさない場合には、判断に不合理な点があることが事実上推認される、と判示されました。裁量権の逸脱・濫用に関する原告の主張立証の負担を軽減したものと解されています。

↓職権探知主義と職権証拠調べ

裁判所の権限 根拠条文	職権探知主義 （**当事者の主張していない事実**についても、裁判所が職権で証拠収集すること）	職権証拠調べ （**当事者の主張した事実**について、裁判所が心証を得られないときに、職権で証拠収集すること）
行政不服審査法	○ （33条～36条）	○
行政事件訴訟法	×	○ （24条本文＋ただし書）

行政訴訟において裁判所は職権証拠調べをすることができるが、職権探知主義は認められていない

当事者主義（弁論主義）を修正

当事者の意見を聞く＝不意打ちの防止

筆者作成

3 理由の追加・差替え

　理由の追加・差替えとは、処分時に提示した理由とは異なる理由に基づいて、被告行政側が処分の適法性を主張できるかという問題です。認める考え方に立つと、理由の提示（☞**10-Ⅲ**）を定めた**手続規制の意義**が後退してしまう一方で、認めない場合には、処分の取消判決後に異なる理由による再処分がなされる可能性があり、**紛争の一回的解決**には適しません。

　両者の調整をどのようにつけるかについては、不利益処分と申請に対する処分を区別したうえで（☞**10-Ⅱ①**）、不利益処分は、聴聞などの慎重な手続規定があることを踏まえ、原則として理由の追加・差替えは認めない一方で、申請に対する処分は、複数の理由のうち1つのみが提示されている可能性から、理由の追加・差替えを認めた方が紛争の一回的解決に資するという整理の仕方が示されています。条例に基づく公文書非公開処分の取消訴訟である**逗子市情報公開条例事件**（最高裁平成11年11月19日判決）では、理由通知の目的は、非公開の理由を具体的に記載して通知させること自体をもってひとまず実現されるとして、理由の追加が認められました。

↓逗子市情報公開条例事件で理由の追加の可否が問題となった根拠条文

逗子市情報公開条例（当時のもの）	
第5条2号　市が実施する事務又は事業に関する情報であって、公開することにより当該事務又は事業の公正又は円滑な執行に著しい支障をきたす情報で次に掲げるもの	
ア　市の機関内部若しくは機関相互又は市の機関と国等（国又は他の地方公共団体をいう。以下「国等」という。）の機関における調査、研究、検討、審議等の意思決定過程における情報であって、公開することにより公正又は適正な意思決定を著しく妨げるもの	「5条2号アにあたる」＝審理中の主張で追加された**理由B**
イ　略	
ウ　市又は国等の機関が行う監査、検査、取締り、徴税等の予定価格、試験問題、採点基準、用地買収計画その他市等の機関が行う事務又は事業に関する情報であって、公開することにより当該事務若しくは事業又は将来の同種の事務若しくは事業の目的を失わせるもの又は公正かつ円滑な執行を著しく妨げるもの	「5条2号ウにあたる」＝不開示決定時の**理由A**
エ　略	

筆者作成

↓「理由の追加・差替え」と「異なる理由による再処分」の関係

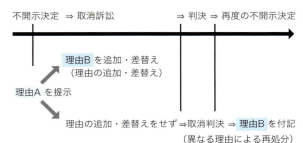

中原茂樹『基本行政法〔第4版〕』（有斐閣・2024年）382頁をもとに筆者作成

★○×問題でチェック★
問3　職権証拠調べとは、当事者の主張する事実について、裁判所が職権で調査することである。
問4　聴聞等の手続規定があることを踏まえると、申請に対する処分についての理由の追加は認めるべきではない。

II 判決

1 取消判決の効力

行政事件訴訟法
第32条1項 処分又は裁決を取り消す判決は、第三者に対しても効力を有する。
第33条 処分又は裁決を取り消す判決は、その事件について、処分又は裁決をした行政庁その他の関係行政庁を拘束する。
2 申請を却下し若しくは棄却した処分又は審査請求を却下し若しくは棄却した裁決が判決により取り消されたときは、その処分又は裁決をした行政庁は、判決の趣旨に従い、改めて申請に対する処分又は審査請求に対する裁決をしなければならない。
3 前項の規定は、申請に基づいてした処分又は審査請求を認容した裁決が判決により手続に違法があることを理由として取り消された場合に準用する。

↓取消判決の効力

効力の種類	対象	内容
既判力	当事者＋裁判官	判決内容の確定
形成力 ↓拡張 第三者効（行訴法32条）	当事者＋第三者	処分の遡及的取消し
拘束力（行訴法33条）	処分庁その他関係行政庁	取消判決の実効性の担保 ・消極的行為義務 　＝反復禁止効 ・積極的行為義務 　（＋不整合処分の取消義務、原状回復義務）

筆者作成

取消訴訟の判決は、却下（訴訟要件をみたさない場合）・棄却（処分が違法でない場合）・認容（処分が違法である場合。例外としての事情判決については☞2）の3つに分けられます。取消訴訟における請求認容判決が、取消判決です。

取消判決の効力としてまず、既判力があります。判決が確定すると、訴訟当事者および裁判官は、のちの裁判において、判決内容と矛盾する主張・判断をすることができなくなるというものです。紛争の終局的解決のためには、このように紛争の蒸し返しを防ぐことが不可欠です。取消判決の効力として、ほかに、形成力と拘束力があります。

取消判決の形成力とは、処分の効果が、処分時にさかのぼって消滅するというものです。処分の名宛人が訴訟当事者となるとは限りませんから、既判力のように訴訟当事者にしか形成力が及ばないとすると、紛争の解決に至らないことになってしまいます。そこで、取消判決は、第三者に対しても効力を有するとされ（行政事件訴訟法32条1項）、これを取消判決の第三者効（対世効）といいます。しかし、そうすると何らの手続保障もなく訴訟の結果を甘受しなければならない者が生じうることになります。このような第三者が自己の権利利益を擁護する機会として、判決確定前には、第三者の訴訟参加が認められるほか（22条1項）、判決確定後であっても、第三者再審の訴えを提起することができます（34条）。

取消判決の第三者効について、利害が対立する第三者に効力が及ぶことは趣旨をみても明らかですが、利害を共通にする第三者に及ぶのかどうかについては議論があります。横浜市保育所廃止条例事件（最高裁平成21年11月26日判決）は、最高裁が、保育所を廃止する条例の制定行為に処分性（☞20）を認めたことで注目を集めましたが、この判決は、当事者訴訟（☞26）や民事訴訟で争う場合、判決の効力は訴訟当事者にしか及ばず、市町村は当該保育所を存続させるかどうかの対応に困難をきたすため、第三者効が認められる取消訴訟で争うことに合理性があるとの判断も示しています。これは、利害を共通にする第三者にも及ぶとする絶対的効力説（⇔相対的効力説）に立っているとみることもできます。

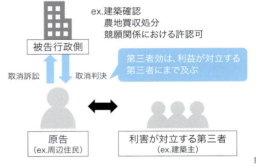

↓利害が対立する第三者

筆者作成

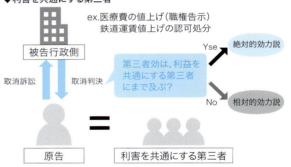

↓利害を共通にする第三者

筆者作成

最後に、取消判決の拘束力とは、取消判決が出されたら、処分または裁決をした行政庁その他関係行政庁は、その趣旨に従って行動しなければならないというものです（33条1項）。その具体例な内容については議論がありますが、少なくとも反復禁止効と積極的行為義務が生じると解されています。反復禁止効とは、同一事情のもとで、同一理由に基づく同一処分をしてはならないという効力です。積極的行為義務とは、取消判決の趣旨に従って改めて措置をとらなければならないというものです（33条2項参照）。たとえば、行政文書の開示請求に対し、個人情報該当性を理由として拒否処分がなされ、当該処分が取り消された場合には、再度の開示請求を待つことなく、改めて審査し、決定を行う必要があります。

★〇×問題でチェック★

問5 判決には、却下判決、棄却判決、認容判決の3種類がある。
問6 取消判決の形成力が第三者に及ぶことはない。

2 事情判決

> **行政事件訴訟法第31条1項**
> 取消訴訟については、処分又は裁決が違法ではあるが、これを取り消すことにより公の利益に著しい障害を生ずる場合において、原告の受ける損害の程度、その損害の賠償又は防止の程度及び方法その他一切の事情を考慮したうえ、処分又は裁決を取り消すことが公共の福祉に適合しないと認めるときは、裁判所は、請求を棄却することができる。この場合には、当該判決の主文において、処分又は裁決が違法であることを宣言しなければならない。

本来、処分または裁決が違法ならば、裁判所は取消判決を下さなければなりませんが、そのような場合でも、例外的に、棄却判決を下す余地が認められています（行政事件訴訟法31条1項）。たとえば、公共工事が実施されたあとで、処分が違法であるとして取り消されることによって、建設された公共施設を取り壊したり、施行地区をもとの状態に戻したりしなければならないとすれば、公の利益に著しい障害が生じるおそれがあります（背景には、取消訴訟の係属中も処分の効力は原則として停止しないという執行不停止のしくみ〔☞25-Ⅰ❶〕もあります）。このように、違法な処分または裁決を前提に形成された社会関係や事実状態を尊重する必要がある場合、裁判所は、原告の受ける損害の程度や、その権利利益や損害賠償請求などのほかの手段によって救済できるかといった一切の事情を考慮したうえで、処分または裁決の取消しが公共の福祉に適合しないと判断した場合には、請求を棄却することができます（31条1項前段）。これを、事情判決と呼びます。

裁判所が事情判決を出す場合、判決の主文（判決の結論部分）において、処分または裁決が違法であることを宣言します（31条1項後段）。これにより、処分または裁決の違法性について既判力〔☞❶〕が生じ、原告が損害賠償請求などで救済を図る際の便宜になります。また、裁判所は、終局判決前に、中間判決として処分または裁決の違法を宣言することができます（31条2項）。違法宣言によって、損害の防止や補償など、行政庁による積極的な救済措置が講じられることが期待されます。

実際の例として、地権者の1人が自己に対する換地処分の取消訴訟を提起した事案において、換地処分は違法であると認めたものの、これを取り消すと換地計画全体の修正が必要となり、換地計画に基づく多数の法律関係および事実関係を根底から覆すことになることを考慮し、事情判決が出されたものがあります（長崎地裁昭和43年4月30日判決）。また、ダム建設のためにされた収用裁決の取消訴訟である二風谷ダム訴訟（札幌地裁平成9年3月27日判決）では、収用裁決の前の段階で行われる事業認定について、建設予定地にアイヌ民族の聖地があること等を考慮せずにされた点で違法であるとし、違法性の承継〔☞Ⅰ❶〕を認めて、収用裁決も違法であるとした一方、すでにダムが完成していること、ダムの取り壊しには巨額の費用がかかること等を踏まえ、収用裁決の取消しは公の利益に著しい障害を生じさせるとして、請求を棄却しました。

確かに、多数の土地や人にかかわる事業において、処分を前提に積み重ねられた法律関係や事実状態を後から覆した場合、大きな混乱が生じます。しかし、既成事実を保護することにより違法な処分・裁決の効力を存続させるこのしくみは、適法な行政活動の確保と鋭く緊張関係に立つものであり、やむをえない場合にしか許されないというべきでしょう。

事情判決の規定は、本来の射程をこえた運用もされています。事情判決の法理と呼ばれる考え方で、いわゆる"一票の格差"をめぐる選挙訴訟（民衆訴訟〔☞27-Ⅱ❷〕）においてみられます。衆議院議員定数配分規定の不均衡是正訴訟（最高裁昭和51年4月14日大法廷判決）において、最高裁は、事情判決の規定は準用されない訴えであるにもかかわらず（43条2項・38条参照）、事情判決の法理は、処分の取消しの場合に限られない一般的な法の基本原則であると述べ、当該配分規定が違憲であるとしながら、選挙を無効とすると選挙区定数を改正する国会議員がいなくなること等を理由に、選挙無効の請求を棄却しました。

↓二風谷ダム（北海道平取町）

板垣勝彦氏撮影（撮影日：2017/9/13）

↓"一票の格差"訴訟

毎日新聞社／アフロ

★ ○×問題でチェック ★
問7　処分の取消しを命じると公の利益に著しい障害が生じるおそれがなくとも、事情判決を出せる。
問8　二風谷ダム訴訟で最高裁は、事業認定の違法性を認めながら、原告の請求を棄却した。

24 その他の抗告訴訟

I 無効等確認訴訟

> **行政事件訴訟法第3条4項**
> この法律において「無効等確認の訴え」とは、処分若しくは裁決の存否又はその効力の有無の確認を求める訴訟をいう。

1 意義

処分の法効果を否定するには、原則として、取消訴訟を用いなければなりません（取消訴訟の排他的管轄）。しかし、取消訴訟には出訴期間（☞22-Ⅳ）があり、出訴期間経過後は、たとえ違法な処分であっても取消訴訟で争うことはできなくなります。そのような場合のために、行政事件訴訟法は、抗告訴訟の一類型として無効等確認訴訟（3条4項）を設けています。無効等確認訴訟は、重大かつ明白な瑕疵（瑕疵とは「きず」のことです）をもつ処分は当初から無効である（☞8-Ⅱ）という考え方に基づき、例外的に認められた救済方法です。取消訴訟の出訴期間経過後に利用できる訴訟であるとともに、審査請求前置（☞19-Ⅱ）を定めた8条1項ただし書の規定が準用されないため、審査請求を先にしておく必要はないというのが、無効等確認訴訟の特徴といえます。一方で、こうした"時機に遅れた取消訴訟"であるがゆえに、より重大な違法性が必要となり、認容判決（☞23-Ⅱ）のハードルは高くなります。無効等確認訴訟は、「等」とついている通り、（処分の）有効確認訴訟、不存在確認訴訟、存在確認訴訟も含みますが、実際に提起されているのは、ほとんどが処分の無効確認を求める訴訟です。

↓抗告訴訟の類型

```
法定抗告訴訟法（行訴法3条）
    取消訴訟（2項・3項）
    無効等確認訴訟（4項）
    不作為の違法確認訴訟（5項）
    義務付け訴訟（6項）
    差止訴訟（7項）
法定外（無名）抗告訴訟
```
筆者作成

2 対象・原告適格

無効等確認訴訟の対象となる行為は、取消訴訟の対象となる行為と同じく、処分または裁決です（行政事件訴訟法3条4項）。無効等確認訴訟においても、取消訴訟同様、処分性の有無が争われることがありますが、取消訴訟における処分性の判断基準（☞20-Ⅰ2）に基づき判断されます。

無効等確認訴訟の原告適格を規定する行政事件訴訟法36条によると、無効等確認訴訟は「(a) 当該処分又は裁決に続く処分により損害を受けるおそれのある者 (b) その他当該処分又は裁決の無効等の確認を求めるにつき法律上の利益を有する者で、(c) 当該処分若しくは裁決の存否又はその効力の有無を前提とする現在の法律関係に関する訴えによつて目的を達することができないものに限り」提起することができます。この条文の解釈として、(a)または(b)の要件とそれぞれに加えて(c)の要件の両方が充足した場合に原告適格が認められるとする一元説と、(a)の要件を満たした場合には、それだけで原告適格が認められる二元説が対立しています。(a)と(b)の間に読点がないことからは一元説がしっくりくるかもしれませんが、現在は、二元説に基づき、(a)の要件を独立させることで、予防訴訟としての無効確認訴訟の活用を広げようとする考えが有力です。なお、36条にある「法律上の利益」とは、9条1項の規定する取消訴訟における法律上の利益と同様であると解されています（☞21-Ⅰ）。

↓一元説と二元説

「無効等確認の訴えは、
(a) 当該処分又は裁決に続く処分により損害を受けるおそれのある者
(b) その他当該処分又は裁決の無効等の確認を受けるにつき法律上の利益を有する者で、
(c) 当該処分若しくは裁決の存否又はその効力の有無を前提とする現在の法律関係に関する訴えによって目的を達成することができないものに限り、提起することができる。」

Cの充足は不要

一元説	二元説
・a＋c ・b＋c	・a…予防的無効確認訴訟 ・b＋c…補充的無効確認訴訟

二元説より厳格

筆者作成

★○×問題でチェック★

問1 取消訴訟の出訴期間を過ぎてしまった場合に提起できる抗告訴訟はない。
問2 無効等確認訴訟の原告適格については、いわゆる二元説を判例学説はとっている。

3 補充性

処分または裁決の無効を主張する方法としては、処分または裁決の無効を前提とする民事訴訟や公法上の当事者訴訟（☞26）もあります。たとえば、課税処分の無効を前提とする不当利得返還請求や、収用裁決の無効を前提とする土地所有権の確認訴訟が挙げられます。2の(c)の要件は、こうした民事訴訟や公法上の当事者訴訟によって目的を達成することができる場合には無効等確認訴訟はできないとするもので、補充性の要件と呼ばれています。この要件を厳格に理解すれば、無効等確認訴訟の提起できる場面はかなり限定的となります。

しかし、無効等確認訴訟は、紛争の原因である処分の違法・無効を確認することによって紛争を根本的に解決するものであり、訴訟の本案で処分の違法性一般が審査されるという利点があります。そのため、補充性要件を厳格に解すべきではなく、たとえ「現在の法律関係に関する訴え」（行政事件訴訟法36条）が可能であっても、無効等確認訴訟のほうがより直截的で適切な争訟形態であれば、この訴訟の提起を認めるべきとの考え方が有力です。最高裁昭和62年4月17日判決や、もんじゅ訴訟（最高裁平成4年9月22日判決〔21-V 1〕）はこの立場に基づく判例といえるでしょう。もんじゅ訴訟は、高速増殖炉もんじゅ（原子炉）の設置許可の無効確認を周辺住民が求めた事案ですが、実は周辺住民は、設置許可を受けた事業者に対し、原子炉の建設・運転の差止めを求める民事訴訟も同時に提起していました。最高裁は、人格権等に基づく民事差止訴訟は、設置許可の無効を前提とする訴訟にはあたらず、また、設置許可の無効等確認訴訟と比べて、民事差止訴訟が紛争解決のための争訟形態としてより直截的かつ適切なものであるともいえないとして、無効等確認訴訟を適法と認めました。

↓もんじゅ訴訟の構図

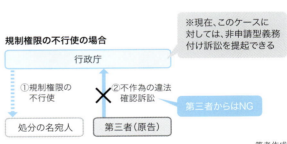

筆者作成

II 不作為の違法確認訴訟

行政事件訴訟法第3条5項
この法律において「不作為の違法確認の訴え」とは、行政庁が法令に基づく申請に対し、相当の期間内に何らかの処分又は裁決をすべきであるにかかわらず、これをしないことについての違法の確認を求める訴訟をいう。

取消訴訟や無効等確認訴訟は、実際になされた処分または裁決を対象に提起できるものですが、私人が許認可等を求める申請をしたにもかかわらず、行政庁がなんらの応答もしない（不作為）場合にはどうしたらよいでしょう。こうしたケースを想定して、行政事件訴訟法が用意した手立てが、不作為の違法確認訴訟（3条5項）です。行政庁が法令に基づく申請に対し、相当の期間、認容もしくは拒否いずれの処分もしない場合に、そのような不応答は違法であるということを裁判所に確認してもらうことができます。

不作為の違法確認訴訟を提起できるのは、処分または裁決についての申請をした者（37条）に限られており、処分の名宛人に規制権限を行使していないことを問題視した第三者が、不作為の違法確認訴訟を提起することは認められていません。

もっとも、この訴訟は、あくまでも行政庁の不作為が違法であることを確認するだけであり、原告の権利救済として中途半端なものでした。不作為の違法確認判決が出されたとしても、行政庁は申請を認容することを義務づけられるわけではなく、拒否処分がなされる可能性もあるのです。その場合、原告は改めて拒否処分の取消訴訟を提起しなければなりません。そこで、2004（平成16）年の法改正によって義務付け訴訟が明文化され、裁判所は、不作為が違法であることの確認にとどまらず、行政庁に対し「〇〇の処分をせよ」と命じることができるようになりました（☞IV）。このように、義務付け訴訟には不作為の違法確認訴訟の限界を補完する役割が期待されています。ここまでの説明を読むと、もはや不作為の違法確認訴訟は不要ではないかと思う方もいるかもしれませんが、義務付け判決の本案勝訴要件を満たさない場合に、不作為の違法確認判決の拘束力（☞23-II 1）によって行政庁の迅速な対応を促すという意義が、不作為の違法確認訴訟には残されています（両者の併合提起のしくみについては☞IV 2）。

★○×問題でチェック★
問3　無効等確認訴訟には処分を直接攻撃することで紛争を根本的に解決しうる利点がある。
問4　不作為の違法確認訴訟を提起できるのは、処分または裁決についての申請をした本人のみである。

III 差止訴訟

> **行政事件訴訟法第3条7項**
> この法律において「差止めの訴え」とは、行政庁が一定の処分又は裁決をすべきでないにかかわらずこれがされようとしている場合において、行政庁がその処分又は裁決をしてはならない旨を命ずることを求める訴訟をいう。

1 意義

処分がなされる前に、当該処分の違法性を争うことはできるでしょうか。2004（平成16）年改正前の行政事件訴訟法には、処分の差止めを求める差止訴訟と処分の義務づけを求める義務付け訴訟（☞IV）は規定されていませんでした。法定外抗告訴訟（無名抗告訴訟）という形で差止めや義務づけの訴えを提起することは可能だと考える学説が有力であった一方、実務は（特に義務付け訴訟について）否定的でした。そうした中で、法改正により、2つの訴訟類型が抗告訴訟に追加されました（3条6項・7項）。差止訴訟は、処分・裁決がなされる前にそれらの適法性を争う点で、原告の権利利益の侵害を未然に防止するための有効な手段となりえます。なお、現在でも法定外抗告訴訟の余地は残されており、最近でも、君が代訴訟（最高裁平成24年2月9日判決〔☞26-III 4〕）や自衛隊訴訟（最高裁令和元年7月22日判決）などの判例において、法定外抗告訴訟の訴訟要件が審査されました。

↓差止訴訟の構図

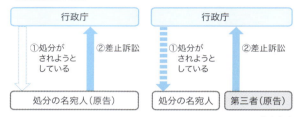

筆者作成

2 訴訟要件と判例

差止訴訟の訴訟要件は、非申請型義務付け訴訟（☞IV 2）と共通する点が多く、①重大な損害が生じるおそれ、②損害を避けるためにほかに適当な方法がないこと（補充性）、③法律上の利益を有する者であることが必要となります（行政事件訴訟法37条の4第1項・3項）。さらに差止訴訟では、一定の処分がされる蓋然性も求められます（3条7項・37条の4第1項〔君が代訴訟☞26-III 4〕）。

重大な損害の要件は、差止訴訟の重要な争点で、非申請型義務付け訴訟と同じく、損害の回復の困難の程度等を考慮・勘案して判断されます（37条の4第2項）。事前救済という差止訴訟の性質を踏まえると、処分後に取消訴訟等を提起して執行停止（☞25-I 2）の決定を受けることにより容易に救済を受けられるのであれば、この要件は充足しません。国歌斉唱時のピアノ伴奏を拒否していた東京都の教職員が今後の懲戒処分の差止めを求めた君が代訴訟において、最高裁は、毎年度2回以上の式典ごとに懲戒処分が反復継続的かつ累積加重的にされうることを踏まえ、重大な損害を生ずるおそれを認めました。

自衛隊基地の騒音をめぐる紛争にも差止訴訟が提起され、騒音の反復継続性や被害が蓄積していく性格を踏まえ、適法な訴えであると判断されました（第4次厚木基地訴訟：最高裁平成28年12月8日判決）。

補充性の要件について、「適当な方法」がほかにあるとされるのは、国税徴収法90条3項のように、先行処分の取消訴訟を提起すれば、当然に後行処分をすることができないことが法令上定められている場合などに限られます。民事訴訟や公法上の当事者訴訟は、ここでいう適当な方法にはあたらず、民事訴訟や公法上の当事者訴訟の提起ができる場合であっても、差止訴訟の提起は可能です。

↓第4次厚木基地訴訟で騒音の検証をする裁判官ら

毎日新聞社／アフロ

↓教職員国旗国歌訴訟とは別件の訴訟として、国歌斉唱時の不起立を理由にした懲戒処分の取消訴訟等を提起した原告ら

週刊金曜日オンライン2020年4月21日
（https://www.kinyobi.co.jp/kinyobinews/2020/04/21/antena-695/）

↓教職員国旗国歌訴訟における懲戒処分のしくみ

懲戒処分は、"反復継続的かつ累積加重的"にされる危険がある
＝重大な損害要件を満たしていると判断した

筆者作成

★○×問題でチェック★

問5　差止訴訟は、一定の処分がされる蓋然性がなくとも、提起することができる。
問6　取消訴訟を提起し、執行停止の申立てをすることで容易に救済される場合でも差止訴訟は提起できる。

Ⅳ 義務付け訴訟

行政事件訴訟法第3条6項
　この法律において「義務付けの訴え」とは、次に掲げる場合において、行政庁がその処分又は裁決をすべき旨を命ずることを求める訴訟をいう。
　一　行政庁が一定の処分をすべきであるにかかわらずこれがされないとき（次号に掲げる場合を除く。）。
　二　行政庁に対し一定の処分又は裁決を求める旨の法令に基づく申請又は審査請求がされた場合において、当該行政庁がその処分又は裁決をすべきであるにかかわらずこれがされないとき。

1 意 義

　義務付け訴訟には、申請認容処分の義務付け訴訟（申請型義務付け訴訟。行政事件訴訟法3条6項2号）と、法令に基づく申請を前提としない義務付け訴訟（非申請型義務付け訴訟。1号）の2種類があります。非申請義務付け訴訟には、自己に対する職権処分の発動を求めるような場合も含まれますが、主として念頭に置かれているのは、法令上の申請権を前提とせずに第三者に対する規制権限の発動を求める訴訟です。そこで、非申請型義務付け訴訟は、救済の必要性が高い場合に限定すべきという理由から、申請型義務付け訴訟とは異なる訴訟要件が法定されました。

↓申請型義務付け訴訟（2号）

↓非申請型義務付け訴訟（1号）

2 訴訟要件と判例

　申請型義務付け訴訟は、法令に基づく申請をした者が、認容処分の義務づけを求める訴訟で、申請に対する行政庁の不作為を争う場合（不作為型。行政事件訴訟法37条の3第1項1号）と、拒否処分を争う場合（拒否処分型。2号）に分けられます。いずれの場合でも訴訟を提起できるのは、申請をした者だけです（37条の3第2項）。申請型義務付け訴訟特有のルールとして、**併合提起**というものがあります。不作為型の場合には、不作為の違法確認訴訟をセットに、拒否処分型の場合には、拒否処分の取消訴訟または無効等確認訴訟をセットにして、義務付け訴訟を提起しなければなりません（37条の3第3項）。これは、裁判所が矛盾した判断を示すことを回避するためのしくみです。

　非申請型義務付け訴訟（直接型義務付け訴訟）は、法令上申請することが認められていない処分の義務づけを求める訴訟で、名宛人に利益を与える処分の義務づけが求められる場合と、第三者が原告となって、行政庁に規制権限の発動を求める場合があり、典型例は後者になります。非申請型義務付け訴訟が適法とされた数少ない例として、**飯塚市産廃処分場事件**（福岡高裁平成23年2月7日判決）があります。これは、産業廃棄物処理場で違法な処理がされているとして、周辺住民が、福岡県を被告として、事業者に対する措置命令の義務づけを求めた事案です。第1審は、原告らの生命・健康等に著しい被害が生じるおそれは認められず、**重大な損害**の要件（37条の2第1項）を満たさないとして訴えを却下しました。控訴審は、詳細な事実認定をしたうえで、重大な損害の要件を満たすとして訴えを適法とし、さらに措置命令を行う義務があるとして請求を一部認容しました。このように非申請型義務付け訴訟では、申請型義務付け訴訟にはない重大な損害の要件がしばしば大きなハードルとなります。さらに、「その損害を避けるために他に適当な方法がないとき」（37条の2第1項）という**補充性**の要件も満たす必要があり、申請型義務付け訴訟よりも訴訟要件が厳格になっています。

↓福岡高裁平成23年2月7日判決の構図

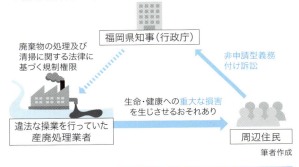

★〇×問題でチェック★
問7　申請型義務付け訴訟で、行政庁の不作為を争うことはできない。
問8　非申請型義務付け訴訟は、申請型義務付け訴訟よりも厳しい訴訟要件が設けられている。

25 仮の救済

I 行政訴訟における仮の救済

1 仮の救済の必要性

　訴えの提起があってから本案判決が確定するまでには相当の期間を要することから、その間に原告の権利を仮に保護するしくみを、仮の救済といいます。民事保全法に基づいて裁判所が命じる仮処分（23条）などがそれにあたりますが、行政事件訴訟法は、「行政庁の処分その他公権力の行使に当たる行為」については、この仮処分をすることができない旨を規定しています（44条）。その一方で、それに代わる仮の救済制度として、取消訴訟においては執行停止のしくみが設けられています。

　戦後しばらくは、当時の民事訴訟法が定める仮処分の規定を適用することにより、裁判所は行政処分の効力・執行を阻止したり、行政処分を事前に差し止めたりしていました。その後、公職追放処分の効力を停止する仮処分が東京地裁により認められた、いわゆる平野事件（☞18-III 2）を契機として行政事件訴訟特例法が制定された際、執行停止に関する条文の中で仮処分の排除が明記されたという経緯があります（10条）。

　行政事件訴訟法上、執行不停止原則が採用され、処分の取消訴訟を提起しても、当該処分の効力、当該処分の執行または手続の続行は停止しないこととされています（25条1項、執行不停止原則）。したがって、これらを止めるためには、本案訴訟とは別に執行停止の申立てを行い、要件を満たすと判断されたうえで裁判所の決定を受けることが必要です（25条2項）。取消訴訟における執行停止の規定（25条～29条）は、無効等確認訴訟にも準用されています（38条3項）。

　「国民の権利利益のより実効的な救済手続の整備」を趣旨とする2004（平成16）年の行政事件訴訟法改正によって、仮の救済制度は次のように変更されました。すなわち、①執行停止の要件が緩和されるとともに、②抗告訴訟の新たな類型が法定化されたことに対応して、義務付け訴訟については仮の義務付け（☞II）、差止訴訟については仮の差止め（☞III）という仮の救済制度が新たに整備されました。

↓執行不停止原則

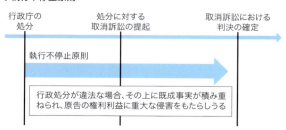

筆者作成

↓地方裁判所における第1審行政訴訟事件の平均審理期間

「裁判所データブック2024」71頁・73頁をもとに筆者作成

↓2004年行政事件訴訟法改正における仮の救済制度の整備の概要

執行停止の要件の緩和
・「回復困難な損害」に代えて「重大な損害」とし、要件を緩和
・重大な損害を生ずるか否かの判断にあたっての解釈規定（25条3項）を新設

仮の義務付け、仮の差止めの制度の創設
・仮の義務付けおよび仮の差止めの裁判に関する規定を明文化

筆者作成

↓各訴訟類型と対応する仮の救済制度

訴訟類型		仮の救済制度
抗告訴訟	取消訴訟	執行停止（25条～29条）
	無効等確認訴訟	執行停止に関する規定の準用あり（38条3項）
	不作為の違法確認訴訟	行政事件訴訟法上、執行停止に関する規定の準用はない（義務付け訴訟を併合提起したうえで仮の義務付けが可能）
	義務付け訴訟	仮の義務付け（37条の5）
	差止訴訟	仮の差止め（37条の5）
当事者訴訟		行政事件訴訟法上、執行停止に関する規定の準用はない
民衆訴訟・機関訴訟		処分・裁決の取消または無効確認を求めるものについて、執行停止に関する規定の準用あり（43条1項・2項）

筆者作成

★○×問題でチェック★
問1　処分の取消訴訟を提起すると、原則として当該処分の効力は停止する。
問2　取消訴訟における執行停止の規定は、無効等確認訴訟に準用されている。

2 執行停止制度

執行停止が認められるのは、①取消訴訟が適法に係属していて、②「重大な損害を避けるため緊急の必要があるとき」に限られます（行政事件訴訟法25条2項）。「重大な損害」の文言は、2004（平成16）年の法改正により、従前の「回復困難な損害」に代えて規定されました。なお、この従前の文言は、行政事件訴訟特例法上の要件であった「償うことのできない損害」から要件の緩和を意図して改められたものでした。その一方で、執行停止の申立ては、③「公共の福祉に重大な影響を及ぼすおそれがあるとき」または④「本案について理由がないとみえるとき」は、することができません（同条4項）。また、処分の執行または手続の続行の停止によって目的を達することができる場合には、申立てによって処分の効力の停止を求めることはできません（同条2項ただし書）。

> **行政事件訴訟法第25条**（1項略）
> 2　処分の取消しの訴えの提起があつた場合において、処分、処分の執行又は手続の続行により生ずる重大な損害を避けるため緊急の必要があるときは、裁判所は、申立てにより、決定をもつて、処分の効力、処分の執行又は手続の続行の全部又は一部の停止（以下「執行停止」という。）をすることができる。ただし、処分の効力の停止は処分の執行又は手続の続行の停止によつて目的を達することができる場合には、することができない。
> 3　裁判所は、前項に規定する重大な損害を生ずるか否かを判断するに当たつては、損害の回復の困難の程度を考慮するものとし、損害の性質及び程度並びに処分の内容及び性質をも勘案するものとする。
> 4　執行停止は、公共の福祉に重大な影響を及ぼすおそれがあるとき、又は本案について理由がないとみえるときは、することができない。

↓執行停止の内容

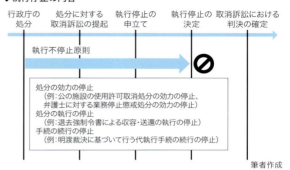

筆者作成

↓執行停止申立事件の件数など

最高裁判所事務総局行政局による平成11年度〜令和5年度「行政事件の概況」（法曹時報掲載）をもとに筆者作成

3 内閣総理大臣の異議

内閣総理大臣の異議があったときは、裁判所は、執行停止をすることができず、すでに執行停止の決定をしているときは、これを取り消さなければなりません（行政事件訴訟法27条）。この異議制度は、平野事件に衝撃を受けたGHQの強い要請を受けて行政事件訴訟特例法に設けられました。しかし、この制度は比較法的にも特異とされ、創設当初からその合憲性について多くの疑義が呈されてきました。1960年代後半、国会周辺デモに対するコース変更処分（デモの許可に付された条件）の執行停止が内閣総理大臣の異議で覆される事態が相次いだ時期もありましたが、その後は1971（昭和46）年の広島行幸啓抗議デモに関する事案を最後に、半世紀以上にわたって異議権は行使されていません。内閣総理大臣の異議の規定は、仮の義務付けおよび仮の差止めにも準用されています。

毎日新聞1967年6月11日15面

←↓内閣総理大臣の異議申立てにより、国会周辺コースを回避して実施された、憲法擁護国民連合主催の憲法制定20周年記念国民大行進（1967年）

朝日新聞社提供

★〇×問題でチェック★
問3　処分手続の続行の停止を求めることができる場合でも、処分の効力の停止を申し立てることができる。
問4　2004（平成16）年の行政事件訴訟法改正により、内閣総理大臣の異議の制度は廃止された。

II 仮の義務付け

行政事件訴訟法第37条の5
1 **義務付けの訴えの提起があつた場合**において、その義務付けの訴えに係る処分又は裁決がされないことにより生ずる償うことのできない損害を避けるため緊急の必要があり、かつ、**本案について理由があるとみえるとき**は、裁判所は、申立てにより、決定をもつて、仮に行政庁がその処分又は裁決をすべき旨を命ずること（以下この条において「仮の義務付け」という。）ができる。
2 （略）
3 仮の義務付け又は仮の差止めは、**公共の福祉に重大な影響を及ぼすおそれがあるときは、することができない。**

通常、申請拒否処分を取消訴訟で争う場合、執行停止は仮の救済として機能しません。当該処分の効力を停止しても、申請が係属している状態に戻るにすぎないためで、それによって保護される何らかの利益が解釈上認められない限り、申立ての利益自体が否定されることになります。行政事件訴訟法の改正を経た現在、このような場面での仮の救済の欠如は、仮の義務付け制度によって補われています。もちろん、申請に対する不作為や権限の不発動を争う場面でも、この仮の義務付けが利用可能です。

仮の義務付けも、執行停止と同様に、原告の申立てにより裁判所が決定します。仮の義務付けは、①義務付け訴訟が適法に係属しており、②処分がされないことにより生ずる「償うことのできない損害を避けるため緊急の必要」があり、かつ、③「本案について理由があるとみえるとき」であることを要します（行政事件訴訟法37条の5第1項）。その一方で、④「公共の福祉に重大な影響を及ぼすおそれがあるとき」は、これをすることができません（同条3項）。仮の義務付けが本案判決を受けた場合と同等の権利ないし法的地位を実現するものであることから、現状を維持する執行停止よりも要件の厳格化が図られていると説明されます。

制度導入後、最初に仮の義務付けが認められた事例である徳島県藍住町立幼稚園入園拒否事件をはじめとして、認容例には子どもの教育・保育に関するものが多くあります。喉に障害のある幼児が保育園の入園を拒否された事案において、東京地裁は、幼児期の生活環境が子どもの心身の成長、発達にとって重要であることを指摘したうえで、本案訴訟の判決確定を待っていては保育園に入園して保育を受ける機会を喪失してしまうことを理由に、「償うことのできない損害を避けるため緊急の必要」があるとして、入園承諾の仮の義務付けを認めました（東大和市立保育園入園拒否事件）。

裁判所の決定当時、当該幼児はすでに5歳4か月になっていました。就園・就学期間は限られているうえ、日々成長する子どもの心身への影響というのは、金銭では到底補填しえない性質をもつものです。そうしたことに鑑みれば、この種の事案では、仮の義務付けによる迅速な権利救済がきわめて重要な意味をもつといえます。なお、上記事件ではその後、本案訴訟においても保育園入園の承諾を義務づける判決が出されて確定しています（東京地裁平成18年10月25日判決）。

↓子どもの教育に関する仮の義務付け認容例

徳島県藍住町立幼稚園入園拒否事件（徳島地裁平成17年6月7日決定）	二分脊椎等の障害を有する幼児につき、町立幼稚園への入園が拒否された事案で、入園許可の仮の義務付けが認められた事例
東大和市立保育園入園拒否事件（東京地裁平成18年1月25日決定）	気管切開手術を受けた後、カニューレを装着しているために痰の吸引が必要な幼児につき、二度にわたって保育園への入園が拒否された事案で、入園承諾の仮の義務付けが認められた事例
大阪市立養護学校転入拒否事件（大阪地裁平成19年8月10日決定）	障害を有し普通校での不登校状態が継続している児童につき、市が設置する病弱者を対象とした唯一の特別支援学校への就学が拒否された事案で、同校への就学指定通知の仮の義務付けが認められた事例
奈良県下市町立中学校入学拒否事件（奈良地裁平成21年6月26日決定）	脳性麻痺による四肢機能の障害のために車椅子を利用して生活する生徒につき、町が設置する唯一の中学校への入学が拒否された事案で、同校を就学校とする指定の仮の義務付けが認められた事例

筆者作成

↓カニューレの装着イメージ

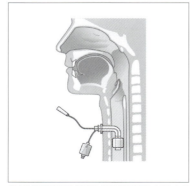

日本訪問看護財団「学校における教職員によるたんの吸引等（特定の者対象）研修テキスト（例）」（https://www.jvnf.or.jp/mext19-caremanual.html）（令和2年）204頁

↓仮の義務付け決定後、初登園するSちゃん親子（東山和市立保育園入園拒否事件）

時事

↓仮の義務付け決定後、中学校の制服を試着するMさん親子（奈良県下市町立中学校入学拒否事件）

朝日新聞社提供

★○×問題でチェック★

問5 仮の義務付けの要件は、執行停止の要件よりも厳格である。
問6 町立幼稚園への入園拒否に関する事案で、仮の義務付けが制度創設後、初めて認められた。

III 仮の差止め

> **行政事件訴訟法第37条の5**（1項略）
> 2 差止めの訴えの提起があつた場合において、その差止めの訴えに係る処分又は裁決がされることにより生ずる償うことのできない損害を避けるため緊急の必要があり、かつ、**本案について理由があるとみえるとき**は、裁判所は、申立てにより、決定をもつて、仮に行政庁がその処分又は裁決をしてはならない旨を命ずること（以下この条において「仮の差止め」という。）ができる。
> 3 仮の義務付け又は仮の差止めは、**公共の福祉に重大な影響を及ぼすおそれがあるときは、することができない。**

▼タクシー事業の現状

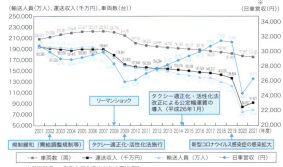

国土交通省「令和5年版交通政策白書」36-37頁をもとに作成

▼運賃制度の比較

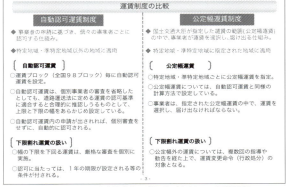

国土交通省ウェブサイト「タクシーの運賃制度について」
（https://www.mlit.go.jp/common/001108272.pdf）より

　仮の差止めも仮の義務付けと同様に、仮の救済の欠如を補うべく新設された仮の救済制度です。要件も、仮の義務付けの場合とほぼ同じで、①差止訴訟が適法に係属しており、②処分がされることにより生ずる「償うことのできない損害を避けるため緊急の必要」があり、かつ、③「本案について理由があるとみえるとき」でなければならず（行政事件訴訟法37条の5第2項）、その一方で、④「公共の福祉に重大な影響を及ぼすおそれがあるとき」は、することができません（同条3項）。

　仮の差止めを認める決定は、指定された公定幅運賃の範囲外の運賃を届け出たことを理由に運賃変更命令等の対象となった低額タクシー事業者の申立に対して、相次いで出されました（大阪地裁平成26年5月23日決定、大阪高裁平成27年1月7日決定、大阪地裁平成27年12月16日決定など）。2013（平成25）年のタクシー適正化・活性化法改正により、タクシーの供給過剰対策として特定地域・準特定地域の運賃規制が強化され、公定幅運賃に従わない事業者は運賃変更命令を受け、それに違反すれば最終的には事業許可の取消しがなされることとなったのがきっかけでした。本案である差止訴訟を含む一連の裁判では、公定幅運賃の設定の仕方が裁量権の逸脱・濫用にあたると判断され、それを受けてその下限運賃が引き下げられました。

　古くから港町として栄え、近世の港湾施設が今も残る景勝地「鞆の浦」の埋立て・架橋計画をめぐり、周辺住民が公有水面埋立免許の仮の差止めを申し立てた事案があります。裁判所は、「償うことのできない損害を避けるため緊急の必要」がないとして、結論において申立てを却下しました。その一方で、埋立てにより損なわれる景観に近接する地域内の居住者は法的保護に値する景観利益を有するとして、周辺住民に仮の差止めを求める法律上の利益（申立人適格）を認めて注目されました（広島地裁平成20年2月29日決定）。本案の差止訴訟でも、裁判所は、鞆町の居住者に原告適格を認めたうえで、一度損なわれると復元することは不可能であるという景観の価値にかんがみ、埋立免許を行うことは裁量権の逸脱にあたるとして差止請求を認容しました（広島地裁平成21年10月1日判決）。その後、事件は高裁に持ち込まれたものの、結局、事業者である広島県が計画を撤回し、住民側も訴えを取り下げて訴訟は終結しました。

▼鞆の浦のシンボルである常夜燈

西上治撮影

▼高台から望む鞆の浦

西上治撮影

▼埋立て・架橋予定地

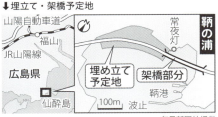

毎日新聞社提供

★○×問題でチェック★
問7　差止訴訟が係属していなくても、仮の差止めを申し立てることができる。
問8　鞆の浦の埋立て・架橋計画をめぐる公有水面埋立免許の仮の差止めは、周辺住民に申立人適格がないとして却下された。

26 当事者訴訟

I 当事者訴訟とは

↓行政事件訴訟法4条と形式的当事者訴訟・実質的当事者訴訟

↓抗告訴訟と当事者訴訟、民事訴訟の関係

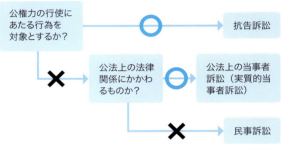

筆者作成

行政事件訴訟法は2条において、抗告訴訟以外にも当事者訴訟・民衆訴訟・機関訴訟という類型を設けています。ここではその1つである当事者訴訟についてみていきましょう。

行政と私たち市民の間に紛争が生じた場合、それが公権力の行使にあたる行為（処分等）を対象とするものであれば、抗告訴訟で争うことができます（行政事件訴訟法3条1項以下）。一方、私法上の法律関係に関する紛争であれば、民事訴訟で争うことができるでしょう。では、公権力の行使にあたる行為を対象とするわけではないけれども、公法上の法律関係にかかわる紛争が生じた場合、私たちはどのようにして争えばよいのでしょうか。こうした問題に対応できるのが、当事者訴訟という訴訟類型です。

実は2004（平成16）年に行政事件訴訟法が大きく改正される以前、当事者訴訟は「公法上の法律関係に関する訴訟」とだけ規定されており、あまり利用されていないマイナーな存在でした。行政訴訟といえば抗告訴訟がメインであり、それ以外は多くの場合、民事訴訟で対処することができたからです。当事者訴訟はその利用数の少なさや特色の乏しさもあり、当時はその存在意義を疑問視する見解もありました。しかし、抗告訴訟や民事訴訟で対処できない事例が存在していたことは確かですし、当時の法律による対応が不十分であったことは否定できません。また、当時は抗告訴訟の対象となる処分（☞20-I）概念の拡大が主張され、拡大を認める判例もありましたが、抗告訴訟に対する負担過重の問題が指摘されていました。処分か否かの判断は訴訟類型の選択にもかかわる問題であることから、原告がこの選択を誤れば、裁判所による救済の機会が失われる危険も考えられます。このような問題点を踏まえ、当事者訴訟を積極的に活用すべきであるとする見解も主張されていました。2004（平成16）年に行政事件訴訟法が大きく改正さ

れた際には、当事者訴訟の積極的活用を期待し、行政事件訴訟法4条に公法上の法律関係に関する確認の訴えの用語が新しく設けられました。

次に、その定義をみてみましょう。当事者訴訟の定義は同法4条に規定されています。この規定は「及び」の前後で2つの訴訟があると理解されており、学説上、前者は形式的当事者訴訟、後者は実質的当事者訴訟と呼ばれています。両者はそれぞれ異なった性質をもっていますので、II以下では具体例とともにその内容をみていきましょう。

このうち、中心となるのは実質的当事者訴訟です。実質的当事者訴訟の活用が期待されている場面は主として2つあります。1つは、冒頭の繰り返しになりますが、行政と私たちの間にトラブルが生じた際、「公権力の行使」を争うわけではないけれども、「公法上の法律関係」にかかわる紛争の場合です。日本国籍を有することの確認を求める訴訟がその一例です。もう1つは、無効な処分を前提とした法律関係の確認を求める場合です。たとえば、無効な懲戒免職処分によって公務員の身分を失った人がいたとしましょう。この場合、もし懲戒免職処分が無効であることを確認したい場合は、抗告訴訟である無効等確認訴訟（☞24-I）を提起することになります。しかし、引き続き自分が公務員としての身分を有することを裁判所に認めてもらいたい場合、懲戒免職処分の無効を前提に、公務員としての地位の確認や、未払いの俸給の支払いを求める訴訟を提起することができます。これも当事者訴訟の1つの機能といえます。

このように、抗告訴訟や民事訴訟では争えない、いわば「すき間」を埋めるための訴訟が当事者訴訟なのです。

★○×問題でチェック★

問1　公権力の行使にあたる行為ではないが公法上の法律関係にかかわる行為を対象とする場合、当事者訴訟で争うことができる。
問2　形式的当事者訴訟と実質的当事者訴訟は、行政事件訴訟法に明記されている法律上の用語である。

II 形式的当事者訴訟の具体例

> **土地収用法第133条** 収用委員会の裁決に関する訴え（次項及び第3項に規定する損失の補償に関する訴えを除く。）は、裁決書の正本の送達を受けた日から3月の不変期間内に提起しなければならない。
> 2　収用委員会の裁決のうち損失の補償に関する訴えは、裁決書の正本の送達を受けた日から6月以内に提起しなければならない。
> 3　前項の規定による訴えは、これを提起した者が起業者であるときは土地所有者又は関係人を、土地所有者又は関係人であるときは起業者を、それぞれ被告としなければならない。

↓土地収用法における争いの一例

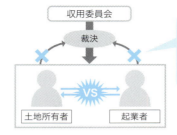

筆者作成

本来であれば訴訟の当事者として争う関係にある者を、効率的に紛争を解決するために法律が変更している場合があります。この場合に、法律が定める当事者間の訴訟を形式的当事者訴訟といいます。行政事件訴訟法4条前段によれば、形式的当事者訴訟は「当事者間の法律関係を確認し又は形成する処分又は裁決に関する訴訟で法令の規定によりその法律関係の当事者の一方を被告とするもの」と定義されています。

具体例として、土地収用法における土地所有者と起業者の争いがあります。公共の利益となる事業のために土地の所有権を強制的に取得することを土地収用といいますが、それには都道府県の収用委員会の裁決が必要です（☞7-II❷）。この裁決の中で、収用される土地の所有者に対する補償金が定められます。もしこの金額に納得がいかない場合、本来であれば、収用委員会の属する都道府県を被告として裁決の取消訴訟を提起することになるでしょう。しかし、補償金を負担するのは事業を実施する者（起業者と呼ばれます）ですから、起業者を被告とする方がより効果的な紛争解決が期待できます。そこで、土地所有者が裁決で示された補償金額に不服がある場合、土地収用法は本来訴訟を提起すべき相手（収用委員会の属する都道府県）を変更し、土地所有者と起業者で争うように定めました（土地収用法133条3項）。

土地所有者と起業者が争うといっても、その本質は処分である裁決の中身を争うに等しいものです。しかし、形の上では当事者訴訟として扱われていることが、形式的当事者訴訟と呼ばれる理由といえるでしょう。

III 実質的当事者訴訟の具体例

1 確認の利益

実質的当事者訴訟には公法上の法律関係に関する確認の訴えとその他の公法上の法律関係に関する訴訟があります。いずれも形式的当事者訴訟と異なり、形式面のみならず実質的にも処分を直接に対象にして争うものではありません（実質的当事者訴訟といわれるのはこのためです）。このうち、解釈上問題となるのが「公法上の法律関係に関する確認の訴え」であり、確認訴訟と呼ばれる訴訟類型に属します。確認訴訟はその対象が無限定となる性質を有することから、裁判所の審理にあたり、適切な内容に限定しなければなりません。そのための訴訟要件を確認の利益といいます。確認の利益は一般に民事訴訟法で学ぶ内容ですが、行政事件訴訟法が確認の利益について特別の規定を設けていないため、当事者訴訟でも民事訴訟法と同様の問題が生じます。以下では確認の利益の認定にあたり、必要とされる3つの視点について説明します。

方法選択の適切性とは、紛争を解決するための方法として、確認訴訟を選択したことが適切であることをいいます。確認訴訟はあくまでも法律関係を「確認する」ものにすぎないため、ほかに紛争を解決するために適切な訴訟類型が存在すれば、そちらを選択すべきことになります。この場合、給付訴訟や形成訴訟が選択肢となります。

対象選択の適切性とは、確認の対象として選んだものが紛争

↓確認訴訟で必要とされる確認の利益

筆者作成

の解決にとって有効・適切であることをいいます。確認訴訟における確認の対象にはあらゆるものが含まれるため、裁判所がそれを確認することによって、抜本的な紛争の解決につながるものでなければなりません。現在の法律関係の確認を求めることが原則とされていますが、紛争解決に資する場合には、過去の法律関係や事実の確認を求めることも認められます。

即時確定の必要性とは、原告の権利や法的地位に対する不安や危険が今まさに存在しており、確認訴訟によってそのような状態を取り除く必要があることをいいます。確認の対象となる権利や法的地位は変動しうるものであることから、現時点で裁判所による確認を求めるほど紛争が成熟している必要があります。

★○×問題でチェック★
問3　当事者訴訟という場合、一般的に形式的当事者訴訟を意味する。
問4　確認訴訟以外に紛争を適切に解決できる訴訟がある場合、確認の利益が否定される。

2 在外国民選挙権確認訴訟

国外に居住しており、日本国内に住所を有しない日本人を**在外国民**といいます。日本国民の選挙権については**公職選挙法**が定めており、当時の規定によれば、衆議院および参議院の比例代表選出議員の選挙について、在外国民は領事館等を介して投票することができました（これを**在外投票**といいます）。ところが、衆議院の小選挙区選出議員および参議院の選挙区選出議員の選挙については、在外国民に投票権が認められていませんでした。そこで在外国民が原告となり、自分たちが選挙権を有することの確認を求めて提訴しました。

この訴訟はその性質上、原告が今後実施される国政選挙での選挙権を確認するものであったため、確認の利益（特に即時確定の必要性）が問題となりました。最高裁（平成17年9月14日大法廷判決）は次のような理由から確認の利益を認めました。選挙権は行使できなければ意味がないことから、在外国民が今後の国政選挙で投票するためには、あらかじめ選挙権を行使できることの確認をする必要があります。また、選挙権は重要な権利であるとともに、選挙が終わった後で争ったとしても回復することができない性質だからです。

↓在外国民の衆議院・参議院の選挙権と最高裁判所裁判官国民審査権

		国内居住の日本人	外国居住の日本人(在外国民) 1997年以前	外国居住の日本人(在外国民) 1998年以降
衆議院	小選挙区	○	×	×→○（2006年～）
	比例代表	○	×	○
参議院	選挙区	○	×	×→○（2006年～）
	比例代表	○	×	○
最高裁判所裁判官国民審査		○	×	×→○（2022年～）

外務省HPをもとに筆者作成

↓在英国日本大使館

大使館HP

↓投票用紙と在外投票用封筒

在カザフスタン日本大使館作成資料「在外選挙制度について」より

3 在外国民国民審査権確認訴訟

最高裁判所の裁判官に対し、裁判官としてふさわしいかどうかを国民が審査する制度を**国民審査**といいます。国民審査については憲法79条2項から4項に定められており、4項を受けて制定された法律に**最高裁判所裁判官国民審査法**があります。当時の規定によれば、国民審査権は国内居住の日本人に限定され、在外国民には認められていなかったことから、在外国民が原告となって訴訟を提起しました。選挙権については不完全ながらも法律に在外国民に関する規定が存在していましたが、国民審査権についてはまったく規定がなく、原告の主張の手がかりが存在しない状態でした。そこで、原告は①次回の国民審査で審査権を行使することができる地位の確認を求める請求に加え、②国が原告に審査権を行使させないことが違法である旨も併せて請求しました。

①について、最高裁（令和4年5月25日大法廷判決）は確認の利益を認めました。在外国民が次回の国民審査に先立ち、審査権を行使できる地位を確認することは、法律上の紛争を解決するために有効適切な手段であると認められることがその理由です（ただし、①の本案は請求が棄却されました）。

次に②について、最高裁は以下のように述べて確認の利益を認めました。当時の法律に従えば、在外国民は次回の国民審査の際に憲法上の権利である審査権を行使することができず、その法的地位に現実の危険が生じています。また、審査権は選挙権同様に行使できなければ意味がなく、侵害を受けた後に争っても回復することができません。加えて、②について裁判所が憲法違反であることを確認する判決が確定すれば、国会がその判断を尊重することを踏まえると、この訴訟は紛争の解決にとって有効適切な手段だと考えられます。この訴訟を認めることで、国会の立法裁量に不当な影響を及ぼすことになるわけでもありません（なお、②の本案は請求が認容されました）。

この判決を受けて法律が改正されるとともに、新しく規定が設けられました。これにより、今日では在外国民も国民審査権を行使することができます。

↓国民審査の投票用紙の見本

毎日新聞社／アフロ

↓最高裁判所大法廷と15人の裁判官

裁判所HP

↓最高裁の違憲判決を受けて笑顔を見せる原告

毎日新聞社／アフロ

★○×問題でチェック★

問5　最高裁によれば、在外国民が次回選挙での選挙権行使の確認を求めることは確認の利益を欠く。
問6　現在の法律によれば、在外国民は最高裁判所裁判官の国民審査をすることができる。

4 君が代訴訟

東京都教育委員会による「入学式、卒業式等における国旗掲揚及び国歌斉唱について」の通達（平成15年10月23日15教指企第569号）
1 学習指導要領に基づき、入学式、卒業式等を適正に実施すること。
2 入学式、卒業式等の実施に当たっては、別紙「入学式、卒業式等における国旗掲揚及び国歌斉唱に関する実施指針」のとおり行うものとすること。
3 国旗掲揚及び国歌斉唱の実施に当たり、教職員が本通達に基づく校長の職務命令に従わない場合は、服務上の責任を問われることを、教職員に周知すること。

（別紙）入学式、卒業式等における国旗掲揚及び国歌斉唱に関する実施指針
1 国旗の掲揚について（略）
2 国歌の斉唱について
　入学式、卒業式等における国歌の取扱いは、次のとおりとする。
　（1）式次第には、「国歌斉唱」と記載する。
　（2）国歌斉唱に当たっては、式典の司会者が、「国歌斉唱」と発声し、起立を促す。
　（3）式典会場において、教職員は、会場の指定された席で国旗に向かって起立し、国歌を斉唱する。
　（4）国歌斉唱は、ピアノ伴奏等により行う。
3 会場設営等について（略）

東京都教育委員会の教育長が都立学校の校長宛てに通達を出し、式典での国旗の掲揚とともに、音楽教員は国歌のピアノ伴奏を、その他の教職員は起立して国歌を斉唱することを定めました。校長はこの通達の内容通りに実施することを教職員に命令するとともに、違反した者には回数に応じて懲戒処分をしていました。そこで、都立学校の教職員が原告となり、式典で国歌のピアノ伴奏や起立・斉唱義務のないことの確認を求めて訴訟を提起したものがこの訴訟です。

最高裁（平成24年2月9日判決）によれば、この訴訟が懲戒処分の予防を目的とするものであれば、差止訴訟（☞24-III）と競合するために不適法と判断しました。一方で、処分以外の不利益の予防を目的とするものとしては、確認の利益を認めました。この場合は差止訴訟と競合せず、義務の不存在を確認することによって教職員に生じる不利益を取り除くことができるからです。

↓通達による卒業式の変化（上が通達前、下が通達後。いずれも都立学校ではなく、あくまでイメージ）

上：写真提供：共同通信社　下：提供 朝日新聞社

5 臨時会不召集訴訟

臨時会（臨時国会）とは、常会（通常国会）のほかに臨時の必要に応じて召集される国会のことをいいます。臨時会については、憲法53条が、「内閣は、国会の臨時会の召集を決定することができる。いづれかの議院の総議員の4分の1以上の要求があれば、内閣は、その召集を決定しなければならない。」と定めています。この規定に基づき、衆議院と参議院のそれぞれ4分の1以上の議員が内閣に対し、臨時会の召集決定を要求しました。ところが、この要求を受けて内閣が臨時会の召集決定をしたのは92日後（実際に召集されたのは98日後）であったことから、ある参議院議員が国に対して訴えを提起したものがこの訴訟です。原告は、次に4分の1以上の議員から要求があった場合に、内閣が20日以内に臨時会の召集決定をする義務を負うことの確認と、原告が20日以内に臨時会の召集を受けられる地位を有することの確認を求めました。

最高裁（令和5年9月12日判決）はいずれの訴訟も臨時会の召集決定が遅れることによって将来的に国会議員に生じる不利益を防止するための訴訟であると理解しました。このように考えると、憲法の規定に基づいて将来、臨時会の召集要求や召集決定がなされるかどうかは現時点では明らかではありません。そのため、原告に不利益が生じる現実的な危険がないことから、いずれの訴訟も確認の利益を欠くと判断されました。

↓過去10年間に憲法53条に基づく臨時会召集の要求がなされた日と召集日の一覧

臨時会召集要求日	臨時会召集日	臨時会召集までの日数
2015年10月21日	召集せず	―（75日後に常会召集）
2017年6月22日	2017年9月28日	98日
2020年7月31日	2020年9月16日	47日
2021年7月16日	2021年10月4日	80日
2022年8月18日	2022年10月3日	46日

筆者作成

↓最高裁判決を受け、記者会見する原告ら

時事

★〇×問題でチェック★
問7　君が代訴訟によれば、懲戒処分以外の不利益の予防を目的とした確認訴訟は確認の利益が認められない。
問8　国会議員が内閣に対して臨時会の召集決定の確認を求めた訴訟では、最高裁は確認の利益を認めた。

27 民衆訴訟・機関訴訟

I 主観訴訟と客観訴訟

裁判所法第3条1項
　裁判所は、日本国憲法に特別の定のある場合を除いて一切の法律上の争訟を裁判し、その他法律において特に定める権限を有する。

行政事件訴訟法第42条
　民衆訴訟及び機関訴訟は、法律に定める場合において、法律に定める者に限り、提起することができる。

↓伝統的な理解に基づく裁判所の権限

裁判所の権限（裁判所法3条1項）

法律上の争訟	その他法律で特に定める権限
・主観訴訟 （抗告訴訟＋当事者訴訟）	・客観訴訟 （民衆訴訟＋機関訴訟）

筆者作成

　裁判所の主な権限は、「法律上の争訟」について裁判を行うというものです（裁判所法3条1項）。「法律上の争訟」とは、「当事者間の具体的な権利義務ないし法律関係の存否に関する紛争であって、かつ、それが法令の適用により終局的に解決することができるもの」を指します（最高裁昭和56年4月7日判決）。裁判の対象は主に個人の権利・利益の保護を目的とする主観訴訟とされ、一般的な公益の保護を目的とする客観訴訟には、別途法律の規定が必要とされます。主観訴訟には取消訴訟などの抗告訴訟（行政事件訴訟法3条）や公法上の当事者訴訟（4条）が含まれます。一方で、住民訴訟や選挙訴訟などの民衆訴訟（5条）や、「国又は公共団体の機関相互間における権限」に関して争われる機関訴訟（6条）は、客観訴訟であり、法律による特別の定めが必要になります（42条）。

II 民衆訴訟

行政事件訴訟法第5条
　この法律において「民衆訴訟」とは、国又は公共団体の機関の法規に適合しない行為の是正を求める訴訟で、選挙人たる資格その他自己の法律上の利益にかかわらない資格で提起するものをいう。

1 住民訴訟

　住民訴訟は、地方公共団体の公金支出（例：補助金）や財産管理（例：公有地売却）などに関して住民が争う訴訟です（地方自治法242条の2）。代表例は地方公共団体から職員などに対し損害賠償請求などを行うように求めるものです（同条1項4号。4号請求という）。住民訴訟を提起する前には住民監査請求が必要とされ（同項）、住民監査請求では公金支出などの違法性だけでなく、不当性も監査の対象となります（242条1項）。

↓住民監査請求・住民訴訟の対象

住民監査請求（地方自治法242条）	不当性・違法性
住民訴訟（地方自治法242条の2）	違法性

住民訴訟の対象（地方自治法242条の2第1項）
・執行機関または職員に対する当該行為の全部または一部の差止めの請求（1号）
・行政処分である当該行為の取消しまたは無効確認の請求（2号）
・執行機関または職員に対する当該怠る事実の違法確認の請求（3号）
・職員または当該行為・怠る事実に係る相手方に損害賠償・不当利得返還の請求を普通地方公共団体の執行機関・職員に対して求める請求（4号）

総務省資料をもとに筆者作成

↓監査前置手続の基本的な流れ

```
財務会計行為
  ↓ 当該行為のあった日または終わった日から1年以内
    （正当な理由があった場合を除く）
住民監査請求（地方自治法242条）
・監査委員による勧告・通知・公表
  ↓ 30日以内（監査または勧告が60日以内に行われない場合、
    60日経過後30日以内）
住民訴訟（地方自治法242条の2）
```

総務省資料を参考に筆者作成

↓4号請求

総務省資料を参考に筆者作成

★○✕問題でチェック★
問1　客観訴訟も主観訴訟と同じく、法律の根拠がなくても提起できる。
問2　住民監査請求では地方公共団体による公金支出などの違法性の審査だけが行われる。

▼一日校長事件

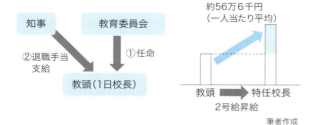
筆者作成

公金支出などの適法性を争う際、その前提となる原因行為の適法性も問題となる場合があります。一日校長事件（最高裁平成4年12月15日判決）では、教育委員会が、勧奨退職に従った教頭を退職前日の一日だけ校長に昇格させ、退職金を増やしたことの違法性が争われました。最高裁は、退職手当支出の原因となる校長昇格や退職承認が「予算執行の適正確保の見地から看過し得ない瑕疵」をもつ場合のみ手当支出も違法になるとしました。また、予算を執行する地方公共団体の長は、教頭の人事処分を行う教育委員会の判断を尊重するため、処分の合理性が著しく欠ける場合のみ拒否できるとしました。

> **地方自治法第96条1項**
> 　普通地方公共団体の議会は、次に掲げる事件を議決しなければならない。
> 　　一〜九　（略）
> 　　十　法律若しくはこれに基づく政令又は条例に特別の定めがある場合を除くほか、権利を放棄すること。

　地方議会は債権を放棄する権限をもっているため、損害賠償請求権を放棄することもあります。そこで、住民訴訟で職員等に損害賠償を請求することを求めても、請求権が放棄されると住民訴訟で争う請求権がなくなって、住民訴訟制度が骨抜きにされかねません。最高裁平成24年4月20日判決（大東市・神戸市両事件）では、地方議会に債権放棄の裁量を認めつつ、「民主的かつ実効的な行政運営の確保」という住民訴訟制度の趣旨からみて不合理な場合、裁量の逸脱・濫用になるとしました。その際、原因となった行為や事件の経緯などが総合的に考慮されるとしています。また、国立市マンション事件においても同様の問題が起きています。市長がマンション建設の妨害を行ったことにつき、国家賠償が認められたため、市が市長に対する求償権（☞29-VI 1）を得ました。しかし、地方議会がこの求償権を放棄することを議決しました。その後、市長が変わり、求償権行使を求める議決がなされ、これに基づく求償が認められました（東京高裁平成27年12月22日判決・上告棄却）。

▼債権放棄議決

総務省資料をもとに筆者作成

▼国立市マンション事件で問題になったマンション

毎日新聞社／アフロ

　住民訴訟は、地方公共団体による公金支出などの違法性を争うものですが、その中で公金支出などが憲法89条や20条の政教分離に違反するかもしばしば争点とされてきました。たとえば、憲法でも学ぶ愛媛玉ぐし料事件（最高裁平成9年4月2日判決）では、神社への金銭の奉納について政教分離違反が住民訴訟で争われました。また、孔子廟のための土地使用料免除に関する最高裁令和3年2月24日大法廷判決も住民訴訟の事案です。このように、住民訴訟を通じた政教分離違反の審査が認められていますが、住民訴訟の対象は地方公共団体の公金支出などのみで、国は含まれません。そのため、国の公金支出などを対象として、住民訴訟と類似のしくみである国民訴訟制度を作るべきとする意見もあります。

▼石原慎太郎元都知事の参拝

アフロ

▼安倍晋三元首相の参拝

毎日新聞社／アフロ

★ ○×問題でチェック ★
問3　地方議会による債権放棄議決は一切認められない。
問4　住民訴訟では、国の公金支出などは訴訟の対象とはならない。

27 民衆訴訟・機関訴訟

2 選挙訴訟

公職選挙法第204条
　衆議院議員又は参議院議員の選挙において、その選挙の効力に関し異議がある選挙人又は公職の候補者（……）は、衆議院（小選挙区選出）議員又は参議院（選挙区選出）議員の選挙にあつては当該選挙に関する事務を管理する都道府県の選挙管理委員会（……）を、衆議院（比例代表選出）議員又は参議院（比例代表選出）議員の選挙にあつては中央選挙管理会を被告とし、当該選挙の日から30日以内に、高等裁判所に訴訟を提起することができる。

選挙訴訟は、選挙の公正を保護することを目的として、選挙の無効を争うものです（公職選挙法204条）。この訴訟では、公職選挙法違反に関する争いが念頭に置かれていますが（205条1項）、選挙区割りによって生じる選挙区間での一票の格差が平等原則（憲法14条1項）に反するかについても、選挙訴訟において争われています。

▼一票の格差訴訟に携わる弁護士ら

毎日新聞社／アフロ

▼一票の格差と最高裁の判断

衆議院(2021年)	2.079倍（東京都13区・鳥取県1区）	合憲
衆議院(2014年)	2.129倍（東京都1区・宮城県5区）	違憲状態
参議院(2022年)	3.03倍（神奈川県・福井県）	合憲
参議院(2013年)	4.77倍（北海道・鳥取県）	違憲状態

筆者作成

3 団体訴訟

団体訴訟は、個人ではなく、団体が一定の利益を代表して提起する訴訟です。この訴訟は、その団体が必ずしも自らの利益実現を求めない点で民衆訴訟に似ています。たとえば、消費者契約法では、「不特定かつ多数の消費者の利益」を保護するため、事業者に対する差止請求権が適格消費者団体に認められます（2条4項・12条）。消費者被害は一人ひとりの被害が小さく、個人では訴訟のコストに見合わないため、適格消費者団体が消費者の代わりに訴訟を行います。さらに、特定適格消費者団体には、共通する原因に基づく「相当多数の消費者」への損害賠償など

の義務を確認し、消費者がもつ債権確定を行う手続なども認められます（消費者の財産的被害等の集団的な回復のための民事の裁判手続の特例に関する法律2条・3条・13条以下）。

また、個人の利益とはいえない自然環境保護のために、環境保護団体による訴訟を認めるべきかも議論されます。現在、環境保護団体による訴訟に関し定める法律はなく、こうした訴訟は認められないとされます。アマミノクロウサギ訴訟（鹿児島地裁平成13年1月22日判決）は、「アマミノクロウサギことX（自然人・環境保護団体）」を原告にして、環境保全を図りました。裁判所は当該団体の原告適格を否定しましたが、社会的影響が大きく、結果として奄美大島の環境が保全されました。

▼適格消費者団体・特定適格消費者団体
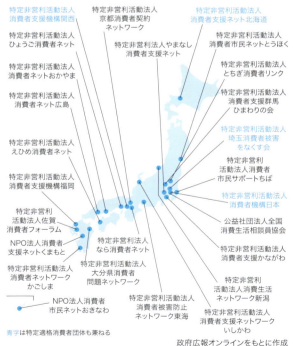
政府広報オンラインをもとに作成

▼消費者団体訴訟の概観
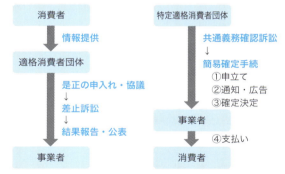
政府広報オンラインをもとに作成

▼アマミノクロウサギ　▼奄美大島

毎日新聞社／アフロ　　アフロ

★○×問題でチェック★
問5　選挙訴訟では一票の格差についても争われることがある。
問6　環境保護団体は、法律の根拠がなくても環境保護のために訴訟を提起できる。

III 機関訴訟

> **行政事件訴訟法第6条**
> この法律において「機関訴訟」とは、国又は公共団体の機関相互間における権限の存否又はその行使に関する紛争についての訴訟をいう。

1 総論

機関訴訟は、国民の権利・利益ではなく、国や公共団体の機関の権限に関して争われる訴訟です。たとえば、地方自治法176条によれば、地方議会の議決や選挙に法令・会議規則の違反が認められるときに、地方公共団体の長が、総務大臣か都道府県知事の裁定の後、裁判所へ出訴できます（4〜7項）。また、国の関与では国地方係争処理委員会の勧告がされた後、都道府県の関与では自治紛争処理委員の勧告がなされた後、地方公共団体はこれらの関与に関して、高等裁判所に訴えを提起できます（251条の5・251条の6）。

↓関与に対する訴えの基本的な流れ

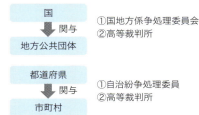

総務省資料を参考に筆者作成

↓辺野古埋立承認に関する訴訟の経過

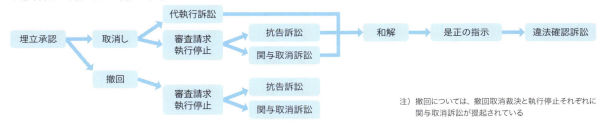

注）撤回については、撤回取消裁決と執行停止それぞれに関与取消訴訟が提起されている

小槇祐輝「辺野古訴訟の経緯」調査と情報1237号（2023年）12頁の図を参考に筆者作成

地方自治法245条3号は、地方公共団体のした処分に対する国の行政不服審査法に基づく裁決（裁定的関与）を、関与から除外しています。その結果、裁定的関与は上記訴訟制度の対象となりません。ただし、行政不服審査法7条2項によって、国や地方公共団体の機関が「固有の資格」で国などの他の機関による処分の対象となる場合には、同法が適用されません（☞**19-IV 2**）。行政不服審査法が適用されなければ、裁定的関与ではなく、機関訴訟の対象となります。

↓裁定的関与

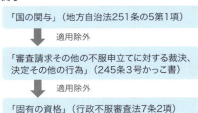

筆者作成

2 岩沼市議会出席停止事件

地方議会には地方議員に対する懲罰処分を行う権限があります（地方自治法134条）。では、懲罰処分がなされた場合、地方議員がその処分を訴訟で争うことができるでしょうか。最高裁昭和35年10月19日大法廷判決は、地方議会による出席停止処分について、地方公共団体の自律性を重視し、「法律上の争訟」ではなく司法審査が及ばないとしました。もっとも、除名処分については、「議員の身分の喪失に関する重大事項で、単なる内部規律の問題」ではないため、司法審査が及ぶとされていました。最高裁令和2年11月25日大法廷判決は、昭和35年判決を変更し、出席停止処分についても「法律上の争訟」として司法審査が及ぶことを認めました。その際、最高裁は、地方議会の懲罰処分が「議会の自律的な権能」に含まれるとしました。しかし、同時に住民自治に基づき、住民の選挙で選ばれた地方議員は、議会に出席し、住民の意思を反映するという責務をもつとしました。そのため、懲罰処分によって、議会に参加するという地方議員の責務が遂行できなくなることを理由に、出席停止処分にも裁判所による審査が及ぶことを示しました。

↓岩沼市議会出席停止事件で判決をうけて喜ぶ原告ら

毎日新聞社／アフロ

↓当時の岩沼市議会の会派構成

岩沼政策フォーラム	11名
いわぬまアシスト	3名
無所属	4名

筆者作成

★○×問題でチェック★
問7 地方自治法では、すべての関与が訴訟の対象とされている。
問8 現在では、地方議会の除名処分も出席停止処分も裁判所の審査が及ぶ。

28 国家賠償法①

I 総論

国家賠償法第1条
1 国又は公共団体の公権力の行使に当る公務員が、その職務を行うについて、故意又は過失によつて違法に他人に損害を加えたときは、国又は公共団体が、これを賠償する責に任ずる。
2 前項の場合において、公務員に故意又は重大な過失があつたときは、国又は公共団体は、その公務員に対して求償権を有する。

1 国家賠償法の全体像

国家（国や地方公共団体等）の違法な活動によって他人に損害が発生した場合、国家は、その損害を賠償する責任（国家賠償責任）を負うこととなります。この国家賠償責任に関するルールを定めているのが、国家賠償法です（歴史的沿革につき☞18-Ⅳ）。そこでは、主に、上記責任がどのような場合に認められるか（1～3条各1項）、内部的な責任の分担がどのようになされるか（1～3条各2項）ということが定められています。このほか、同法およびその他の特別法がルールを定めていない部分については民法のルールが適用されること（4条・5条）、外国人についてはその本国において国家賠償法による救済と同様の救済が日本人に保証されている場合にのみ同法が適用されること（6条）が定められています（☞29-Ⅳ）。

国家賠償責任は、公権力行使責任（1条）と営造物責任（2条）という2種類の責任類型に分けることができます。前者が、主に人の行為に着目し、公務員の不法行為（故意または過失に

↓国家賠償法の規定の概要

1条	公権力行使責任
2条	営造物責任
3条	費用負担者の責任
4条	民法の適用
5条	特別法の適用
6条	相互保証主義

筆者作成

↓民法の使用者責任との違い

	公権力行使責任 （国家賠償法1条）	使用者責任 （民法715条）
免責規定	×	○（同715条1項ただし書）
求償権の制限規定	○（同1条2項→故意・重過失のみ）	×（同715条3項→軽過失でも可）
加害者の対外的責任	×（判例）	○（同709条）
費用負担者の責任	○（同3条）	×
相互保証主義	○（同6条）	×

筆者作成

よる違法な行為）がある場合に認められる責任であるのに対して、後者は、主に物の状態に着目し、公の営造物（道路や河川等）の設置・管理に瑕疵（他人に危険を及ぼすような欠陥）がある場合に認められる責任（☞29-Ⅰ～Ⅴ）であるといえます。前者の例としては、警察官が取調べ中に被疑者に自白をさせるために暴行を働いたような場合、後者の例としては、公道に穴が空いていたことにより交通事故が発生したような場合を挙げることができます。なお、一般的に、国家賠償法1条は、民法715条（使用者責任）の特別法として解されています。上図を参考に、両規定を見比べて、その違いを確認してみてください（たとえば、前者には、後者にある免責規定がありません）。

2 国家賠償法1条の責任の性質

一般的に、国家賠償法1条の責任は、不法行為を行った公務員個人の責任を、国・公共団体が「肩代わり」して負う責任であると解されています（代位責任説）。こうした肩代わりがなされる理由としては、公務員個人に責任を負わせると当該公務員が賠償金を支払えない場合に被害者が泣き寝入りせざるをえなくなるおそれがあることなどが挙げられます。

↓国家賠償法1条（代位責任構成）のしくみ

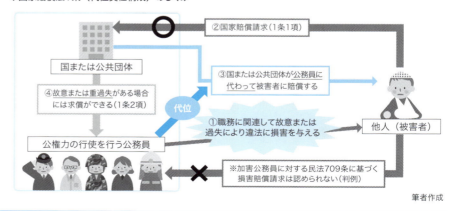

筆者作成

★○×問題でチェック★

問1　国家賠償法1条1項は、国家の適法な活動によって生じた損害に適用される。
問2　国家賠償法1条1項には、民法715条1項と同じく免責規定が置かれている。

II　責任の成立要件①：違法性以外の要件

　国家賠償法1条1項に基づく責任の成立要件は、①加害行為が「公権力の行使」に該当すること、②加害者が「公務員」であること、③加害行為が「職務を行うにつき」なされたものであること、④「故意又は過失」があること、⑤「違法」性があること、⑥「損害」が発生していること、⑦加害行為と損害の間に因果関係があること（「によつて」）です。ここでは、①～④の要件の解釈問題について説明します。

　まず、①の「公権力の行使」については、その意義を、国家による作用のうち、私人間でも行われるような経済的作用（民法が適用される）と営造物の設置・管理作用（国家賠償法2条が適用される）を除くすべての作用と解する広義説が通説・判例とされています。このほかにも、それを国家が優越的な立場から行う権力作用と解する狭義説や、それを国家によるすべての作用と解する最広義説もあります。上記の広義説によると、税務署長による課税処分や検察官による公訴起訴のような典型的な権力作用だけではなく、行政指導（☞12）や公立学校における教育活動のような典型的な権力作用でないものも「公権力の行使」に含まれることになります。

　次に、②の「公務員」とは、上記の「公権力の行使」を委ねられている者を指します。よって、組織法上の公務員としての身分を有しない私人であっても、「公権力の行使」を行っていれば、それに該当します。たとえば、家庭での養育が困難になった児童の養育監護行為を行う、民間の児童養護施設の職員は、当該行為が本来都道府県が行うべき事務であることなどを踏まえ、この「公務員」に該当するものと解されています（最高裁平成19年1月25日判決）。また、ここでいう「公務員」は一定の要件のもとでは具体的な特定を必要としません。その要件とは、国または公共団体の公務員による「一連の行為のうちのいずれかに行為者の故意又は過失による違法行為があったのでなければ被害が生ずることはなかったであろうと認められ、かつ、それがどの行為であるにせよこれによる被害につき行為者の属する国又は公共団体が法律上賠償の責任を負うべき関係」が存在することです（最高裁昭和57年4月1日判決）。たとえば、デモの鎮圧に際して警察官がデモ隊に暴行を働き負傷させた場合に、暴

↓「公権力の行使」該当性に関する学説の整理（○は該当、×は非該当）

	狭義説	広義説	最広義説
純粋な私経済作用（例：事務用品の購入、公立病院の医師による医療行為等）	×	×	○
広義の公権力行使（例：行政指導、公立学校における教育活動等）	×	○	○
狭義の公権力行使（例：税務署長による課税処分、検察官による公訴提起等）	○	○	○

筆者作成

行を働いた警察官を具体的に特定できなくても、上記のような関係さえあれば足りるということになります。こうした特定の緩和が許容されるのは、賠償責任を負うのは国・公共団体なので、当該責任の有無を決するためには、当該国・公共団体の公務員の誰かが加害行為を行ったことがわかれば十分だからです。

　さらに、③の「職務を行うにつき」という要件については、加害行為が「職務を行うにつき」なされたという外観があれば足りるというのが判例の立場（外形標準説）となっています。たとえば、非番の警察官が制服を着用し職務質問を装って被害者に近づき強盗殺人を働いた事案につき、最高裁は、「客観的に職務執行の外形をそなえる行為」であれば、その職務執行の意思の有無に関係なく上記要件を充足するものと解しています（最高裁昭和31年11月30日判決）。国家賠償請求訴訟においては、公務員が職務執行の意思をもっている場合がほとんどなので、上記の事案のように、この要件の充足の有無が問題となるのはきわめて稀であるといえます。

　最後に、④の「過失」とは、被害の結果を予見・回避することができたのに、それを回避するために標準的な公務員が尽くすべき注意義務を怠ったこと（客観的な注意義務違反）を指します。この過失は、組織的な過失により認定されることもあります。たとえば、東日本大震災の発生時に市立小学校の児童らが避難の際に津波に巻き込まれ死亡した事案では、避難誘導をした教員ら個人の過失ではなく、避難体制の整備に係る、市の教育委員会や教員らの組織的な過失が認定されています（仙台高裁平成30年4月26日判決）。

↓60年安保闘争の際に国会構内で機動隊とデモ隊が衝突するようす

毎日新聞社提供

↓震災前後の大川小学校（左写真右下のマル印を付した建物）周辺の航空写真

石巻市震災遺構大川小学校併設の大川震災伝承館内の展示パネルの写真を撮影し一部を拡大。
齋藤健一郎撮影

★ ○×問題でチェック ★
問3　判例によると、行政指導は、国家賠償法1条1項の「公権力の行使」にあたらない。
問4　私人であっても、国家賠償法1条1項の「公務員」にあたる場合がある。

III 責任の成立要件②：違法性

1 一般的な行政作用（作為）

続けて、「違法」（国賠違法）要件（II冒頭⑤）について説明します。一般的に、国賠違法は、加害行為により発生した結果ではなく、その加害行為の態様（それがどのような形で行われたか）に着目して判断されるものと解されています（行為不法説）。この国賠違法については、取消訴訟における「違法」（取消違法）との関係につき、両者を同一のものと解する見解（違法性同一説）と、両者を異なるものと解する見解（違法性相対説）とが対立しています。前者の見解は、国家賠償制度が有する、違法な行為を統制して将来の同様の行為を抑止するという機能等を重視し、国賠違法を取消違法と同じように法的要件の不充足をもって認定すべきものと解します。これに対して、後者の見解は、取消訴訟にはない損害の公平な填補という国家賠償制度に固有の性格等を重視して、取消違法があったとしても、必ずしも国賠違法と評価されるわけではないものと解します。学説においては前者の見解も有力ですが、近年の判例の多くは、後者の見解をとったうえで、国賠違法を職務上の注意義務違反と定義しています（職務行為基準説）。

ここで注意を要するのは、違法性と過失の関係です。違法性同一説に立つと、違法性（法的要件の不充足）と過失（客観的な注意義務違反）は別個独立して判断されることとなる（違法・過失二元的判断）のに対し、職務行為基準説に立つと、国賠違法は公務員が職務上通常尽くすべき注意義務を尽くしたかどうかにより判断されることとなるので、客観的な注意義務違反として定義される過失の判断と基本的に重複する（違法性同一説において過失判断で考慮される事情が違法判断で考慮されることとなるため、違法性が認められればほぼ自動的に過失が認められる）ことになります（違法・過失一元的判断）。

具体的な判例をみてみると、たとえば、税務署長が所得税の更正（申告された税額等の修正）にあたり所得金額を過大に認定した、つまり取消訴訟において違法と判断される行政処分を行った事案について、最高裁は、当該過大認定をしたことにより直ちに国賠違法と評価されるわけではなく、税務署長が「職務上通常尽くすべき注意義務を尽くすことなく漫然と更正をしたと認め得るような事情がある場合に限り」国賠違法と評価されるという解釈を示しています（最高裁平成5年3月11日判決）。そして、当該事案においては、特に、上記の過大認定が、もっぱら原告による必要経費の過少申告や税務調査への

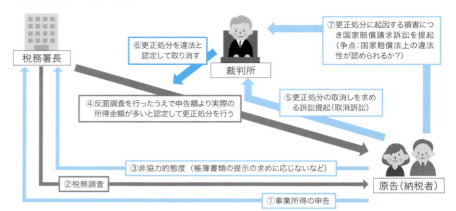

↓最高裁平成5年3月11日判決

筆者作成

不協力に起因するものであることなどに着目し、上記のような事情は認められないとして、国賠違法を否定しています。

また、男性のヌード写真を含む写真集（メイプルソープという著名な写真家によるもの）が当時の関税法所定の輸入禁制品（輸入を禁止されているもの）に該当するとした行政庁（税関支署長）の通知処分が、当該輸入禁制品に該当しないとして違法（取消違法）と判断された訴訟において、最高裁は、上記写真集の一部の写真と同一の写真を掲載したカタログが輸入禁制品に該当すると判断した最高裁判例が過去にあったことなどを考慮して、税関支署長が上記通知処分をしたことに相応の理由がないとまではいえず、職務上通常尽くすべき注意義務を怠ったということはできないとして、国賠違法を否定しています（最高裁平成20年2月19日判決）。このように、判例は、行政庁が違法（取消違法）な処分をしてしまった場合でも、直ちに国賠違法と評価することはせず、それがどのような形で、どのような原因により行われたか、被害者がどのような形でそれに関与していたか、といった様々な具体的事情を総合的に考慮して、国賠違法の有無を判断しています。

↓写真家 ロバート・メイプルソープ
アフロ

↓メイプルソープ事件で問題となった写真の1つ（第1審判決別表番号2）
Mapplethorpe『Mapplethorpe』
（アップリンク・1994年）
102頁（一部加工）

★ ○×問題でチェック ★

問5 判例によると、取消違法がある場合には常に国賠違法が認められることになる。
問6 職務行為基準説によると、国賠違法と過失の判断は基本的に重複することとなる。

2 権限不行使（不作為）

国家賠償法1条1項は、行政がすべきでないことをした場合（作為）だけでなく、特定の時期までにすべきことをしなかった場合（不作為）にも適用されます（最高裁平成3年4月26日判決）。そこで特に問題となるのは、〈私人が行う事業活動等について、行政庁が法令上それを規制する権限を有しているにもかかわらず、当該規制権限の行使（行政処分だけではなく行政基準の制定・改正や行政指導等も含む）をしなかったために他人に損害が生じた場合に、当該規制権限の不行使が違法と評価されるのは、どのようなときか〉ということです。この点、現在の判例においては、規制権限の不行使が違法と評価されるのは、「その権限を定めた法令の趣旨、目的や、その権限の性質等に照らし、具体的事情の下において、その不行使が許容される限度を逸脱して著しく合理性を欠くと認められるとき」であるという解釈（裁量権消極的濫用論）がとられています。その判断にあたっては、①侵害される利益がどのような性質か（被侵害利益の性質）、②当該侵害の結果を予見できたかどうか（予見可能性）、③当該結果を回避することができたかどうか（結果回避可能性）、④国民が当該規制権限の行使を要請し期待しうる事情があったかどうか（期待可能性）といった様々な具体的事情が総合的に考慮されることになります。

たとえば、ある民間企業が操業する工場から有害物質（メチル水銀）が排出され、それを摂取した魚等を食べた周辺住民に健康被害が生じた事件について、最高裁は、裁量権消極的濫用論をとったうえで、行政庁（当時の通商産業大臣と熊本県知事）が、当該民間企業に対して工場排水についての処理方法の改善や工場の使用の一時停止等の措置をとることを命ずる権限を行使しなかったことは、著しく合理性を欠き違法であると判断しています（関西水俣病訴訟〔最高裁平成16年10月15日判決〕）。

↓水俣湾等でとれた魚介類を日常的に食べていたことにより水俣病を発症した猫（けいれんを起こし、よだれを流すようになった）

熊本日日新聞社編集局編『水俣病50年：報道写真集』（熊本日日新聞社・2006年）25頁

↓水俣病患者の少女を抱きながら父親の話を聞く三木武夫環境庁長官（当時）

毎日新聞社提供

この水俣病の事例のように、生命・身体の安全のような重要な法益が問題となり、また被害者が自らの注意により被害を防ぐことが困難であって規制権限行使に対する期待が高いといえる場合（上記①・④の要素）には、相対的に重要性の低い財産的利益が問題となり、また自らの注意により被害を防ぐことが容易であるような場合（投資詐欺により被害を発生させた会社に対する規制権限の不行使が問題となる場合など）と比較すると、違法性が認定されやすい傾向があるといわれています。

たとえば、工場労働者がアスベストによる健康被害を被った事案についても、最高裁は、裁量権消極的濫用論をとったうえで、行政庁（当時の労働大臣）が当該工場に罰則をもって局所排気装置（当該健康被害を防止するための装置）を設置することを義務づける省令制定権限を行使しなかったことは、著しく合理性を欠き違法であると判断しています（泉南アスベスト訴訟〔最高裁平成26年10月9日判決〕）。他方、東日本大震災に起因する津波により発生した福島第一原発の爆発事故に係る訴訟（避難を余儀なくされた周辺住民が精神的苦痛を被ったなどと主張して提起した訴訟）においては、津波による被害につき、その結果回避可能性（上記③の要素）の低さ等が考慮されることにより、仮に行政庁（経済産業大臣）が規制権限を行使し津波による事故を防ぐための適切な措置（防潮堤の設置等）を講ずることを東京電力に義務づけ、東京電力が当該義務を履行していたとしても、津波の到来に伴って大量の海水が原発の敷地に浸入することは避けられなかった可能性が高いなどとして、国家賠償法1条1項に基づく責任が否定されています（福島第一原発国賠訴訟〔最高裁令和4年6月17日判決〕）。

↓天井近くに堆積したアスベスト

イメージマート

↓爆発後の福島第一原発3号機（左手前）と4号機（中央奥）

アフロ

★〇×問題でチェック★
問7　国家賠償法1条1項は、不作為が問題となる場合にも適用される。
問8　裁量権消極的濫用論において考慮されるのは、予見可能性と結果回避可能性のみである。

3 特殊な国家作用

国家賠償法1条1項の「公権力の行使」には、行政作用だけではなく、司法作用や立法作用も含まれます。ただ、こうした作用に関する違法性の判断については、その特殊性等から、行政作用のそれとは異なる、また場合によっては相対的に違法性が認められにくい判断枠組みがとられていることに注意が必要です。

まず、司法警察官による逮捕や検察官による公訴提起については、それらが客観的に合理的なものであったか否かにより違法性が判断されます。のちに刑事裁判で無罪が確定したとしても、それをもって直ちに違法の評価を受けるわけではありません（最高裁昭和53年10月20日判決）。その理由を端的にいうと、逮捕や公訴提起の要件は当該被疑者が客観的に罪を犯したことではないからです（たとえば、刑事訴訟法199条は「被疑者が罪を犯したことを疑うに足りる相当な理由があるとき」に逮捕ができると定めています）。検察官の公訴提起については、「公訴の提起時において、検察官が現に収集した証拠資料及び通常要求される捜査を遂行すれば収集し得た証拠資料を総合勘案して合理的な判断過程により有罪と認められる嫌疑があれば、右公訴の提起は違法性を欠く」ものと解されています（最高裁平成元年6月29日判決）。このような違法性が認定されることはあまりないのですが、近時、東京高裁令和3年8月27日判決は、強盗殺人罪につき再審無罪が確定した事件（布川事件）について、虚偽の事実を述べ、自白を強要した、（警察官と）検察官の取り調べに違法があったと認定しています。また、裁判官による判決についても、ある判決がのちに誤りであることが判明したとしても、それをもって直ちに違法の評価を受けるわけではありません。判例は、判決の誤りは上訴・再審等の裁判制度の中で是正すべきものであることなどを理由として、その違法性が認定される範囲を限定しています。具体的には、「当該裁判官が違法又は不当な目的をもつて裁判をしたなど、裁判官がその付与された権限の趣旨に明らかに背いてこれを行使したものと認めうるような特別の事情があること」が必要とされています（最高裁昭和57年3月12日判決）。

次に、立法作用については、国会議員の立法過程における行動が個別の国民に対して負う職務上の法的義務に違背したかどうかにより違法性が判断されます。上記行動についての評価は原則として国民の政治的判断に委ねられるべき事柄であるため、ある立法をしたことあるいはしなかったことが憲法に違反すると判断されたとしても、それをもって直ちに違法の評価を受けるわけではありません（最高裁昭和60年11月21日判決）。最近の判例によると、「法律の規定が憲法上保障され又は保護されている権利利益を合理的な理由なく制約するものとして憲法の規定に違反するものであることが明白であるにもかかわらず、国会が正当な理由なく長期にわたってその改廃等の立法措置を怠る場合など」に限って例外的に違法の評価を受けるものとされています（在外国民国民審査確認訴訟〔☞ 26-III 3〕）。

たとえば、外国に居住する日本国籍を有する者に国政選挙の選挙権や国民審査権を付与する立法を怠ったことにつき、この違法性が認定されています（最高裁平成17年9月14日大法廷判決・最高裁令和4年5月25日大法廷判決）。また、つい最近も、ナチス政権時のドイツにおける遺伝病子孫予防法（断種法）をモデルに立法された優生保護法の規定（障害者が子孫を残せないようにする不妊手術を認める規定）に係る立法行為につき、当該規定の内容は国民に憲法上保障されている権利を違法に侵害するものであることが明白であったなどとして、その違法性が認定されています（最高裁令和6年7月3日判決）。

↓東京高裁令和3年8月27日判決後の原告（中央）

毎日新聞社／アフロ

↓優生思想に基づき安楽死を促進させるためのナチ党のポスター（障害者にかかる費用が示されている）

アフロ

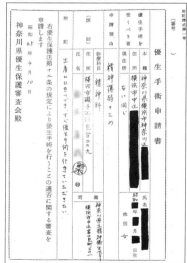

↓神奈川県優生保護審査会に提出された優生手術申請書（申請理由は「精神薄弱のため」となっている）

神奈川県立公文書館所蔵（一部加工）

★ ○×問題でチェック ★

問9　判例によると、のちに無罪が確定した場合の公訴提起は、常に国賠違法の評価を受ける。
問10　判例によると、憲法に違反する立法行為は、常に国賠違法の評価を受ける。

Ⅳ 公務員の個人責任

国・公共団体が国家賠償法1条1項に基づく責任を負う場合、実際に加害行為を行った公務員個人は、被害者あるいは国・公共団体に対して（金銭的な）責任を負わないのでしょうか。

まず、公務員個人が被害者に対して責任を負うか否かについては、法律上明文の規定は置かれていないのですが、判例は、一貫してそれを否定する立場（否定説）をとっています（最高裁昭和30年4月19日判決）。判例上その理由は必ずしも明らかにされていないのですが、学説や裁判例においては、国・公共団体が被害者に対して賠償金を支払うことにより損害填補という目的が実現されるため公務員個人に賠償責任を負わせる必要がないことや、公務員個人に賠償責任を負わせるとその後の行政活動に対して萎縮効果が生じるおそれがあることなどが指摘されています。つい最近も、公文書の改ざん等を命じられた公務員がうつ病になり、その後自死した事件につき、当該改ざん等を主導したとされる公務員個人に対して提起された民法709条に基づく損害賠償請求訴訟において、萎縮効果等を理由として請求が棄却されています（大阪地裁令和4年11月25日判決・大阪高裁令和5年12月19日判決）。ただし、学説においては、一定の加害行為については上記のような萎縮効果に配慮する必要がないことなどを理由として、限定的に責任を認めるべきであるとする見解も有力に主張されています（たとえば、故意または重過失がある場合にのみそれを認めるべきであるとする制限的肯定説という見解があります）。

他方、公務員個人が国・公共団体に対して負う責任については、国家賠償法1条2項に、それに関する明文の規定が置かれています。すなわち、同条項においては、被害者に対して賠償金を支払った国・公共団体は、加害行為を行った公務員に故意または重過失があった場合に限り、当該公務員に対して上記賠償金の返還を求めること（求償）ができると規定されています。たとえば、Y市立小学校の教員Aが体罰が違法であることを認識しつつ（故意により）児童Bに暴行を働き負傷させた場合、Y市は、国家賠償法1条1項に基づき賠償金を支払うことになりますが、その後、同法1条2項に基づきAに対して当該賠償金の返還を求めること（求償）ができます。ただし、この求償権は実際にはあまり行使されていないといわれています。そこで、地方公共団体については、その住民が住民訴訟（☞ **27-Ⅱ❶**）を通じて、求償権の行使を求めるという事案が近年増加しつつあります。近時には、大分県の教育委員会の職員らが教員の採用試験において得点操作等の不正を行った事件につき、大分県の住民が被害者に対して賠償金を支払った大分県を相手どって上記職員らに対する求償権の行使を求めた住民訴訟において、その請求が一部認められています（最高裁平成29年9月15日判決・最高裁令和2年7月14日判決）。

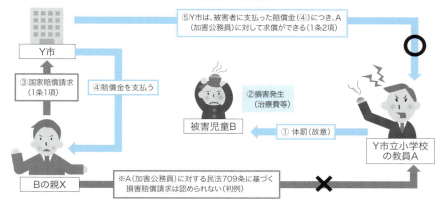

▼公務員の個人責任のしくみ（例：市立小学校の教員による体罰）

筆者作成

▼大阪地裁令和4年11月25日判決について報じる記事

朝日新聞2022年11月26日東京本社版朝刊34面

▼大分県教育委員会の教員採用汚職事件に関する会見において謝罪する同委員会の幹部ら

毎日新聞社／アフロ

★〇×問題でチェック★
問11 判例は、故意または重過失がある場合に限り公務員の被害者に対する責任を認めている。
問12 国家賠償法1条2項は、故意または重過失がある場合に限り求償権の行使を認めている。

29 国家賠償法②

I 営造物責任とは

国家賠償法第2条1項
道路、河川その他の公の営造物の設置又は管理に瑕疵があったために他人に損害を生じたときは、国又は公共団体は、これを賠償する責に任ずる。

国家賠償法2条は、物の欠陥に関する責任（営造物責任）を定めています。たとえば、道路が陥没して負傷した場合、同条に基づいて国・公共団体に損害賠償を請求できます。同条は、工作物責任を定めた民法717条の特別法にあたります。もっとも、戦前から国・公共団体の工作物責任は認められていました（☞18-Ⅳ）。それにもかかわらず国家賠償法2条を制定したのは、民法717条よりも適用対象を広げ（☞Ⅱ）、救済範囲を拡大するためです。営造物責任の成立要件には、損害の発生と因果関係のほか、「公の営造物」と「設置又は管理に瑕疵があった」ことがあります。

↓大きく陥没した博多駅前の道路（2016年11月8日）。幸い負傷者はいなかった
読売新聞／アフロ

Ⅱ 公の営造物

営造物責任が成立するためには、設置・管理に瑕疵があった物が公の営造物でなければなりません。公の営造物とは、国・公共団体により公の目的に供される有体物（公物〔☞6-Ⅱ■〕）を指します。したがって、私有地であっても、地方公共団体が賃借して公園として提供していれば公の営造物にあたります。公の営造物には、道路などの人工公物のみならず、河川などの自然公物も含まれます。そのため、河川が氾濫したような場合にも営造物責任が問われます（☞Ⅳ）。また、公の営造物には、公用車や警察官が所持する拳銃のような動産も含まれます。自然公物や動産も含む点で、公の営造物は民法717条の「土地の工作物」よりも広い概念になっています。

↓様々な公の営造物
公用車　道路　河川
警察官が所持する拳銃　公立学校の校舎　海浜
筆者作成

Ⅲ 設置・管理の瑕疵

1 リーディングケース──高知落石事件

営造物責任は、営造物の設置・管理に瑕疵があったときに認められます。この設置・管理の瑕疵に関するリーディングケースが、高知落石事件（最高裁昭和45年8月20日判決）です。本件では、トラックの同乗者が落石により死亡した事故について国道管理の瑕疵の有無が争われました。最高裁は、設置・管理の瑕疵とは営造物が「通常有すべき安全性」を欠いていることをいい、営造物責任は過失の存在を必要としない（無過失責任）と判示しました。そして、従来から落石があったにもかかわらず防護柵を設置するなどの対策を講じていなかった点で通行の安全性が欠けていたとして、国道管理の瑕疵を認めました。また、防護柵の設置は予算上不可能であったという主張に対しては、予算措置に困却するとしても直ちに免責されるとはいえない（予算抗弁の排斥）と判示しました。

↓事故現場となった旧国道56号線。現在では、落石対策が講じられている
Google Earth

★○×問題でチェック★

問1　公用車に瑕疵があって交通事故が起きた場合、営造物責任を問うことができる。
問2　設置・管理の瑕疵が認められるためには、営造物の設置管理者の過失が必要になる。

2 設置・管理の瑕疵をめぐる重要判例

設置・管理の瑕疵の有無は、営造物の構造、用法、場所的環境、利用状況などの事情を総合考慮して個別具体的に判断されます。営造物責任の事案は多種多様なので、どんな事情がいかに考慮されたかを類型ごとに分析することが重要です。

営造物には通常有すべき安全性が求められることから、営造物が**本来の用法**から外れて利用された場合、原則として瑕疵は否定されます。**夢野台高校幼児転落事件**（最高裁昭和53年7月4日判決）では、道路防護柵を遊具代わりにしていた幼児が反対側の校庭に転落した事故について、市の営造物責任が問われました。最高裁は、通行時の転落防止という目的からみれば当該防護柵は本来有すべき安全性を欠いておらず、本件のような通常の用法に即しない行動の結果生じた事故について市は営造物責任を負わないと判断しました。また、最新の安全設備が設置されていなくても通常有すべき安全性を欠いていたと直ちには評価されません。視力障害者が国鉄（当時）の駅ホームから転落し、電車に轢かれて両足切断の重傷を負った**点字ブロック事件**（最高裁昭和61年3月25日判決）では、当時普及しつつあった点字ブロックを設置していなかった駅ホームに瑕疵があったかが争われました。最高裁は、点字ブロックのような新たな安全設備の未設置については、その普及状況、視力障害者の事故が発生する危険性、事故防止のために当該設備を設置する必要性、設置の困難性などを考慮して瑕疵の有無を判断する必要があると判示しました（最高裁昭和61年3月25日判決）。したがって、普及率が低調であるほど瑕疵は認められにくくなると考えられます。

営造物責任は無過失責任とされていますが（☞**1**）、実際のところ、予見可能性、結果回避可能性といった過失の判断要素は瑕疵の有無を判断するうえで重要になります。たとえば、**奈良赤色灯事件**（最高裁昭和50年6月26日判決）では、工事中であることを示す赤色灯標柱やバリケードが通過車両によって倒されたために後続車が工事現場に気付くのが遅れた結果生じた夜間の交通事故につき、国家賠償が請求されました。最高裁は、道路の安全性に欠如があったとしつつ、時間的に道路を安全な状態に保つことは不可能であった、つまり結果回避可能性がなかったとして瑕疵を否定しました。逆に、故障した大型トラックが国道に87時間も放置されていて夜間に原動機付自転車が激突した事故では、瑕疵が認められています（最高裁昭和50年7月25日判決）。

高知落石事件における予算抗弁の排斥（☞**1**）は、予算措置に困却することから直ちに免責されないという趣旨であって、瑕疵の有無を判断する際に予算上の制約が一切考慮されないという意味ではありません。高速道路に飛び出してきたキツネを避けようとして自損事故を起こした車両に後続車が衝突した事故では、小動物侵入対策を講じていなかったことが道路管理の瑕疵にあたるかが問題となりました。最高裁は、柵と地面との透き間を無くしコンクリートを敷くなどの対策には多額の費用を要するということも考慮して、瑕疵を否定しました（最高裁平成22年3月2日判決）。

↓夢野台高校幼児転落事件の現場

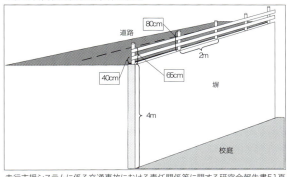

走行支援システムに係る交通事故における責任関係等に関する研究会報告書51頁

↓事故当時設置されていた柵。柵の透き間から、キツネ等の小動物が侵入できた

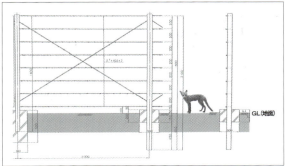

北海道交通事故被害者の会会報32号2頁

↓点字ブロックの普及状況

昭和40年	安全交通試験研究センターが点字ブロックを開発
昭和42年3月	岡山県立盲学校近くの横断歩道に、世界で初めて設置
昭和45年3月	我孫子町駅（大阪）のホームに設置。駅ホームには初めての設置
昭和48年2月	高田馬場駅（東京）で、視力障害者がホームから転落・死亡する事故が発生。その後、点字ブロックが急速に普及
昭和48年8月	福島駅（大阪）で本件事故発生

筆者作成

↓最近の駅ホーム。点字ブロックのほか、都市部ではホームドアの設置が広がっている

国土交通省HPより

★○×問題でチェック★
問3　営造物の設置管理者は、通常予測できない行動による事故についてまで営造物責任を負わない。
問4　国家賠償法2条は無過失責任であるから、結果回避可能性のない事故でも営造物責任が生じる。

Ⅳ 水害訴訟

水害訴訟では、河川管理の瑕疵の有無が争われます。初期の裁判例は、安全な状態で公共の用に供される道路と同水準の安全性を河川にも求めました。その結果、水害が発生すれば、通常有すべき安全性を欠いていたとして河川管理の瑕疵が認められる傾向にありました。この流れは、大東水害訴訟（最高裁昭和59年1月26日判決）で一変します。最高裁は、河川はもともと災害の危険性を内包しており、その安全性は治水事業によって確保されるが、財政的制約などがあってあらゆる水害を防止する安全性を備えるには相応の期間が必要であるから、河川の安全性としては治水事業の過程に対応する過渡的な安全性をもって足りる、と述べて水害訴訟固有の考え方を示しました。そして最高裁は、改修途上の河川については、早期に未改修部分を工事しなければならない特段の事由がない限り、改修計画が格別不合理でなければ瑕疵は認められないという厳格な基準を立てました。

その後、多摩川水害訴訟（最高裁平成2年12月13日判決）では、改修済み河川における瑕疵の有無が争われました。最高裁は、改修済み河川は、改修段階で想定された洪水から、当時の技術水準に照らして通常予測・回避しうる水害を防止できる安全性を備えるべきであるとして、大東水害訴訟とは異なる基準を定立しました。このように、水害訴訟では河川の改修状況に応じて判断基準が使い分けられています。

↓多摩川水害について報じる新聞記事

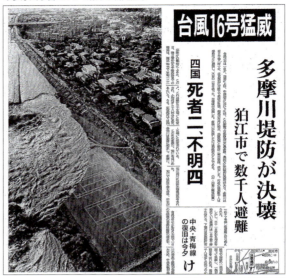

朝日新聞1974年9月2日朝刊1面

↓大東水害の様子

NHK「プロフェッショナル 仕事の流儀 建物を変える、街が変わる」
（2017年1月16日）より

↓水害訴訟の判断基準

水害が発生した河川が、改修途上か改修済みか

改修途上 → 大東水害訴訟
・改修計画が格別不合理であったか
・早期に未改修部分を工事しなければならない特段の事由があったか

改修済み → 多摩川水害訴訟
改修段階で想定された洪水から、当時の技術水準に照らして通常予測・回避しうる水害を防止できる安全性を備えていたか

筆者作成

Ⅴ 供用関連瑕疵

空港からの騒音や道路からの排気ガスなど、営造物の供用に関連して被害が発生した場合も、通常有すべき安全性を欠くとして設置・管理の瑕疵が問題となります。これを供用関連瑕疵と呼びます。供用関連瑕疵は、営造物自体には物的欠陥がなく、営造物の利用者ではなく周辺住民などの第三者に被害が生じる点で特徴的です。

供用関連瑕疵の有無は、受忍限度（いわば我慢の限界）を超える被害が生じたかで判断されます。大阪空港訴訟（最高裁昭和56年12月16日大法廷判決〔☞18-Ⅰ

↓大阪空港の騒音被害に抗議するアドバルーン

毎日新聞社提供

3）)では、国営空港の周辺住民が騒音被害について国家賠償を請求しました。最高裁は、騒音被害が広範かつ重大であることのほか、周辺住民が空港から受ける利益と被害の間に彼此相補の関係（被害が増大すれば利益も増大する関係）がないこと等にも言及して供用関連瑕疵を認めました。

↓彼此相補の関係

ホテル
増便などで騒音被害が増大する一方、空港利用者の宿泊増加が期待できる。
＝彼此相補の関係○

周辺住民
増便などで騒音被害が増大しても、何らかの利益を受けることはない。
＝彼此相補の関係×

筆者作成

★ ○×問題でチェック ★

問5　道路管理の瑕疵と河川管理の瑕疵は、同じ基準で判断されている。
問6　空港から騒音被害が発生していても、営造物に物的欠陥がない以上、瑕疵は認められない。

VI 国家賠償法のその他の条文

1 賠償責任者

　市立中学校の教員による加害行為の被害者は、誰に損害賠償を請求すればよいでしょうか。当該教員は市の職員ですから市でしょうか、それとも給与を支払っている都道府県でしょうか。また、国道で陥没事故が起きたとき、設置管理者である国と管理費を一部負担している都道府県のどちらに損害賠償を請求するべきでしょうか。このように公務員の選任監督者または営造物の設置管理者と費用負担者が異なると、被害者が被告の選択に難儀しかねません。そこで国家賠償法は、両者のいずれに対しても損害賠償を請求できるようにしています（3条1項）。費用負担者には、法律で費用負担の義務を負う者だけでなく、補助金を交付する者も含まれることがあります（最高裁昭和50年11月28日判決）。

　損害を賠償した者は、他に「内部関係でその損害を賠償する責任ある者」（最終的な賠償責任者）がいれば、その者に求償する（支払った賠償金の負担を求める）ことができます（国家賠償法3条2項）。福島県求償金事件（最高裁平成21年10月23日判決）では、市立中学校の教員による体罰について、国家賠償請求訴訟の被告として賠償金を支払った県が市に求償しまし

↓市町村立の小中学校教職員（県費負担教職員）による加害行為については、監督者である市町村と給与を負担している都道府県のいずれに対しても、国家賠償を請求できる

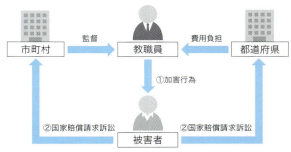

筆者作成

た。最高裁は、損害賠償の費用も国・公共団体の事務経費に含まれるから、法令上、事務経費を負担すべき者が最終的な賠償責任者にあたると判示しました。そして、学校教育法などによれば市立中学校の事務経費は市が負担すべきとされていることから、県の求償が認められました。

2 民法・特別法の適用

　国家賠償法4条は、国家賠償責任について、同法1〜3条による以外は民法の規定によると定めています。これは、①国家賠償法が適用されない国・公共団体の活動には民法が適用されること、②国家賠償法が適用される場合も、過失相殺など同法に定めのない事項については民法が適用されることを意味します。国家賠償法4条の「民法の規定」には、失火責任法などの民法の付属法規も含まれると解されています。

　国家賠償法5条は、国家賠償責任について、民法以外の他の法律に別段の定めがあればそれによると定めています。「他の法律」には、国家賠償責任を加重するもの（無過失責任を採る消防法6条2項など）と軽減するもの（賠償額を制限する鉄道営業法11条の2など）があります。後者の場合、国家賠償請求権を認めた憲法17条に反しないかが問題となります。郵便法違憲判決（最高裁平成14年9月11日判決）は、書留郵便物と特別送達郵便物に関する国の賠償責任を免除・制限する旧郵便法の規定は憲法17条に反すると判示しました。

↓国家賠償法と民法・特別法の関係

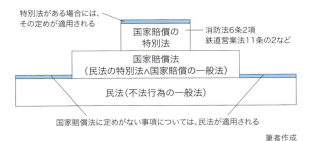

筆者作成

3 相互保証主義

　国家賠償法6条は、外国人が被害者である場合、「相互の保証があるときに限り」同法を適用すると定めています。つまり、被害者である外国人の本国で国家賠償法と同様の救済制度が日本人に保証されている（相互保証がある）場合に限り、その外国人は国家賠償法を利用できるのです。

　相互保証のない外国人に国家賠償請求を認めない国家賠償法6条には、「何人も」法律の定めるところにより国・公共団体に賠償を求めることができると定めた憲法17条との関係で、違憲の疑いがあります。もっとも、憲法17条には「法律の定めるところにより」とありますから、同条が認める立法裁量の範囲内で合理的な制約をすることは許されると解されます。立法当時の議論では、相互保証主義は日本国民を救済しない国の国民まで日本が救済する必要はないという衡平の観念に基づくもので憲法違反ではないと説明されています。

↓相互保証のあるA国人は国家賠償を請求できるが、相互保証のないB国人は請求できない

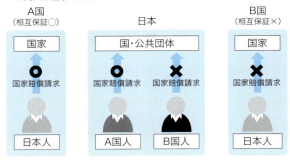

筆者作成

★〇×問題でチェック★
問7　公務員の選任監督者と費用負担者が異なる場合、選任監督者に国家賠償を請求しなければならない。
問8　国家賠償法が適用されない国・公共団体の活動については、民法で損害賠償を請求できる。

30 損失補償

I 損失補償とは

1 損失補償とは

　都市の再開発や道路の建設等を進める際、行政はまず市民と交渉し、土地を購入することで、その用地を確保します。もっとも、こうした土地の任意取得がなかなか進まない場合、行政は最終手段として、市民から土地を強制的に取り上げることがあります（☞7-II 2）。

　こうした行政の行為は、法律や条例の要件に従って行われる限り、適法なものと評価されるでしょう。しかしながら、その土地の所有者等は、公共事業のため、さらにいうと世のため人のために、特別の犠牲を強要されることになります。このような場合に重要となるのが、行政活動によって生じた財産上の損失を金銭によって補償する、損失補償というしくみです。

　最近では、コロナ禍で国や地方公共団体から営業の自粛要請が出された酒類提供店に対し、営業できなかった分の損失を補償すべきではないか、ということが大きな話題となりました。その際も、こうした営業補償を「損失補償」という枠組みで実施すべきか否かが、行政実務上問題となったところです。

↓再開発のため立退きが行われた長崎市の銅座市場

石田啓明氏撮影

↓酒類提供店への時短要請を表明する神奈川県黒岩知事

毎日新聞社／アフロ

2 憲法29条と損失補償

　損失補償について、まず押さえておくべきは、前章までで学習した国家賠償との違いです。第1に、国家賠償が違法な行政活動によって生じた損害に対する救済手段であるのに対し、損失補償は適法な行政活動によって生じた損失を填補するしくみです（「損害」と「損失」の違いに注意しましょう）。第2に、国家賠償が憲法17条を根拠とするのに対して、損失補償の根拠となるのは、憲法29条3項（「私有財産は、正当な補償の下に、これを公共のために用ひることができる」）です。なお、憲法14条が根拠として挙げられることもあります。第3に、国家賠償には国家賠償法という一般法が制定されていますが、損失補償にはこうした一般法が存在せず、土地収用法や都市計画法といった個々の法律上に、関係する規定が置かれています。

　では、ある法律が、市民の財産権を制限するような活動を行う権限を行政に付与する一方で、当該活動によって生じた損失を補償するためのしくみを整備していなかった場合、市民はどのようにして補償を求めるべきでしょうか。この問題をめぐっては、

↓国家賠償と損失補償の違い

国家賠償		損失補償
違法な行政活動	対象	適法な行政活動
憲法17条	根拠	憲法29条3項
国家賠償法	一般法	なし（個別の法律に規定）

筆者作成

当該法律が違憲であり無効であることを主張すべきだとする見解（違憲無効説）と、憲法29条3項を直接の根拠として損失補償を求めるべきだとする見解（請求権発生説）が対立してきました。通説はこのうち請求権発生説であり、判例でも河川附近地制限令事件判決（最高裁昭和43年11月27日判決）において、「直接憲法29条3項を根拠にして、補償請求をする余地が全くないわけではない」ことが指摘されています。

★〇×問題でチェック★

問1　損失補償は、適法な行政活動によって生じた損失の補償を求めるしくみである。
問2　損失補償には、「損失補償法」という一般法が存在する。

II 補償の要否

1 「特別の犠牲」とは

　行政の活動によって何らかの損失が生じたとしても、行政は常にその補償をしなければならないわけではありません。一般に、損失補償が認められるためには、問題となった損失が**特別の犠牲**に該当しなければならないとされています。そして、この特別の犠牲に該当するか否かは、①損失の原因となった規制の対象（特定の者を対象とした規制か、不特定多数の者に向けられた規制か）、②規制の目的（**消極目的**か**積極目的**か）、③規制の強度等を総合的に考慮することによって判断すべきと考えられています。

　たとえば、汚染された食品の廃棄や火災が発生した家屋の破壊は、公共の安全や秩序の維持を目的とした規制、すなわち消極目的の規制であるとして、損失補償は基本的に不要と解されています。また、用途地域の指定等に伴う建物の高さ制限も、規制対象が広範にわたり、また規制内容も比較的軽度であるた

↓補償の要否を判断する際の考慮要素

補償必要

個別的な活動　　　積極目的の規制　　規制が強度
（特定の者を対象）

↕

一般的な活動　　　消極目的の規制　　規制が軽度
（不特定多数を対象）

補償不要

筆者作成

め、補償は不要と考えられます。他方、道路新設を目的とした土地の収用は、積極目的（この場合は交通渋滞の解消等）に基づき、特定の者を対象とした、（財産の没収という）強度の規制として、まさに損失補償が必要となります。

2 消極目的規制と損失補償

　道路法70条は、道路を新設した際、隣接した土地に通路やみぞ、かき、さく等の工作物を新たに設置しなければならなくなった場合には、道路管理者はその費用の全部または一部を補償しなければならない旨を定めています（いわゆるみぞ・かき補償）。

　もっとも、**高松ガソリンスタンド事件**（最高裁昭和58年2月18日判決）は、こうした補償が認められるのは、道路工事によって土地の形状が変わったことを直接の原因として損失が生じた場合に限られる、と判示しました。したがって、元々地下にガソリンタンクが設置されていた場所のすぐ近くに地下トンネルが通された結果、たまたま当該ガソリンタンクが消防法上の基準に適合しなくなってしまったようなケースでは、当該ガソリンタンクの移設費用は、こうした補償の対象外だということになってしまいます。

↓当時の状況（青が移設前、黒が移設後のタンクの位置）

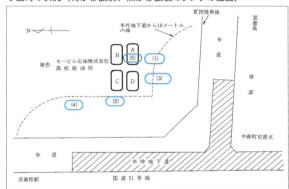

村上敬一「判解」最高裁判所判例解説民事篇（昭和58年度）43頁より（一部改変）

3 と畜場の廃止と損失補償

　補償の要否をめぐって、しばしば問題となるのが、地方公共団体の所有する施設等の使用をめぐる損失です。以下では、その代表例として、最高裁平成22年2月23日判決を紹介します。

　八代市は、自身の経営する**と畜場**を廃止したことに伴い、当該と畜場を長年にわたり利用してきた業者に対し、営業存続のための補償として、支援金を支払いました。これに対して、市の住民が、こうした支援金の支出は違法であるとして、住民訴訟を提起したのでした。

　原審は、一定の業者がと畜場を長年にわたって利用してきた点等を考慮して、と畜場の廃止によって生じた損失を補償するための支援金が著しく不当であり合理性を欠くとはいえない、としました。一方、最高裁は、本件では単に業者がと畜場を事実上独占的に使用する状況が続いていたにすぎず、したがって業者と市の関係は国有財産法19条や24条を類推適用すべき継続的な使用関係とは同視できないとしました。そのうえで、と畜場の廃

↓解体前の八代市食肉センター

昭和工業株式会社提供

止に伴い生じる不利益は住民が等しく受忍すべきものである以上、業者が被る不利益もまた、損失補償を要する特別の犠牲には該当しない（したがって、本件の支援金は損失補償の支出としては適法なものといえない）、と判示しました。

★○×問題でチェック★
問3　消極目的での財産権の制限には、必ず損失補償が必要となる。
問4　高松ガソリンスタンド事件では、ガソリンタンクの移設費用の補償が認められた。

III 補償の内容

1 補償の金額

補償の内容をめぐっては、公共のために用いられる財産の市場価格と同額をすべて補償しなければならないのか（完全補償説）、それとも侵害目的および強度ならびに社会状況のような諸般の事情を考慮して合理的に算出された相当な金額を補償すれば足るのか（相当補償説）が問題となります。学説では従来、憲法29条3項における「正当な補償」は、前者の意味で理解されるべきだとする見解が有力でした。一方、判例では、農地改革事件（最高裁昭和28年12月23日大法廷判決）が、正当な補償の解釈について相当補償説の立場を採用していました。もっとも、その後の倉吉都市計画街路事業用地収用事件（最高裁昭和48年10月18日判決）では、土地収用法における損失補償について完全な補償（「収用の前後を通じて被収用者の財産価値を等しくならしめるような補償」）を求めており、最高裁が結局両説のいずれを採用しているのか、不明確な状況でした。

以上の問題について、重要な判断を示したのが、土地収用法71条（補償金の額に関する規定）の合憲性が争われた、関西電力変電所事件（最高裁平成14年6月11日判決）です。本判決はまず、農地改革事件を引用し、憲法29条3項にいう「正当な補償」とは「その当時の経済状態において成立すると考えられる価格に基づき合理的に算出された相当な額」をいうのであって、その額は（問題となった財産の）市場価格と必ずしも常に一致するものではない、としました。そのうえで、土地収用法71条の規定により「被収用者は、収用の前後を通じて被収用者の有する財産価値を等しくさせるような補償を受けられる」ことをもって、同規定が憲法29条3項に違反しない、と判断しました。以上を踏まえると、最高裁は、正当な補償の意味について、相当補償説を採用していることになるでしょう。一方、土地収用法上の補償では、こうした意味での「正当な補償」として、収用された財産の市場価格と同額の補償が必要だということになりそうです。

↓相当補償説（左）と完全補償説（右）

筆者作成

2 生活再建補償？

公共事業等に伴う収用の結果、生活の基盤そのものが失われてしまったとしたら、そのことに対して補償はなされるのでしょうか。たとえば、ダムの建設に伴い集落全体が立退きの対象となった場合、当該集落の中で商売を行っていた住民は、新たな住居のみならず、新たな働き口も探さなければなりません。もっとも、こうした生活の基盤を再建するために必要な費用を、土地や建物の補償のみで賄うのはなかなか困難です。

こうした問題への対応として、水源地域対策特別措置法は、ダムの建設者等に対し、ダムの建設等に伴い「生活の基盤を失うこととなる者」への「生活再建のための措置のあっせん」を努力義務としています。ただし、こうした措置は、あくまで政策的観点から設けられたしくみであって、憲法29条3項にいう「正当な補償」とは異なるものだと考えられています。

また、立退きの対象となった住民は、住み慣れた土地を手放し、新たな環境で生活しなければならないという苦痛を受けることになります。しかしながら、こうした精神的な損失は、あくまで財産上の損失とは別物であり、損失補償の対象にはならないというのが現状です。

↓石木ダム建設に反対する住民の看板

西日本新聞社提供

↓石木ダム建設予定地

西日本新聞社提供

★○×問題でチェック★

問5 憲法29条3項における「正当な補償」の意味について、判例は相当補償説を採用する。
問6 立ち退きに伴う精神的損失も、憲法29条3項に基づく補償の範囲に含まれる。

IV 国家補償の谷間

本章の最後に、国家賠償と損失補償のいずれによっても十分な補償を行うことができない、国家補償の谷間と呼ばれる事例をみていきましょう。

典型例とされるのが、予防接種による後遺障害（いわゆる予防接種禍）です。一方で、予防接種は個々人の健康を維持するうえでも、また公衆衛生の観点からも必要不可欠な政策の1つです。しかし他方で、予防接種を実施した場合、どうしても一定の割合で副反応による事故が発生してしまいます。そこで、国は予防接種による健康被害の救済制度を設け、こうした被害への対応にあたっています。もっとも、制度創設当初は、補償として支払われる金額が低かったこともあり、数多くの訴訟が提起されたのでした。最近では、子宮頸がん等の予防に効果があるとされるHPVワクチンや、新型コロナウイルスワクチンの接種をめぐって、予防接種の副反応による健康被害の問題に、改めて注目が集まっているところです。

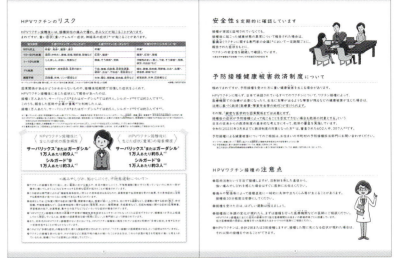

↓副反応について説明するHPVワクチンのパンフレット

厚生労働省

では、国が義務づけている予防接種を受けた結果、副反応による健康被害が発生した場合、その被害者は国家賠償と損失補償のいずれを用いて救済を受けることを図るべきでしょうか。仮に国家賠償を用いる場合には、国家賠償法1条1項の要件上、予防接種を担当した医師に過失（☞28-II）があったことを主張する必要があります。しかしながら、医学的知見のない被害者が、こうした医師の過失を立証することは、難しいといわざるをえません。他方、憲法29条3項はあくまで財産権に対する補償についての規定です。したがって、予防接種禍のような生命・身体上の被害について、この規定を直接の根拠として損失の補償を求めることはできません（あえて損失補償を選択するのであれば、憲法29条3項の類推適用という手段を用いる必要があります）。

以上の問題について、一定の方向性を示したのが、小樽種痘禍訴訟事件（最高裁平成3年4月19日判決）です。本判決はまず、予防接種によって重篤な後遺障害が発生する原因としては、予防接種を行った者が禁忌者（発熱している人や重篤な急性疾患にかかっている人等、予防接種を受けることが適当でない者を指します）に該当していたか、あるいはそもそも後遺障害を発生しやすい個人的素因を有していたかの2つが考えられるとします。そして、ある個人が禁忌者に該当する可能性は、その者が個人的素因を有する可能性よりもはるかに大きい以上、予防接種による後遺障害の発生は、その接種者が禁忌者であったことが原因である高度の蓋然性がある、としました。そのうえで、後遺障害が発生した場合には、禁忌者を識別するために必要とされる予診が尽くされたが禁忌者に該当すると

↓新型コロナウイルスワクチンの接種会場案内

AP／アフロ

認められる事由を発見できなかったこと、または接種した者が個人的素因を有していたこと等の特段の事情が認められない限り、その接種者は禁忌者に該当していたと推定するのが相当である、と判示したのでした（こうした判断を一般に禁忌者の推定と呼びます）。

こうした小樽種痘禍訴訟事件における最高裁の判断は、予防接種の担当医師が必要な予診を行ったか否かを問題とすることで、当該担当医師の過失の認定を容易にするものだといえるでしょう。同判決以降は、こうした禁忌者の推定に基づき、厚生大臣（当時）が「禁忌該当者に予防接種を実施させないための十分な措置をとることを怠った過失」を認定することで、国家賠償責任を肯定する下級審裁判例が登場しています（東京高裁平成4年12月18日判決等）。

★ ◯×問題でチェック ★

問7　予防接種禍の救済手段として、国家賠償を使うことはできない。
問8　禁忌者の推定により、予防接種担当医師の過失の認定が、従来に比べ容易になった。

○×問題の解説

■1　行政法とは
問1：×（確立した明確な定義はない）／問2：○（それぞれ行政法に含まれる個別法である）／問3：×（食品衛生法にのっとり、都道府県知事の許可が必要である）／問4：×（鉄道事業法にのっとり、運賃の上限については国土交通大臣の認可が必要である）／問5：×（行政行為は講学上の概念である）／問6：○（行政法では実体法も訴訟法も学ぶ）／問7：○（これも講学上の分類である）／問8：×（行政訴訟法ではなく行政事件訴訟法である）

■2　行政法の基本原理①
問1：×（すでに明治時代に輸入されている）／問2：○（法律の優位と法律の留保の混同に注意）／問3：○（組織規範、規制規範ではない）／問4：×（判例上組織規範と解されている）／問5：×（侵害留保説が採用されている）／問6：○（国土計画や財政投融資が例示される）／問7：×（緊急措置の許容性は慎重な検討が必要）／問8：×（憲法84条の趣旨が及ぶことになる）

■3　行政法の基本原理②
問1：○（法の一般原則は不文の法則である）／問2：×（合理的理由があれば異なる取扱いも認められる）／問3：×（必要最小限の権限行使でも、均衡性の原則に反するおそれがある）／問4：×（比例原則には過小規制を禁止する側面もある）／問5：×（青色申告事件）／問6：×（宜野座村工場誘致事件）／問7：×（法律の目的と異なる目的で行使されていれば、権利濫用禁止の原則に反する）／問8：○（余目町個室付浴場事件）

■4　行政組織法①
問1：×（行政主体である国に帰属する）／問2：×（国立大学法人法が適用される）／問3：○（ゆえに利害関係者の強制加入制や民主的運営といった特徴がある）／問4：○（「所掌事務」を配分するための単位という意味で用いられている）／問5：○（法律上配分された権限の所在を変動させるものであるため）／問6：×（法律上配分された権限の所在を実質的に変動させるものであるため、法律の根拠を要する）／問7：×（行政主体以外の主体にも公権力が委任される場合がある）／問8：○（なお、民営化後も任務の公共性を確保するための措置が講じられる）

■5　行政組織法②
問1：×（権限が弱められたのではなく、強化された）／問2：×（国家行政組織法8条に基づいて設置される場合もある）／問3：○（地方自治法89条2項）／問4：×（自主条例ではなく、委任条例）／問5：×（上乗せ条例ではなく、横出し条例）／問6：○（連携の方法として、連携協約や一部事務組合などがある）／問7：×（法定受託事務も地方公共団体の事務）／問8：○（地方自治法245条の2）

■6　公務員法・公物法
問1：×（国家公務員法や地方公務員法が適用されるのは、一般職のみである）／問2：×（内閣総理大臣は、標準職務遂行能力の基準作成や幹部人事に関与する）／問3：×（公務員としての身分を得るのは、辞令書交付の時点であると解される）／問4：×（「飲酒運転」という非行に対しては、制裁として懲戒処分が行われる）／問5：○（これに対して、行政主体自身が事務を遂行するために利用する公物は公用物という）／問6：○（ただし、公用物として管理

されるものでも、実際には公衆による利用が想定される場合もある）／問7：○（公の施設も公の目的に供されているため、行政財産に該当する）／問8：○（指定法人への公権力の委任の一例である）

■7　行政作用法の全体像
問1：○（行政作用法は、行為形式論によって体系化されている）／問2：×（行政裁量は、行政行為のみならず、他の行為形式にも認められることがある）／問3：×（複数の行為形式を組み合わせて用いる場合もある）／問4：○（法律の施行令は、政令の一種として内閣が定める）／問5：○（まずは行政指導という軽いステップを踏むしくみである）／問6：○（都市計画事業認可と都市計画の関係が典型例である）／問7：×（現代では、規制行政のみならず、給付行政の統制も重要なテーマになっている）／問8：○（現代では、二面関係のみならず、三面関係が重要になることが多い）

■8　行政行為
問1：○（それぞれ行政行為の特徴である）／問2：×（行政行為と処分には一定のずれがある）／問3：×（裁量権の逸脱・濫用や法の一般原則の違反もこれに含まれる）／問4：×（結論に与えた影響等が考慮されることにより取消理由とならない場合もある）／問5：○（無効の瑕疵がある場合には公定力と不可争力は認められない）／問6：×（明白性を要件としていない判例もある）／問7：○（法律上の明文の根拠は不要とされている）／問8：○（当初から瑕疵のある行政行為を取り消す職権取消しとの違いに注意されたい）

■9　行政裁量
問1：×（他の行為形式についても認められることがある）／問2：×（裁量の存否の判断には、法の解釈が必要となる）／問3：○（公務員に対する懲戒処分の効果裁量などについてはこの趣旨が当てはまる）／問4：×（効果裁量や、手続の選択や処分のタイミングに裁量が認められることがある）／問5：○（ただし、裁量が認められるときには、判断代置を行わない）／問6：×（基準に必ずしもあてはまらない個別的な事情を考慮するべき場合がある）／問7：○（神戸高専事件のように、憲法上の権利が問題となる事案がある）／問8：×（裁量審査を「宮本から君へ」事件は行っている）

■10　行政行為手続
問1：○（処分を中心とする行政決定の事前手続を規律している）／問2：×（適正手続の要請が行政手続にも及ぶ場合もある）／問3：×（法律を根拠とする処分には、行政手続法が適用される）／問4：×（①告知・聴聞、②文書閲覧、③理由付記、④基準の設定・公表のことである）／問5：×（申請者の意見陳述手続は要求されていない）／問6：○（不利益処分の相手方の意見を聴くために、聴聞と弁明の機会の付与がある）／問7：○（根拠規定だけでなく事実関係も示さなければならない）／問8：×（処分基準をどのように適用したかまでを示す必要がある）

■11　行政基準
問1：×（憲法73条6号が政令を許容している）／問2：○（施行令は政令の実際の名称である）／問3：○（法律の特別の委任があれば可能である）／問4：×（大日本帝国憲法では許容されていた）／問5：×（最高裁は委任の範囲等は限定されていると解した）／

問6：×（委任の範囲の逸脱は禁止される）／問7：○（委任の範囲の逸脱が肯定されたため）／問8：×（法規命令の1つである規則と行政規則とは異なる）／問9：○（懲戒処分の指針は裁量基準の1つ）／問10：○（私人に対する法的効果がない）／問11：×（個別事情を考慮しなければならない）／問12：×（審査基準・処分基準・行政指導指針も対象である）

■12　行政指導
問1：○（そのため、行政指導に従うかどうかは、相手方の意思に委ねられる）／問2：○（行政手続法32条2項に明記されている）／問3：○（そのほか、求職者に対する求職指導も助成的行政指導の一例である）／問4：×（不協力・不服従の意思表示がなされていた場合に、違法になることがある）／問5：×（寄付金の納付を求める行政指導は許されるが、事実上強制してはならない）／問6：○（武蔵野マンション事件判決の通り、給水を拒否すると違法になる）／問7：○（行政機関の任務または所掌事務の範囲内でのみ認められる）／問8：○（ロッキード事件判決の通り）

■13　行政契約
問1：×（行政契約については、法令により契約自由の原則が修正されることがある）／問2：○（競争に付することが不利と認められる場合などに限られる）／問3：○（入札談合等関与行為防止法によって可能である）／問4：○（一定の場合に法的拘束力を認める見解〔契約説〕が判例・通説の立場である）／問5：×（武蔵野マンション訴訟において水道法違反が認定されている）／問6：×（道路交通法上、事実行為である放置車両の確認業務の民間委託契約が認められている）／問7：○（この点で従来の公共事業に係る契約と異なる）／問8：○（平等原則や経済性原則などが適用される）

■14　行政計画
問1：○（前者を法定計画、後者を非法定計画と呼ぶ）／問2：○（行政手続法は、行政計画について規定していない）／問3：○（都市計画の一内容に、都市施設の整備が含まれる）／問4：×（個人や土地区画整理組合が行う民間施行の土地区画整理事業もありうる）／問5：×（裁量権の逸脱・濫用により、計画は違法と評価される）／問6：×（そのような禁止規定はなく、民有地を含めること自体は違法ではない）／問7：○（環境に与える影響等の面で地下式が優れていると主張していた）／問8：×（都市計画変更決定を前提とする都市計画事業認可の取消訴訟である）

■15　行政による情報の収集・管理
問1：○（任意調査には法律の根拠規定は不要である）／問2：○（児童虐待防止法に直接強制調査の規定がある）／問3：×（間接強制調査を行うにあたり令状は必要とされない）／問4：○（独占禁止法47条は立入検査、供述聴取、報告命令などの権限を定めている）／問5：○（任意調査としての限界を超えた場合には違法となる）／問6：○（情報公開請求は誰でも行うことができる）／問7：×（不開示情報が記録されている部分を容易に区分して除くことができるときは、当該部分を除いた部分が開示される）／問8：×（廃棄されるものもある）

■16　行政の実効性確保①
問1：×（自力救済は私人間では禁止されている）／問2：○（義務の根拠規定とは別に必要とされる）／

問3：×（行政代執行法1条の解釈としてできない）／問4：×（不作為義務は代執行できない）／問5：×（執行罰は行政上の強制執行の一種であり、制裁ではない）／問6：×（他の金銭債権の強制徴収を行うには、同法を準用するなどの根拠規定が必要）／問7：○（即時強制はこの意味で、義務の履行確保ではない）／問8：×（少なくとも、宝塚市パチンコ条例事件判決の判旨が当てはまる状況である）

■17　行政の実効性確保②
問1：×（秩序罰は刑罰ではない）／問2：○（反則金を支払わない場合には、刑事訴追がなされる）／問3：○（その通り）／問4：×（行政刑罰と秩序罰、行政刑罰と課徴金の併科は、一般に許容されている）／問5：×（違反行為に対する金銭的制裁として科されるもので、義務の強制執行ではない）／問6：×（公益的な事業活動のみを対象とする制度ではない）／問7：×（制裁的な公表であれば、法律や条例の根拠が必要であると考えられている）／問8：×（行政による公表について、国家賠償法上違法とされた事例がある）

■18　行政救済法の全体像
問1：×（損失補償には通則法がない）／問2：×（公共工事等には民事訴訟を提起できる）／問3：○（生活保護、介護保険、社会保険で利用されている）／問4：○（違法だけでなく不当も審査される）／問5：×（行政庁の公権力の行使の違法性が争われる）／問6：○（1割以上が却下されている）／問7：○（1条が公権力の行使、2条が公の営造物の瑕疵）／問8：×（憲法29条3項に基づく請求も可能と解される）

■19　行政上の不服申立て
問1：○（行政機関が審理するため、不当性の有無も審査される）／問2：×（国家公務員法92条の2、国税通則法115条1項などがある）／問3：×（審査請求、再調査の請求、再審査請求の3つである）／問4：○（かつての協議団とは異なり、独立して裁決することができる）／問5：○（主婦連合会の主張する一般消費者の利益は、法律上保護された利益にあたらない）／問6：×（国の機関が、固有の資格においてその相手方とならない処分は、不服申立ての対象になりうる）／問7：○（審査庁の指名した審理員が行う）／問8：○（審査請求人が望まない場合などには、諮問を必要としない）

■20　取消訴訟の対象
問1：○（行政事件訴訟法3条2項は取消訴訟の対象を「行政庁の処分その他公権力の行使に当たる行為」と規定している）／問2：○（処分性が認められない行為は抗告訴訟の対象とはならない）／問3：×（通常、行政契約には処分性は認められない）／問4：○（処分性が認められる典型例である）／問5：×（外部性がないため、処分性は認められない）／問6：○（外部的法効果が認められれば、処分性が肯定される場合がある）／問7：○（法効果をもたないので、通常、処分性は否定される）／問8：○（最高裁昭和54年12月25日判決は処分性を肯定した）／問9：×（一般的抽象的な法的拘束力がある）／問10：○（最高裁平成14年1月17日判決は二項道路の一括指定は個人の権利義務に対して直接影響を与えると判断した）／問11：×（通常、補助金交付決定は権力性を欠き処分性が認められない）／問12：×（最高裁は処分性の有無を判断するにあたり、権利救済の必要性を考慮している）

■21　原告適格
問1：○（行政事件訴訟法9条1項の条文より）／問2：×（原告適格は第三者が処分の効果を争う場合に問題となる）／問3：○（公衆浴場営業許可無効確認訴訟では、既存の公衆浴場経営者に原告適格が認められた）／問4：○（たとえば需給調整を定める廃棄物処理法は新規事業者の市場への参入を制限している）／問5：×（伊場遺跡訴訟では、学術研究者が学問研究上有する利益は「法律上の利益」として認められなかった）／問6：×（最高裁が鉄道の一般利用者の利益を「法律上の利益」と認めたことはない）／問7：○（もんじゅ訴訟において、最高裁は原子炉周辺の住民の原告適格を認めた）／問8：○（林地開発許可取消訴訟において、最高裁は周辺住民の原告適格を認めた）／問9：○（新潟空港訴訟において、最高裁は騒音被害を主張する周辺住民の利益を「法律上の利益」と認めた）／問10：×（小田急訴訟において、最高裁は周辺住民の生活環境にかかわる利益を個別的利益と認めた）／問11：×（サテライト大阪訴訟では周辺住民の原告適格が否定された）／問12：×（令和5年判決は、墓地等の周辺住民の原告適格を否定した平成12年判決を変更することなく、原告適格を認めた）

■22　その他の訴訟要件
問1：○（取消判決により原告が救済される可能性がなくなれば、訴えの利益が消滅する）／問2：×（建築物の建築工事完了をもって、訴えの利益が失われる）／問3：×（俸給請求権などのような実体法上の請求権が残る場合は、訴えの利益が認められる）／問4：○（処分を受けたことが将来の処分の加重要件とされている場合は、訴えの利益が認められる）／問5：×（訴えの利益を認めうる処分の付随的効果には、法令だけでなく裁量基準に基づくものも含まれる）／問6：×（2004年の行政事件訴訟法改正後は、原則、処分行政庁の所属する行政主体が被告となる）／問7：○（災害や病気などの事情があれば、正当な理由として認定される可能性がある）／問8：×（個別法に不服申立前置が規定されていない限り、不服申立てを経ずに取消訴訟を提起することができる）

■23　取消訴訟の審理・判決
問1：×（原処分の違法性は原則として原処分の取消訴訟でのみ主張できる）／問2：○（建築確認の取消訴訟で、安全確認の違法性を主張できるとした）／問3：○（十分な心証が得られない際に補充的にできる）／問4：×（理由の追加・差替えを認める方向で議論されるのは、主に申請に対する処分であり、また、聴聞は不利益処分での手続である）／問5：○（取消訴訟の認容判決が取消判決である）／問6：×（形成力の第三者効として、及ぶ）／問7：×（公の利益に著しい障害が生じるおそれがなければならない）／問8：○（ダムが完成していること等を踏まえ、事情判決を下した）

■24　その他の抗告訴訟
問1：×（無効等確認訴訟には出訴期間がないので可能である）／問2：○（立法者意思も二元説であったと解されている）／問3：○（拘束力と相まって紛争を根本的に解決することができる）／問4：○（第三者による出訴は認められない）／問5：×（一定の処分がされる蓋然性が必要である）／問6：×（この場合は重大な損害の要件を満たさないとして差止訴訟は認められない）／問7：○（行政事件訴訟法37条3の第1項1号で認められている）／問8：○（重大な損害と補充性の要件は申請型義務付け訴訟にはない訴訟要件である）

■25　仮の救済
問1：×（行政事件訴訟法では、執行不停止原則がとられている（25条1項）／問2：○（38条3項に規定がある）／問3：×（処分の効力の停止は、処分の執行または手続の続行の停止に対して補充的にのみすることができる（25条2項ただし書）／問4：×（廃止すべきとの議論もあったが、結局存置された）／問5：○（損害要件がより厳格であるとともに、本案勝訴の見込みについても申立人が疎明責任を負う）／問6：○（徳島県藍住町立幼稚園入園拒否事件である）／問7：×（差止訴訟の適法な係属が、仮の差止めを申し立てるための手続要件である）／問8：×（申立人適格は肯定されたが、「償うことのできない損害を避けるため緊急の必要」がないと判断されたことによる）

■26　当事者訴訟
問1：○（「Ⅰ　当事者訴訟とは」の説明より）／問2：×（形式的当事者訴訟と実質的当事者訴訟はいずれも講学上の用語である）／問3：×（当事者訴訟は一般的に実質的当事者訴訟を意味し、形式的当事者訴訟はごく一部の事例で規定されているにすぎない）／問4：○（ほかに適切な訴訟形式がある場合、確認の利益のうち、特に方法選択の適切性が否定される）／問5：×（在外国民選挙権確認訴訟では、問題文の確認訴訟の確認の利益を認めた）／問6：○（今日の法律によれば、在外国民も国民審査権を行使することができる）／問7：○（君が代訴訟では、問題文の確認訴訟を当事者訴訟と位置づけ、確認の利益を認めた）／問8：×（臨時会不召集訴訟では、最高裁は問題文の確認訴訟の確認の利益を否定した）

■27　民衆訴訟・機関訴訟
問1：×（法律の特別の根拠が必要）／問2：×（不当性も審査することができる）／問3：×（地方議会には債権放棄の権限が認められている）／問4：○（そのため、国民訴訟制度の必要性が説かれる）／問5：○（ただし本来は公職選挙法違反が中心とされる）／問6：×（個別の法規定がないと提起できない）／問7：×（裁定的関与など適用除外がある）／問8：○（岩沼市議会出席停止事件では出席停止処分の審査も認められた）

■28　国家賠償法①
問1：×（国家賠償法1条は違法性を要件としている）／問2：×（民法715条1項と異なり、国家賠償法1条1項には免責規定は置かれていない）／問3：×（判例は広義説をとっているため、行政指導も「公権力の行使」にあたる）／問4：○（「公権力の行使」を委ねられている場合には、私人であっても「公務員」にあたる）／問5：×（違法性相対説をとり、国賠違法を認めない判例もある）／問6：○（判例は国賠違法を職務上の注意義務違反と定義しているため、基本的に重複する）／問7：○（不作為の中でも、特に規制権限不行使の違法が問題となる）／問8：×（その他、被侵害利益の性質や期待可能性等、様々な事情が総合的に考慮される）／問9：×（公訴提起の違法は、それが客観的に合理的なものであったか否かにより判断される）／問10：×（憲法に違反することをもって直ちに違法の評価を受けるわけではない）／問11：×（判例は、一貫して公務員の被害者に対する責任を否定する立場をとっている）／問12：○（民法715条と比較すると、その要件が限定されていることに注意されたい）

■29　国家賠償法②
問1：○（公の営造物には動産も含まれる）／問2：×（営造物責任は無過失責任とされている）／問3：○（夢野台高校幼児転落事件）／問4：×（結果回避可能性がなければ瑕疵は否定される）／問5：×（最高裁は道路と河川で判断基準を区別している）／問6：×（受忍限度を超える被害であれば供用関連瑕疵が認められる）／問7：○（費用負担者にも国家賠償を請求できる）／問8：○（国家賠償法4条により民法が適用される）

■30　損失補償
問1：○（違法な行政活動による損害の救済は国家賠償）／問2：×（個別の法律に損失補償の規定が設けられる）／問3：×（消極目的の規制は補償を要しない）／問4：×（道路法70条による補償の対象外とされた）／問5：○（完全補償説との違いに注意）／問6：×（あくまで財産的な損失のみを指す）／問7：×（国家賠償と損失補償の2つが考えられる）／問8：○（小樽種痘禍訴訟事件で明示された）

○×問題の解説　**133**

事項索引

*複数の頁数が列挙されている場合、本文でその語句が青字になっている頁数を**太字**にしている。

■あ行

青色申告 ……………………………14
委員会 ………………… 20, 21, 44
意見公募手続 ………………………49
違憲無効説(損失補償) ……………128
位置基準 ……………………………93
一元説(無効等確認訴訟) …………102
一部事務組合 ………………………22
一身専属的 …………………………96
一般概括主義 ………………………80
一般競争入札 ………………………54
一般職 ………………………………24
一般的公益 ……………………88, 92
一般の制度 ………………………7, 28
一般廃棄物(の処理) …………56, 89
一票の格差 …………………101, 116
委任 …………7, 17, 18, 29, 45
委任行政 ……………………………17
委任条例 ………………………21, 45
委任命令 ………………………45, 46
違反是正命令 ………………………94
違法・過失一元的判断／二元的判断 …120
違法性相対説／同一説 ……………120
違法性の承継 …………………98, 101
訴えの利益 …………………………94
運送契約 ………………………54, 56
上乗せ条例 …………………………22
営造物責任 …………118, 124, 125
公の営造物(の設置・管理の瑕疵)
 …………………77, 118, 124〜
公の施設 ………………12, 26, 27

■か行

課 ……………………………………20
外局 ……………………………20, 44
外形標準説 …………………………119
解釈基準 …………………………48〜
蓋然性 …………………104, 131
回復すべき法律上の利益 …………95〜
外部性 …………………………32, 83〜
確認済証 ……………………………19
確認訴訟 ……………………102, 111〜
確認の利益 ………………………111〜
瑕疵 …………………………………33
課徴金 …………………………70, 72
課徴金減免制度 ……………………72
過渡的な安全性 ……………………126
仮処分 …………………………76, 106
仮の義務付け ……………………106〜
仮の救済 …………………………106〜
仮の差止め ………………106〜, 109
過失 ………30, 68, 70, 71, 73
科料 ……………………………70, 71
管轄権 ………………………………97
環境影響評価 ………………………61
関係地域 ……………………………92
勧告 …………………………30, 50, 87
監視権 ………………………………18
官製談合 ……………………………55
間接強制調査 ……………………62〜
完全補償説 …………………………130
換地(換地処分) ……17, 59, 94, 101

監督 ………………… 18〜, 20, 23
関与 …………………23, 80, 117
完了検査 ………………………19, 94
緩和代執行 …………………………67
機関委任事務 ………………………23
機関訴訟 ……………76, 114, 117
棄却 …………………………76, 100
棄却裁決 ……………………………81
起業者 …………………………29, 111
規制規範 ……………………………9
規制行政 ………………………31, 55
規制的行政指導 ……………………51
規則 …………………………44〜, 71
既判力 ………………………100, 101
義務付け訴訟…… 31, 76, 103〜, 106〜
却下 …………………………76, 82, 100
却下裁決 ……………………………81
客観訴訟 ……………………………114
求償 …………………115, 123, 127
給水契約 ………… 4, 52, 54, 56
給付行政 … 10, 31, 39, 54, 56, 87
協議団 ………………………………79
狭義の法定代理 ……………………18
供述聴取 ……………………………63
行政委員会 …………………………24
強制加入 ……………………………17
行政機関 ………………………16〜, 20
行政基準 …… 7, 28, 29, 36, 38, 44〜
行政規則 ………… 26, 32, 44, 47〜
行政救済法 ……………… 7, 31, 74
行政計画 ……………28, 30, 41, 58〜
行政刑罰 ……………………………70
行政契約 …… 28, 29, 32, 41, 54〜, 83
行政行為 ………………28〜, 32〜, 82
行政財産 ……………………………27
行政裁判所 …………………………75, 76
行政裁量 …………………13, 28, 36〜
行政作用法 ………………… 7, 28, 31
行政指導 ………30, 48, 50〜, 56, 87
行政指導指針 …………48, 49, 50
行政主体 …………………………16, 96
行政上の義務 ………………………66〜
行政上の強制執行 …… 42, 55, 66〜
行政上の不服申立て …… 74, 75, 78〜
行政処分(処分)
 …… 28, 32, 71, 76, 82〜, 102, 110
行政組織法 ………………… 7, 16, 20
行政措置要求権 ……………………25
行政庁 …………………………17, 96
行政調査 …………… 41, 42, 62〜
強制徴収 ………………………68, 69, 70
行政手続条例 ………………………41
行政罰 ………………………………70
行政不服審査会 ………………17, 81
行政不服審査裁決・答申検索データベース …81
行政文書ファイル …………………65
供用関連瑕疵 ………………………126
許可使用 ……………………………26
局 ……………………………………20
許認可(等) ……………………23, 42
許認可権 ……………………………18
規律密度 ……………………………10
禁忌者の推定 ………………………131
緊急代執行 …………………………67

均衡性の原則 ………………………13
禁止命令 …………………………30, 31
具体性 …………………32, 55, 83, 86
国地方係争処理委員会 ………23, 117
訓令(権) ………… 18, 26, 32, 47
計画裁量 …………………36, 58, 60〜
形式的当事者訴訟 ………………110〜
契約自由の原則 ………………54, 56
契約説 ………………………………55
契約締結義務 ………………54, 56
決定 …………………………………106
原告適格 ………………………88〜
検査 …………………………………63
原処分主義 ………………………78, 98
建築確認 … 19, 51, 52, 86, 91, 94, 96, 98
建築主事 ………………………19, 51
顕名 …………………………………18
権力性 …………………32, 83, 87
権力留保説 …………………………10
権利濫用禁止の原則 …………12, 15
広域連合 ……………………………22
行為形式(論) …………………7, 28〜
効果 …………………………………37
公害防止協定 ………………54, 55
講学上の概念 ……… 6, 26, 28, 32
効果裁量 …………………………37〜
合議制 …………………17, 20, 21
広義説(公権力の行使) ……………119
公企業の民営化 ……………………19
降給 …………………………………25
公共組合 ……………………………17
公共施設等運営権 …………………27
公共用物 ……………………………26
公権力行使責任 …………………118〜
公権力の行使 … 56, 74, 76, 110, 119, 122
抗告訴訟 ………… 76, 82〜, 110, 114
公序良俗違反 ………………………57
公正取引委員会 …… 17, 44, 55, 63, 72, 80
拘束的計画 …………………………58
(取消判決の)拘束力 ……………100
交通反則通告制度 …………………70
公定力 ………………………………34
降任 …………………………………25
公表 …………………………30, 70, 73
公物 ……………………………26〜, 124
公物管理 ……………………………26
公物警察 ……………………………26
衡平の観念 …………………………127
公法上の当事者訴訟
 …… 34, 76, 82, 103, 104, 110〜, 114
公法上の法律関係に関する確認の訴え …110〜
公務員 ……………………………24〜
公務員の個人責任 ……………………123
公有公物 ……………………………26
公用(供用)開始／廃止 ……………26
公用物 ………………………………26
告示 ………………… 11, 44, 47, 86
国税不服審判所 ……………………79
告知 …………………………………41
国民審査 ………………112, 122
国民訴訟制度 ………………………115
国有公物 ……………………………26
国立研究開発法人 …………………16
国立大学法人 ………………………16
国家賠償責任 ………… 77, 118〜, 131

134 事項索引

国家補償の谷間……………………131
国庫支出金……………………………21
個別事情の考慮………………………38
個別的利益…………………………88〜
固有の資格………………………80, 117
根拠規範…………………………………9
コンセッション方式………………27, 57

■さ行
在外国民………………………………112
在外投票………………………………112
裁決……………………78〜, 97, 98, 117
裁決主義………………………………78
再審査請求…………………………79, 81
再調査の請求…………………………79
裁定権……………………………………18
裁定的関与……………………………117
債務名義…………………………………66
採用………………………………………25
裁量基準……………………38, 48〜, 96
裁量権消極的濫用論…………………121
裁量権の逸脱・濫用 … 33, 38〜, 60, 61, 96
差押え……………………………………8, 62
差止訴訟………76, 104, 106, 109, 113
（民事訴訟としての）差止訴訟………74, 103
作用法的行政機関概念………………17
三面関係……………………31, 88〜, 104〜
参与………………………………………17
指揮監督権………………………………18
時機に遅れた取消訴訟………………102
事業契約…………………………………57
事業認可……………………………59, 61
事後手続…………………………………40
施行規則………………………………44〜
施行令…………………………………44〜
自己の法律上の利益に関係のない違法……98
自主条例…………………………………21
事情裁決…………………………………81
事情判決の法理………………………101
辞職………………………………………25
事前手続……………40, 58, 63, 69, 73
自然環境保護…………………………116
自然公物……………………………26, 124
自治事務…………………………………23
市町村……………………………………22
室…………………………………………20
（作用法的行政機関としての）執行機関………17
（地方公共団体の）執行機関……………21
執行停止………………………76, 106〜
執行罰………………………………66〜, 70
執行不停止原則………………………106
執行命令…………………………………45
実質的当事者訴訟……………………110〜
失職………………………………………25
実体的違法………………………………33
実体法………………………………6, 40, 95
質問検査…………………………………63
指定確認検査機関……………………19, 96
指定管理者制度…………………………27
指定代理…………………………………18
指定法人……………………………19, 27
自動車検問………………………………9, 64
事物管轄…………………………………97
事務の委託………………………………22
事務の代替執行…………………………22
事務配分的行政機関概念………………17
指名競争入札…………………………54〜, 57
諮問………………………………17, 64, 81
諮問機関……………………………17, 33
シャウプ勧告……………………………79
社会観念審査……………………………38
私有公物…………………………………26
自由使用…………………………………26

自由選択主義………………………78, 97
重大かつ明白な瑕疵（重大明白の基準）…34, 102
重大な損害………………104, 105, 107
住民監査請求…………………………114
住民自治（の原則）…………14, 21, 117
住民訴訟………11, 114〜, 123, 129
（収用）裁決…………………………111
重要事項留保説…………………………10
授益的行政行為……………………32, 35
主観訴訟………………………………114
需給調整…………………………………89
授権代理…………………………………18
主宰者……………………………………42, 81
主張制限…………………………………98
出席停止処分…………………………117
出訴期間（主観的／客観的）………97
受忍限度……………………………61, 126
常会……………………………………113
消極目的………………………………129
常勤職員…………………………………24
省庁…………………………………10, 17, 20
昇任………………………………………25
情報公開請求権……………………15, 64
情報提出の要求…………………………63
将来効……………………………………35
省令…………………………………………7, 44〜
条例…………………………………21, 71
職務行為基準説………………………120
職務命令……………………………13, 18
助言………………………………23, 50, 53
助成的行政指導…………………………51
職権証拠調べ……………………………99
職権取消し……………………………35, 94
処分──→行政処分
処分基準………………42〜, 48〜, 96
処分性…………………48, 59, 82〜, 102
除名処分………………………………117
処理基準…………………………………23
自力救済の禁止…………………………66
資料提出命令……………………………63
侵害的行政行為…………………………32
侵害留保説…………………………10, 39
人格的利益………………………………95
信義誠実の原則（信義則）……………13〜
人工公物……………………………26, 124
審査基準………………………42, 48, 49
審査請求……25, 64, 75, 79〜, 97
審査請求前置（主義）……………25, 78, 97
審査庁………………………………81, 97
診察………………………………………63
人事院………………………………24〜, 44, 48
紳士協定説………………………………55
申請（権）……………………………42, 105
申請型義務付け訴訟…………………105
申請に対する処分………33, 41〜, 99
信頼保護原則…………………………12〜
審理員……………………………………81
審理員意見書……………………………81
随意契約…………………………………54
水害訴訟………………………………126
生活再建のための措置のあつせん……130
請求権発生説（損失補償）…………128
政教分離………………………………115
制裁的公表………………………………73
正当な補償………………………128, 130
正当の（な）理由 … 4, 27, 36, 52, 56, 71, 97
政令…………………………7, 29, 41, 44〜
是正の勧告………………………………23
是正の指示………………………………23
是正の要求………………………………23
積極的行為義務………………………100
積極目的………………………………129
絶対的効力説…………………………100
選挙訴訟………………101, 114, 116

専決………………………………………18
全部留保説………………………………10
総合設計制度……………………………91
相互保証主義…………………………127
捜索………………………………………62
争訟取消し………………………………35
相対的効力説…………………………100
相当補償説……………………………130
訴願………………………………78, 80
遡及効……………………………………35
即時確定の必要性……………………111
即時強制………………32, 41, 42, 69, 70
組織規範……………………………9, 53
訴訟法……………………………………6
訴訟要件……76, 82, 94〜, 100, 104, 105, 111
租税法律主義………………………11, 14
その他の公法上の法律関係に関する訴訟……111
損失補償………………………77, 128〜

■た行
代位責任説……………………………118
第三者……31, 34, 88〜, 98, 100, 103〜
第三セクター……………………………19
第三者再審の訴え……………………100
第三者の訴訟参加……………………100
第三者効………………………………100
（関与としての）代執行………………23
代執行………………………………66〜, 70
代執行権…………………………………18
対象選択の適切性……………………111
対世効…………………………………100
代替的作為義務………………………67, 70
滞納処分……………………………17, 68
代理権……………………………………18
宅地開発等に関する指導要綱…………52
他事考慮…………………………………38
立入検査……………………………55, 63
立入調査………………………55, 62, 63
団体自治…………………………………21
団体訴訟………………………………116
秩序罰………………………………70, 71
地方議会……………………21, 115, 117
地方交付税交付金………………………21
地方裁判所………………………76, 93, 97
地方三公社………………………………16
地方独立行政法人………………………16
地方分権改革……………………………23
中央省庁改革……………………………20
中期目標管理法人………………………16
懲戒（処分）… 13, 25, 37, 43, 48, 49, 104, 110, 113
調整的行政指導…………………………51
懲罰処分………………………………117
聴聞………………………41, 42, 81, 99
直接強制………………………………66〜, 70
直接強制調査…………………………62〜
通常国会………………………………113
通常有すべき安全性…………………124〜
通則的法律……………………………6, 7
通達………18, 32, 47〜, 79, 84, 87, 113
通知………………………………67, 85
（行政規則としての）通知 ……………47, 87
償うことのできない損害 …… 107, 108, 109
適格消費者団体………………………116
適合性の原則……………………………13
適正手続………………………………12, 40〜
適正手続四原則…………………………41
撤回………………27, 35, 42, 94, 109
手続的違法…………………………33, 78
転任………………………………………25
当事者訴訟──→公法上の当事者訴訟
答申……………………17, 20, 64, 81
当然退職…………………………………25
道路占用許可……………………………26

特殊会社 …………………………… 19
特殊法人 ……………………… 16, 19, 84
特定管轄裁判所 ………………… 97
特定行政庁 ……………………… 19, 86
特定適格消費者団体 ……………116
特定歴史公文書等 ……………… 65
独任制 …………………………… 17
特別区 …………………………… 22
特別職 …………………………… 24
特別の犠牲 …………………… 128〜
独立行政法人 ………………… 16, 57, 97
独立命令 ……………………… 8, 45
都市計画 …………… 30, 58〜, 86, 92
土地管轄 ………………………… 97
土地区画整理組合 ……………… 17
土地区画整理事業 ……………… 17, 59
土地収用 …………………… 37, 77, 111
特許使用 ………………………… 26
都道府県 ………………………… 22
届出 …………………41, 50, 62, 85, 95
取り消しうべき瑕疵 …………… 34
取消権・停止権 ………………… 18
取消訴訟 ……………………… 76, 82〜
取消訴訟の排他的管轄 ……… 98, 102

■な行
内閣官房 ………………………… 20
内閣総理大臣 …… 20, 24, 44, 53, 91, 107
内閣総理大臣の異議 ……………107
内閣府 …………………… 9, 20, 44, 65
内閣府令 ………………………… 44
二元説（無効等確認訴訟）………102
二項道路 ………………………… 86
二重前置 ………………………… 97
二面関係 ………………………… 31
任意調査 ……………………… 62, 63, 64
認可法人 ………………………… 16
任命権者 ……………………… 24, 25
認容判決 ……………………… 76, 100
任用 …………………………… 24, 25
認容裁決 ………………………… 81

■は行
バイパス理論 …………………… 69
パブリック・コメント …………… 49
反射的利益 ……………………… 88
犯則調査 ………………………… 62
判断過程審査 ………………… 38〜, 60
判断余地 ……………………… 28, 36, 37
反復禁止効 …………………… 100, 104
PFI制度 ………………………… 27
被告適格 ……………………… 82, 96
彼此相補 ………………………126
非常勤職員 ……………………… 24
非申請型義務付け訴訟 … 31, 104, 105
必要性の原則 …………………… 13
平等原則 ……………… 12, 49, 57, 116
費用負担者 ……………………127
平野事件 ……………………… 76, 106, 107
比例原則 ……………………… 12, 13
部 ………………………………… 20
不開示情報 ……………………… 65
不確定概念 ……………………… 36
不可争力 ……………………… 34, 97
不作為の違法確認訴訟 …… 76, 103, 105
付随的な効果 …………………… 95
附属機関 ………………………… 21
普通財産 ………………………… 27
物的計画 ……………………… 58, 59
不当性 ……………………… 78, 114
不服申立前置（主義）………… 78, 97
不服申立人適格 ………………… 80
部分開示 ………………………… 65
不利益処分 ……………… 25, 41〜, 99

プロポーザル方式 ……………… 54
分限 …………………………… 25
文書閲覧 ……………………… 41, 42
紛争の一回的解決 ……………… 99
紛争の蒸し返しの防止 …………100
併合提起 ……………………… 103, 105
弁護士の業務停止処分 ………… 95
弁論主義 ………………………… 99
法効果性 ……………………… 32, 86
包括的な委任 …………………… 46
法規 ……………………………… 8
法規命令 ……………………… 32, 44〜
報告 ………………………… 18, 19
報告命令 ………………………… 63
法人 …………………………… 16
放置車両の確認と標章の取付け … 56
法定外公共物 …………………… 26
法定計画 ……………………… 58, 59
法定受託事務 …………………… 23
法定代理 ………………………… 18
法(的)効果 ……………… 44, 47〜, 83〜
法の一般原則 …………… 12〜, 33, 54, 57
方法選択の適切性 ………………111
法律上の概念 ……………… 6, 28, 32
法律上の争訟 …………… 69, 114, 117
法律上の利益 ……………88〜, 94〜, 98, 102
法律上保護された利益（説）………… 80, 88
法律上保護に値する利益説 ………88
法律による行政の原理 ………8, 12, 14, 62
法律の根拠 …… 8〜, 17, 18, 23, 50, 57, 58, 62, 64
法律の法規創造力 ……………… 8
法律の優位 …………………… 8, 57
法律の留保 ……………… 8, 9, 10, 11
法令 ……………………………… 7
補充性 …………………… 103, 104, 105
補助機関 ……………………… 17, 18, 21
補助金交付要綱 ……………… 39, 48
本質性理論 ……………………… 10

■ま行
身分保障 ………………………… 25
民間委託（契約）………………19, 27, 56
民事上の強制執行 ……………… 66
民衆訴訟 …………… 76, 101, 110, 114〜
無過失責任 …………………… 124〜, 127
無効等確認訴訟 … 76, 82, 97, 102〜, 110
無効の瑕疵 ……………………… 34
命令(等) ……………………… 7, 41, 49
免職 …………………………… 25
申立て …………………………106
目的外使用許可 ……………… 27, 38
門前払い ………………………… 76

■や行
ユニバーサルサービス責任 …………… 19
要件 …………………………… 37
要件裁量 ……………………… 37〜
要綱 ……… 26, 39, 47, 48, 50〜, 56, 87
横出し条例 ……………………… 22
予算抗弁の排斥 ………………124〜
予防接種禍 …………………… 77, 131
予防訴訟 ………………………102

■ら行
リーニエンシー制度──→課徴金減免制度
離職 …………………………… 25
立証責任 ………………………… 99
立体交差事業 ………………… 61, 92
略式代執行 ……………………… 67
理由の追加・差替え ……………… 99
理由の提示（理由付記）………… 41〜, 99
臨検 …………………………… 62
臨時国会 ………………………113

例外的事情の基準 ……………… 34
令状主義 ……………………… 62〜
令状スケジュール ……………… 65
列記主義 ………………………… 75
連携協約 ………………………… 22

法律索引

＊複数の頁数が列挙されている場合、本文でその語句が青字になっている頁数を**太字**にしている。

■あ行・か行

空家等対策の推進に関する特別措置法‥‥‥‥‥‥‥‥‥‥67
医薬品, 医療機器等の品質, 有効性及び安全性の確保等に関する法律
（薬機法）‥‥‥‥‥‥‥‥‥‥‥‥‥‥‥‥‥‥‥‥‥‥72
会計法‥‥‥‥‥‥‥‥‥‥‥‥‥‥‥‥‥‥‥‥41, 54
核原料物質, 核燃料物質及び原子炉の規制に関する法律（規制法）‥‥91
関税法‥‥‥‥‥‥‥‥‥‥‥‥‥‥‥‥‥‥‥‥‥‥‥120
感染症の予防及び感染症の患者に対する医療に関する法律（感染症法）
‥‥‥‥‥‥‥‥‥‥‥‥‥‥‥‥‥‥‥‥‥‥‥69, 70
漁港法‥‥‥‥‥‥‥‥‥‥‥‥‥‥‥‥‥‥‥‥‥‥‥11
行政機関の保有する情報の公開に関する法律（情報公開法）‥‥‥‥
‥‥‥‥‥‥‥‥‥‥‥‥‥‥‥‥‥‥‥7, 36, **64**～
（旧）行政裁判法‥‥‥‥‥‥‥‥‥‥‥‥‥‥‥‥‥‥75
行政事件訴訟法‥‥‥‥‥‥‥‥‥‥‥74, **76**, **82**～
（旧）行政事件訴訟特例法‥‥‥‥‥‥76, 78, 82, 107
行政代執行法‥‥‥‥‥‥‥‥‥‥‥‥‥‥‥‥7, **66**～
行政手続法‥‥‥‥‥‥‥‥‥‥**40**～, 49, **50**, **55**, 58
行政不服審査法‥‥‥‥‥‥‥‥‥‥‥‥‥74～, **78**～
金融商品取引法‥‥‥‥‥‥‥‥‥‥‥‥‥‥‥‥‥‥‥72
国等による環境物品等の調達の推進等に関する法律（グリーン購入法）‥‥57
警察官職務執行法‥‥‥‥‥‥‥‥‥‥‥‥‥‥‥69, 70
警察法‥‥‥‥‥‥‥‥‥‥‥‥‥‥‥‥‥‥‥‥‥9, 64
刑事訴訟法‥‥‥‥‥‥‥‥‥‥‥‥‥‥6, 70, 122
不当景品類及び不当表示防止法（景品表示法）‥‥‥‥72, 73
刑法‥‥‥‥‥‥‥‥‥‥‥‥‥‥‥‥‥‥6, 70, 71
検疫法‥‥‥‥‥‥‥‥‥‥‥‥‥‥‥‥‥‥‥‥‥‥63
建築基準法‥‥‥‥‥‥‥4, 19, 67, 69, 86, **91**, 96, 98
公害対策基本法‥‥‥‥‥‥‥‥‥‥‥‥‥‥‥‥‥‥92
公共工事の入札及び契約の適正化の促進に関する法律（公共工事適正
化法）‥‥‥‥‥‥‥‥‥‥‥‥‥‥‥‥‥‥‥‥‥‥55
公衆浴場法‥‥‥‥‥‥‥‥‥‥‥‥‥‥‥‥‥‥‥‥89
航空法‥‥‥‥‥‥‥‥‥‥‥‥‥‥‥53, **92**, 98
公職選挙法‥‥‥‥‥‥‥‥‥‥‥95, **112**, 116
公認会計士法‥‥‥‥‥‥‥‥‥‥‥‥‥‥‥‥‥‥‥72
公文書の管理に関する法律（公文書管理法）‥‥‥‥‥‥‥65
国税徴収法‥‥‥‥‥‥‥‥‥‥‥8, 66, **68**, 104
国税通則法‥‥‥‥‥‥‥‥‥‥‥**62**, 75, 78, 79
国籍法‥‥‥‥‥‥‥‥‥‥‥‥‥‥‥‥‥‥‥‥‥‥17
国民健康保険法‥‥‥‥‥‥‥‥‥‥‥‥‥‥‥‥‥‥11
国有財産法‥‥‥‥‥‥‥‥‥‥‥‥‥‥‥‥27, 129
国立大学法人法‥‥‥‥‥‥‥‥‥‥‥‥‥‥‥‥‥‥16
個人情報の保護に関する法律（個人情報保護法）‥‥‥‥‥50
国家行政組織法‥‥‥‥‥‥‥‥‥‥‥‥17～, **20**, 45
国家公務員法‥‥‥‥‥‥‥‥‥‥13, **24**～, 37, 46
国家賠償法‥‥‥‥‥‥‥‥‥‥‥‥74, **77**, **118**～

■さ行・た行

最高裁判所裁判官国民審査法‥‥‥‥‥‥‥‥‥‥‥‥112
裁判所法‥‥‥‥‥‥‥‥‥‥‥‥‥‥‥‥‥24, 114
砂防法‥‥‥‥‥‥‥‥‥‥‥‥‥‥‥‥66, 68, 70
失火責任法‥‥‥‥‥‥‥‥‥‥‥‥‥‥‥‥‥‥‥127
私的独占の禁止及び公正取引の確保に関する法律（独占禁止法）‥‥‥‥
‥‥‥‥‥‥‥‥‥‥‥‥‥‥‥‥‥‥53, **63**, 72
自転車競技法‥‥‥‥‥‥‥‥‥‥‥‥‥‥‥‥‥‥‥93
児童虐待の防止等に関する法律（児童虐待防止法）‥‥‥‥62
児童福祉法‥‥‥‥‥‥‥‥‥‥‥‥‥‥‥‥‥‥‥‥15
児童扶養手当法‥‥‥‥‥‥‥‥‥‥‥‥‥‥‥29, 46
住民基本台帳法‥‥‥‥‥‥‥‥‥‥‥‥‥‥‥‥‥‥71

出入国管理及び難民認定法‥‥‥‥‥‥‥‥‥‥‥‥‥34
消費者契約法‥‥‥‥‥‥‥‥‥‥‥‥‥‥‥‥‥‥116
消費者の財産的被害等の集団的な回復のための民事
の裁判手続の特例に関する法律‥‥‥‥‥‥‥‥‥‥116
商法‥‥‥‥‥‥‥‥‥‥‥‥‥‥‥‥‥‥‥‥‥‥‥6
消防法‥‥‥‥‥‥‥‥‥‥‥‥77, 84, 127, 129
食品衛生法‥‥‥‥‥‥‥‥‥‥**4**～, 32, 73, 85
新型インフルエンザ等対策特別措置法‥‥‥‥‥‥‥**73**, **83**
森林法‥‥‥‥‥‥‥‥‥‥‥‥‥‥58, **91**, **92**
水源地域対策特別措置法‥‥‥‥‥‥‥‥‥‥‥‥‥130
水道法‥‥‥‥‥‥‥‥‥‥‥**4**, 52, 56, 64
生活保護法‥‥‥‥‥‥‥‥‥‥‥‥‥63, 75, 79
（旧）石油業法‥‥‥‥‥‥‥‥‥‥‥‥‥‥‥‥‥‥53
大気汚染防止法‥‥‥‥‥‥‥‥‥‥‥‥‥‥‥‥‥‥8
大都市地域における特別区の設置に関する法律‥‥‥‥‥22
地方公務員法‥‥‥‥‥‥‥‥‥‥‥‥‥‥‥‥‥‥24
地方自治法‥‥‥7, 12, 16, 18, 21～, 27, 36, 38, 47, 54, 70, 80, 114～
地方税法‥‥‥‥‥‥‥‥‥‥‥‥‥47, 66, **68**
（旧）地方鉄道法‥‥‥‥‥‥‥‥‥‥‥‥‥‥‥‥‥90
中央省庁等改革基本法‥‥‥‥‥‥‥‥‥‥‥‥‥‥‥20
鉄道営業法‥‥‥‥‥‥‥‥‥‥‥‥‥‥‥‥‥‥‥127
鉄道事業法‥‥‥‥‥‥‥‥‥‥‥‥‥**4**～, **90**
道路運送法‥‥‥‥‥‥‥‥‥‥‥18, 38, 56, 109
道路交通法‥‥‥‥‥‥‥‥‥4, 26, 44, 56, 70, 95
道路法‥‥‥‥‥‥‥‥‥‥‥‥‥4, 26, 77, 129
特定商取引に関する法律（特定商取引法）‥‥‥‥‥‥‥63
毒物及び劇物取締法‥‥‥‥‥‥‥‥‥‥‥‥‥‥‥‥33
独立行政法人通則法‥‥‥‥‥‥‥‥‥‥‥‥‥‥‥‥16
都市計画法‥‥‥‥‥‥30, 41, 58～, 86, **92**, 128
土地収用法‥‥‥‥‥‥‥9, 29, 37, 77, **111**, 128, 130

■な行・は行

内閣府設置法‥‥‥‥‥‥‥‥‥‥‥‥‥‥‥‥9, 45
内閣法‥‥‥‥‥‥‥‥‥‥‥7, 16, 18, 45, 53
成田国際空港の安全確保に関する緊急措置法（成田新法）‥‥‥‥‥‥
‥‥‥‥‥‥‥‥‥‥‥‥‥‥‥‥40, 66, 68, 70
日本国憲法‥‥‥‥‥‥‥‥‥‥7, 11, 12, 13, 14, 21,
24, 31, 39, 40, 44, 45, 46, 55, 62, 63, 65, 71, 72, 76, 77, 112,
113, 115, 127, 128, 130, 131
入札談合等関与行為の排除及び防止並びに職員による入札等の公正を害
すべき行為の処罰に関する法律（入札談合等関与行為防止法）‥‥‥55
農業振興地域の整備に関する法律（農振法）‥‥‥‥‥‥58
廃棄物の処理及び清掃に関する法律（廃棄物処理法）‥‥56, 57, 89, 105
非訟事件手続法‥‥‥‥‥‥‥‥‥‥‥‥‥‥70, 71
風俗営業等の規制及び業務の適正化等に関する法律（風俗営業法）
‥‥‥‥‥‥‥‥‥‥‥‥‥‥‥‥‥‥15, 45, 96
補助金等に係る予算の執行の適正化に関する法律（補助金適正化法）‥‥87
文化財保護法‥‥‥‥‥‥‥‥‥‥‥‥‥‥‥‥‥‥‥90
弁護士法‥‥‥‥‥‥‥‥‥‥‥‥‥‥‥‥‥17, 78
墓地, 埋葬等に関する法律（墓地埋葬法）‥‥‥‥‥48, 93

■ま行・や行・ら行

民間資金等の活用による公共施設等の整備等の促進に関する法律
（PFI法）‥‥‥‥‥‥‥‥‥‥‥‥‥‥‥‥‥‥‥‥57
民事訴訟法‥‥‥‥‥‥‥‥‥‥‥6, 76, 106, 111
民法‥‥‥‥6, 13, 15, 16, 57, 77, 118, 123, 124, 127
（旧）優生保護法‥‥‥‥‥‥‥‥‥‥‥‥‥‥‥‥122
郵便法‥‥‥‥‥‥‥‥‥‥‥‥‥‥‥‥‥‥‥‥‥127
予防接種法‥‥‥‥‥‥‥‥‥‥‥‥‥‥‥‥‥‥‥77
旅券法‥‥‥‥‥‥‥‥‥‥‥‥‥‥‥‥‥‥‥‥‥43
労働基準法‥‥‥‥‥‥‥‥‥‥‥‥‥‥‥‥‥‥‥18
労働者災害補償保険法‥‥‥‥‥‥‥‥‥‥‥‥‥‥87

判例索引

■大正時代
大審院大5・6・1判決［徳島小学校遊動円棒事件］‥‥‥‥‥‥77

■昭和元年〜29年
最高裁昭28・12・23大法廷判決［皇居前広場事件］‥‥‥‥‥94
最高裁昭28・12・23大法廷判決［農地改革事件］‥‥‥‥‥130

■昭和30年〜39年
最高裁昭30・4・19判決‥‥‥‥‥‥‥‥‥‥‥‥‥‥‥123
最高裁昭30・12・26判決‥‥‥‥‥‥‥‥‥‥‥‥‥‥‥34
最高裁昭31・11・30判決‥‥‥‥‥‥‥‥‥‥‥‥‥‥‥119
最高裁昭34・1・29判決‥‥‥‥‥‥‥‥‥‥‥‥‥‥‥84
最高裁昭34・9・22判決‥‥‥‥‥‥‥‥‥‥‥‥‥‥‥34
最高裁昭35・10・19大法廷判決［山北村事件］‥‥‥‥‥‥117
最高裁昭37・1・19判決［公衆浴場営業許可無効確認訴訟］‥‥‥89
最高裁昭39・1・24判決‥‥‥‥‥‥‥‥‥‥‥‥‥‥‥28
最高裁昭39・6・5判決‥‥‥‥‥‥‥‥‥‥‥‥‥‥‥71
最高裁昭39・10・29判決［大田区ゴミ焼却場設置事件］‥‥‥‥82

■昭和40年〜49年
最高裁昭40・4・28大法廷判決［名古屋郵政局員免職処分取消訴訟］
‥‥‥‥‥‥‥‥‥‥‥‥‥‥‥‥‥‥‥‥‥‥‥‥‥95
最高裁昭41・2・23大法廷判決‥‥‥‥‥‥‥‥‥‥‥‥69
最高裁昭42・5・24大法廷判決［朝日訴訟］‥‥‥‥‥‥‥96
長崎地裁昭43・4・30判決‥‥‥‥‥‥‥‥‥‥‥‥‥‥101
最高裁昭43・11・27判決［河川附近地制限令事件］‥‥‥‥‥128
最高裁昭43・12・24判決［墓地埋葬法事件］‥‥‥‥‥‥‥48
大阪高裁昭44・9・30判決［スコッチライト事件］‥‥‥‥‥12
最高裁昭45・8・20判決［高知落石事件］‥‥‥‥‥‥‥‥124
最高裁昭46・10・28判決［個人タクシー事件］‥‥‥‥‥‥33
東京地裁昭46・11・8判決［函数尺事件］‥‥‥‥‥‥‥‥84
最高裁昭47・11・22大法廷判決［川崎民商事件］‥‥‥‥62, 63
最高裁昭48・4・26判決‥‥‥‥‥‥‥‥‥‥‥‥‥‥‥34
東京高裁昭48・7・13判決［日光太郎杉事件］‥‥‥‥‥‥‥37
最高裁昭48・10・18判決［倉吉都市計画街路事業用地収用事件］
‥‥‥‥‥‥‥‥‥‥‥‥‥‥‥‥‥‥‥‥‥‥‥‥‥130
最高裁昭49・2・5判決‥‥‥‥‥‥‥‥‥‥‥‥‥‥‥27
最高裁昭49・11・6大法廷判決［猿払事件］‥‥‥‥‥‥‥46

■昭和50年〜59年
最高裁昭50・6・26判決［奈良赤色灯事件］‥‥‥‥‥‥‥125
最高裁昭50・7・25判決‥‥‥‥‥‥‥‥‥‥‥‥‥‥‥125
最高裁昭50・9・10大法廷判決［徳島市公安条例事件］‥‥‥‥21
大阪高裁昭50・11・27判決［大阪空港訴訟］‥‥‥‥‥‥‥74
最高裁昭50・11・28判決‥‥‥‥‥‥‥‥‥‥‥‥‥‥‥127
最高裁昭51・4・14大法廷判決［衆議院議員定数配分規定の不均衡是正訴訟］‥‥‥‥‥‥‥‥‥‥‥‥‥‥‥‥‥‥‥101
最高裁昭52・12・20判決［神戸税関事件］‥‥‥‥‥‥‥37
最高裁昭53・3・14判決［主婦連ジュース訴訟］‥‥‥‥‥‥80
最高裁昭53・5・26判決［余目町個室付浴場事件・国賠］‥‥‥15
最高裁昭53・6・16判決［余目町個室付浴場事件・刑事］‥‥‥15
最高裁昭53・7・4判決［夢野台高校幼児転落事件］‥‥‥‥‥125
最高裁昭53・10・4大法廷判決［マクリーン事件］‥‥‥‥‥38
最高裁昭53・10・20判決‥‥‥‥‥‥‥‥‥‥‥‥‥‥‥122
最高裁昭53・12・8判決［成田新幹線訴訟］‥‥‥‥‥‥‥84
最高裁昭54・12・25判決［関税定率法上の輸入禁制品該当通知］

‥‥‥‥‥‥‥‥‥‥‥‥‥‥‥‥‥‥‥‥‥‥‥‥‥85
最高裁昭55・9・22決定［自動車一斉検問事件］‥‥‥‥‥9, 64
最高裁昭55・11・25判決［運転免許停止処分取消訴訟］‥‥‥‥95
最高裁昭56・1・27判決［宜野座村工場誘致事件］‥‥‥‥‥14
最高裁昭56・2・26判決［ストロングライフ事件］‥‥‥‥‥33
最高裁昭56・4・7判決［板まんだら事件］‥‥‥‥‥‥‥114
最高裁昭56・12・16大法廷判決［大阪空港訴訟］‥‥‥74, 126
最高裁昭57・3・12判決‥‥‥‥‥‥‥‥‥‥‥‥‥‥‥122
最高裁昭57・4・1判決‥‥‥‥‥‥‥‥‥‥‥‥‥‥‥119
最高裁昭57・4・22判決［都市計画法上の都市計画用途地域の指定］
‥‥‥‥‥‥‥‥‥‥‥‥‥‥‥‥‥‥‥‥‥‥‥‥‥86
最高裁昭57・5・27判決‥‥‥‥‥‥‥‥‥‥‥‥‥‥‥25
最高裁昭57・9・9判決［長沼ナイキ訴訟］‥‥‥‥‥‥92, 96
最高裁昭58・2・18判決［高松ガソリンスタンド事件］‥‥‥‥129
最高裁昭58・4・5判決［弁護士の業務停止処分に関する日本弁護士連合会（日弁連）の裁決の取消訴訟］‥‥‥‥‥‥‥‥‥‥95

■昭和60年〜62年
最高裁昭59・1・26判決［大東水害訴訟］‥‥‥‥‥‥‥‥126
最高裁昭59・2・24判決［石油ヤミカルテル事件］‥‥‥‥‥53
最高裁昭59・10・26判決［建築確認の取消訴訟］‥‥‥‥‥94
最高裁昭60・1・22判決［旅券発給拒否事件］‥‥‥‥‥‥43
最高裁昭60・7・16判決［品川マンション事件］‥‥‥‥‥‥51
最高裁昭60・11・21判決‥‥‥‥‥‥‥‥‥‥‥‥‥‥‥122
大阪高裁昭60・11・29判決‥‥‥‥‥‥‥‥‥‥‥‥‥‥86
最高裁昭61・3・25判決［点字ブロック事件］‥‥‥‥‥‥‥125
最高裁昭62・4・17判決‥‥‥‥‥‥‥‥‥‥‥‥‥‥‥103
最高裁昭62・10・30判決［青色申告事件］‥‥‥‥‥‥‥‥14

■平成元年〜9年
最高裁平元・2・17判決［新潟空港訴訟］‥‥‥‥‥‥92, 98
最高裁平元・4・13判決［近鉄特急訴訟］‥‥‥‥‥‥‥‥90
最高裁平元・6・20判決［伊場遺跡訴訟］‥‥‥‥‥‥‥‥90
最高裁平元・6・29判決‥‥‥‥‥‥‥‥‥‥‥‥‥‥‥122
最高裁平元・11・8決定［武蔵野市給水契約拒否事件］‥‥52, 56
最高裁平2・2・1判決［銃砲刀剣類登録規則事件］‥‥‥‥‥46
最高裁平2・12・13判決［多摩川水害訴訟］‥‥‥‥‥‥‥126
最高裁平3・3・8判決［浦安鉄杭撤去事件］‥‥‥‥‥‥‥11
最高裁平3・4・19判決［小樽種痘禍訴訟事件］‥‥‥‥‥‥131
最高裁平3・4・26判決［水俣病お待たせ賃事件］‥‥‥‥‥121
最高裁平3・7・9判決［旧監獄法施行規則事件］‥‥‥‥‥‥46
最高裁平4・1・24判決［土地改良事業の施行認可の取消訴訟］‥‥94
最高裁平4・7・1大法廷判決［成田新法事件］‥‥‥‥‥‥‥40
最高裁平4・9・22判決［もんじゅ訴訟］‥‥‥‥‥‥91, 103
最高裁平4・10・29判決［伊方原発訴訟］‥‥‥‥‥‥‥‥99
最高裁平4・12・15判決［一日校長事件］‥‥‥‥‥‥‥‥115
東京高裁平4・12・18判決‥‥‥‥‥‥‥‥‥‥‥‥‥‥131
最高裁平5・2・18判決［武蔵野マンション事件（教育施設負担金）］
‥‥‥‥‥‥‥‥‥‥‥‥‥‥‥‥‥‥‥‥‥‥‥‥‥52
最高裁平5・3・11判決［奈良民商事件］‥‥‥‥‥‥‥‥120
最高裁平7・2・22判決［ロッキード事件］‥‥‥‥‥‥‥‥53
最高裁平7・6・23判決［クロロキン事件］‥‥‥‥‥‥‥‥35
最高裁平8・3・8判決［神戸高専事件］‥‥‥‥‥‥‥‥‥39
札幌地裁平9・3・27判決［二風谷ダム訴訟］‥‥‥‥‥‥‥101
最高裁平9・4・2判決［愛媛玉ぐし料事件］‥‥‥‥‥‥‥‥115

■平成10年〜19年

大阪高裁平10・6・17判決 ・・・・・・・・・・・・・・・・・・・・・・・・・・・・86
最高裁平10・10・13判決 ・・・・・・・・・・・・・・・・・・・・・・・・・・72
最高裁平11・1・21判決［志免町マンション訴訟］・・・・・・・・・56
最高裁平11・7・19判決［三菱タクシー事件］・・・・・・・・・・・・38
最高裁平11・11・19判決［逗子市情報公開条例事件］・・・・・・・99
最高裁平12・3・17判決 ・・・・・・・・・・・・・・・・・・・・・・・・・・93
鹿児島地裁平13・1・22判決［アマミノクロウサギ訴訟］・・116
最高裁平13・3・13判決［森林法に基づく林地開発許可取消訴訟］
・・・91
熊本地裁平13・5・11判決 ・・・・・・・・・・・・・・・・・・・・・・・・77
最高裁平14・1・17判決［2項道路一括指定事件］・・・・・・・・・86
最高裁平14・1・22判決［総合設計許可取消訴訟］・・・・・・・・・91
最高裁平14・1・31判決［児童扶養手当法施行令事件］・・・・・・46
最高裁平14・6・11判決［関西電力変電所事件］・・・・・・・・・130
最高裁平14・7・9判決［宝塚市パチンコ条例事件］・・・・・・・69
最高裁平14・9・11判決［郵便法違憲判決］・・・・・・・・・・・127
東京高裁平15・5・21判決 ・・・・・・・・・・・・・・・・・・・・・・・・73
最高裁平15・9・4判決［労災修学援護費支給決定］・・・・・・・87
最高裁平16・4・26判決［食品衛生法違反通知］・・・・・・・・・85
最高裁平16・10・15判決［関西水俣病訴訟］・・・・・・・・・・・121
徳島地裁平17・6・7決定［徳島県藍住町立幼稚園入園拒否事件］
・・108
最高裁平17・7・15判決［病院開設中止勧告事件］・・・・・・28, 87
最高裁平17・9・14大法廷判決［在外国民選挙権確認訴訟］
・・・・・・・・・・・・・・・・・・・・・・・・・・・・・・・・・・112, 122
最高裁平17・12・7判決［小田急訴訟（原告適格）］・・・・・・・・92
東京地裁平18・1・25決定［東大和市立保育園入園拒否事件］・108
最高裁平18・2・7判決［呉市学校施設使用不許可事件］・・・・38
最高裁平18・3・1大法廷判決［旭川市国民健康保険条例事件］・・11
最高裁平18・7・14判決［高根町水道条例事件］・・・・・・・・・・12
最高裁平18・9・4判決［林試の森事件］・・・・・・・・・・・・・・・60
東京地裁平18・10・25判決［東大和市立保育園入園拒否事件］
・・108
最高裁平18・10・26判決［木屋平村村外業者指名回避事件］・・・57
最高裁平18・11・2判決［小田急訴訟（本案）］・・・・・・・・・・・61
最高裁平19・1・25判決 ・・・・・・・・・・・・・・・・・・・・・・・・・119
大阪地裁平19・8・10決定［大阪市立養護学校転入拒否事件］・・108

■平成20年〜29年

最高裁平20・2・19判決［メイプルソープ事件］・・・・・・・・・120
広島地裁平20・2・29決定 ・・・・・・・・・・・・・・・・・・・・・・・109
最高裁平20・9・10判決 ・・・・・・・・・・・・・・・・・・・・・・・・・28
最高裁平21・2・27判決［ゴールド免許事件］・・・・・・・・・・・95
奈良地裁平21・6・26決定［奈良県下市町立中学校入学拒否事件］
・・108
最高裁平21・7・10判決［福間町公害防止協定事件］・・・・・・・57
広島地裁平21・10・1判決 ・・・・・・・・・・・・・・・・・・・・・・・109
最高裁平21・10・15判決［サテライト大阪訴訟］・・・・・・・・・93
最高裁平21・10・23判決［福島県求償金事件］・・・・・・・・・127
最高裁平21・11・26判決［横浜市保育所廃止条例事件］・・・・100
最高裁平21・12・17判決［たぬきの森訴訟］・・・・・・・・・・・98
最高裁平22・2・23判決［と畜場廃止事件］・・・・・・・・・・・129
最高裁平22・3・2判決［高速道路キツネ飛び出し事件］・・・125
福岡高裁平23・2・7判決［飯塚市産廃処分場事件］・・・・・・105
最高裁平23・6・7判決［一級建築士免許取消事件］・・・・・・・43
最高裁平24・1・16判決 ・・・・・・・・・・・・・・・・・・・・・・・・・13
最高裁平24・2・9判決［君が代訴訟］・・・・・・・・・・・104, 113
最高裁平24・4・20判決［大東市・神戸市両事件］・・・・・・・115
東京高裁平24・9・12判決 ・・・・・・・・・・・・・・・・・・・・・・・34
最高裁平25・1・11判決［医薬品ネット販売禁止事件］・・・・・47
東京地裁平25・3・26判決［北総線訴訟］・・・・・・・・・・・・・90
東京地裁平25・7・19判決［国分寺市都市再開発事件］・・・・・15

最高裁平26・1・28判決［一般廃棄物処理業許可・更新取消訴訟］
・・・89
東京高裁平26・2・19判決［北総線訴訟］・・・・・・・・・・・・・90
大阪地裁平26・5・23決定 ・・・・・・・・・・・・・・・・・・・・・・・109
最高裁平26・10・9判決［泉南アスベスト訴訟］・・・・・・・・・121
大阪高裁平27・1・7決定 ・・・・・・・・・・・・・・・・・・・・・・・109
最高裁平27・3・3判決［北海道パチンコ店営業停止命令事件］
・・・・・・・・・・・・・・・・・・・・・・・・・・・・・・・・・・・・・・49, 96
大阪地裁平27・12・16決定 ・・・・・・・・・・・・・・・・・・・・・・109
東京高裁平27・12・22判決［国立市マンション事件］・・・・・115
最高裁平28・12・8判決［第4次厚木基地訴訟］・・・・・・・・・104
最高裁平29・9・15判決 ・・・・・・・・・・・・・・・・・・・・・・・・・123
仙台高裁平30・4・26判決［東日本大震災の発生時に市立小学校の児童らが避難の際に津波に巻き込まれ死亡した事案］・・・・・・・・・119

■平成30年〜令和6年

熊本地裁令元・6・28判決 ・・・・・・・・・・・・・・・・・・・・・・・77
最高裁令元・7・22判決［自衛隊訴訟］・・・・・・・・・・・・・・104
最高裁令2・3・26判決［辺野古訴訟］・・・・・・・・・・・・・・・80
最高裁令2・6・30判決［泉佐野市ふるさと納税不指定事件］・・・47
最高裁令2・11・25大法廷判決［岩沼市議会出席停止事件］・・・117
最高裁令3・2・24大法廷判決［孔子廟事件］・・・・・・・・・・・115
最高裁令3・6・4判決 ・・・・・・・・・・・・・・・・・・・・・・・・・・35
東京高裁令3・8・27判決［布川事件］・・・・・・・・・・・・・・・122
最高裁令4・4・19判決［財産評価基本通達事件］・・・・・・・・・49
東京地裁令4・5・16判決 ・・・・・・・・・・・・・・・・・・・・・・・・83
最高裁令4・5・17判決［安愚楽牧場行政文書開示請求事件］・・・65
最高裁令4・5・25大法廷判決［在外国民国民審査権確認訴訟］
・・・・・・・・・・・・・・・・・・・・・・・・・・・・・・・・・・112, 122
最高裁令4・6・17判決［福島第一原発国賠訴訟］・・・・・・・・121
最高裁令4・7・19判決 ・・・・・・・・・・・・・・・・・・・・・・・・・・4
東京地裁令4・7・26判決［1型糖尿病障害年金不支給事件］・・・49
大阪地裁令4・11・25判決 ・・・・・・・・・・・・・・・・・・・・・・・123
最高裁令5・2・21判決［金沢市庁舎前事件］・・・・・・・・・・・26
最高裁令5・5・9判決［納骨堂経営許可取消訴訟］・・・・・・・93
最高裁令5・9・12判決［臨時会不召集訴訟］・・・・・・・・・・・113
最高裁令5・11・17判決［「宮本から君へ」事件］・・・・・・・・・39
大阪高裁令5・12・19判決 ・・・・・・・・・・・・・・・・・・・・・・・123
最高裁令6・7・3判決 ・・・・・・・・・・・・・・・・・・・・・・・・・122

編者・執筆者紹介

【編者】

齋藤健一郎（さいとう・けんいちろう）　11・18担当
[現在] 千葉大学大学院社会科学研究院准教授
[略歴] 筑波大学大学院人文社会科学研究科博士後期課程法学専攻修了（博士（法学））。主要著作として、『行政法の時に関する効力』（弘文堂・2024年）。

西上　治（にしがみ・おさむ）　1・7担当
[現在] 神戸大学大学院法学研究科准教授
[略歴] 東京大学大学院法学政治学研究科法曹養成専攻修了（法務博士（専門職））。主要著作として、『機関争訟の「法律上の争訟」性』（有斐閣・2017年）、『精読行政法判例』（共著、弘文堂・2023年）。

堀澤明生（ほりさわ・あきお）　9・16担当
[現在] 東北大学大学院法学研究科准教授
[略歴] 神戸大学大学院法学研究科実務法律専攻修了（法務博士（専門職））。主要業績として、「アメリカ法における行政主体の『公訴権』の歴史的展開（1）〜（3・完）」自治研究93巻9号94-112頁、11号82-95頁、94巻3号99-118頁（以上2017〜2018年）。

【執筆者】

川端倖司（かわばた・こうじ）　5・27担当
[現在] 北海道大学大学院法学研究科准教授
[略歴] 京都大学大学院法学研究科法政理論専攻博士後期課程修了（博士（法学））。主要著作として、『条例の法的性質と地方自治の保障』（弘文堂・2024年）。

近藤卓也（こんどう・たくや）　3・29担当
[現在] 北九州市立大学法学部准教授
[略歴] 同志社大学大学院法学研究科博士課程（後期課程）退学（博士（法学））。主要業績として、「大川小学校津波訴訟における組織的過失論の検証」行政法研究57号（2024年）141-159頁。

杉井俊介（すぎい・しゅんすけ）　21・26担当
[現在] 桃山学院大学法学部准教授
[略歴] 神戸大学大学院法学研究科博士後期課程退学（博士（法学））。主要業績として、「日米における公益擁護訴訟の理論の歴史的検討（1）」自治研究100巻11号（2024年）106-123頁。

髙畑柊子（たかはた・しゅうこ）　23・24担当
[現在] 東北大学大学院法学研究科准教授
[略歴] 東北大学大学院法学研究科博士課程後期3年の課程修了（博士（法学））。主要業績として、「フランス越権訴訟における取消判決の法理論（一）〜（九・完）―『適法性の原理（principe de légalité）』の発展可能性に関する予備的考察」自治研究96巻4号100-123頁、5号97-122頁、6号107-134頁、7号106-131頁、9号97-117頁、10号88-111頁、12号110-135頁（以上2020年）、97巻1号104-130頁、2号110-136頁（以上2021年）。

田代滉貴（たしろ・こうき）　2・30担当
[現在] 岡山大学学術研究院社会文化科学学域（法学系）准教授
[略歴] 九州大学大学院法学府博士後期課程修了（博士（法学））。主要業績として、「ドイツ公法学における『民主的正統化論』の展開とその構造」行政法研究14号（2016年）25-107頁、「行政法学における『当事者自治』―地域再生エリアマネジメント負担金制度を素材として（上）・（下）」法律時報95巻11号125-130頁、12号89-94頁（以上2023年）。

谷　遼大（たに・りょうた）　12・17担当
[現在] 立命館大学法学部准教授
[略歴] 北海道大学大学院法学研究科博士後期課程修了（博士（法学））。主要業績として、「ドイツ公法学における参加論の歴史的展開（1）〜（3・完）―参加の正統化機能に関する一考察」北大法学論集70巻2号79-123頁、3号1-46頁（以上2019年）、5号33-53頁（2020年）。

津田智成（つだ・ともなり）　8・28担当
[現在] 北海道大学大学院法学研究科准教授
[略歴] 北海道大学大学院法学研究科博士後期課程修了（博士（法学））。主要業績として、「フランス国家賠償責任法における役務のフォート認定の基準と方法（1）〜（8・完）―国家賠償法1条1項の責任原理との比較の視点から」北大法学論集68巻2号、68巻5号、71巻1号、71巻5号、71巻6号、72巻3号、72巻6号、75巻1・2号（以上2017〜2024年）。

中尾祐人（なかお・ゆうと）　15・20担当
[現在] 同志社大学政策学部准教授
[略歴] 神戸大学大学院法学研究科実務法律専攻修了（法務博士（専門職））。主要業績として、「行政調査に対する実体的制約と手続的制約―米国行政調査の基本的思考（1）〜（3・完）」、神戸法学雑誌69巻3号79-114頁、70巻2号97-134頁、71巻2号89-127頁（以上2019〜2021年）。

福島卓哉（ふくしま・たくや）　10・19担当
[現在] 金沢大学人間社会研究域法学系准教授
[略歴] 北海道大学大学院法学研究科博士後期課程修了（博士（法学））。主要業績として、「ドイツにおける行政手続観の生成と変容（1）〜（5・完）」自治研究97巻2号89-109頁、4号104-120頁、5号106-128頁、7号108-119頁、9号102-124頁（以上2021年）。

森田崇雄（もりた・たかお）　13・22担当
[現在] 関西大学政策創造学部准教授
[略歴] 同志社大学大学院法学研究科博士課程（後期課程）退学（博士（法学））。主要業績として、「アメリカの環境アセスメントにおける気候変動影響評価」辻雄一郎ほか編『アメリカ気候変動法と政策』（勁草書房・2021年）93-119頁。

矢島聖也（やじま・せいや）　4・6担当
[現在] 名古屋大学大学院法学研究科准教授
[略歴] 大阪大学大学院法学研究科博士後期課程修了（博士（法学））。主要業績として、「公的任務の公共化にかかる法学的課題（1）（2・完）―ドイツにおける公共化論の動向を参考として」阪大法学69巻5号179-206頁、6号199-229頁（以上2020年）。

山本紗知（やまもと・さち）　14・25担当
[現在] 大阪大学大学院法学研究科准教授
[略歴] 一橋大学大学院法学研究科博士後期課程修了（博士（法学））。主要業績として、「風力発電の普及拡大と鳥類保護―ドイツ法にみる両者の調整メカニズム」現代法学44号（2023年）43-61頁、「ドイツ高レベル放射性廃棄物最終処分場立地選定法：参加型立地選定プロセスおよび段階的な権利救済」環境と公害51巻2号（2021年）46-51頁。

図録 行政法

2025（令和7）年2月15日　初版1刷発行

編　者　齋藤健一郎・西上治・堀澤明生

発行者　鯉渕　友南

発行所　株式会社　弘文堂　101-0062　東京都千代田区神田駿河台1の7
　　　　　　　　　　　　　　TEL 03(3294)4801　　振替 00120-6-53909
　　　　　　　　　　　　　　https://www.koubundou.co.jp

ブックデザイン　宇佐美純子
印刷・製本　ブックグラフィカ

©2025 Ken'ichiro Saito, Osamu Nishigami, & Akio Horisawa. Printed in Japan
JCOPY〈(社)出版者著作権管理機構　委託出版物〉
本書の無断複写は著作権法上での例外を除き禁じられています。複写される場合は、
そのつど事前に、(社)出版者著作権管理機構（電話 03-5244-5088、FAX 03-5244-5089、
e-mail：info@jcopy.or.jp）の許諾を得てください。
また本書を代行業者等の第三者に依頼してスキャンやデジタル化することは、たとえ個人や
家庭内での利用であっても一切認められておりません。

ISBN978-4-335-36008-4